公共资源交易大数据实践研究

付宏燕◎著

成都时代出版社
CHENGDU TIMES PRESS

图书在版编目（CIP）数据

公共资源交易大数据实践研究 / 付宏燕著. -- 成都:
成都时代出版社, 2023.11
  ISBN 978-7-5464-3338-7

  Ⅰ.①公… Ⅱ.①付… Ⅲ.①数据处理－应用－政府
采购制度－研究－中国 Ⅳ.①F812.2-39

中国国家版本馆CIP数据核字（2023）第215243号

公共资源交易大数据实践研究
GONGGONG ZIYUAN JIAOYI DASHUJU SHIJIAN YANJIU

付宏燕 ◎ 著

出 品 人　达　海
责任编辑　王　旺
责任校对　朱云波
责任印制　黄　鑫　陈淑雨
封面设计　元　宝
装帧设计　元　宝

出版发行　成都时代出版社
电　　话　（028）86742352（编辑部）
　　　　　（028）86615250（发行部）
印　　刷　北京楠萍印刷有限公司
规　　格　170mm×240mm
印　　张　20
字　　数　286 千
版　　次　2023 年 11 月第 1 版
印　　次　2023 年 11 月第 1 次印刷
书　　号　ISBN 978-7-5464-3338-7
定　　价　78.00 元

前　言

公共资源交易具有公共性和市场性，是连接政府与市场的重要纽带之一，对经济社会发展和民生改善有直接、广泛和重要的影响。作为具有中国特色的制度创新，公共资源交易在推动我国营商环境优化的过程中将发挥越来越重要的作用。随着纳入公共资源交易平台的交易领域增多，以及交易全流程电子化水平的提升，全国已汇聚了海量的公共资源交易数据，且仍在实时递增。政务范畴公共资源交易数据的合理利用，能够真实反映资源配置、投资趋势、市场主体行为和市场活跃度，是研判宏观经济形势的重要参考依据。目前，公共资源交易数据量虽庞大，但各地在获取采集、治理加工、资源分类、交换传输、开放共享等工程环节仍需进一步规范化、高效化、自动化，数据生命周期的整体管理也还不够清晰，数据记录的行为主体、时间、地点的社会意义有待发现。

笔者从事电子政务工程建设和管理工作19年，见证了国家电子政务工程的优化发展之路，深刻理解了政务工程的建设要实现高效与精细的结合、业务与技术的结合，才能达到预期目标；政务工程的运行管理要重视实际应用，主动拓展业务需求、挖掘数据价值，才能实现持久生命力。从2018年开始至今，笔者投入大量精力研究我国公共资源交易大数据的阶段特征和业务含义，参加了国家公共资源交易服务平台的建设，撰写了《公共资源交易平台系统数据规范（V2.0）》《公共资源交易平台系统林权交易数据规范》《土地使用权出让数据规范（V3.0）》《矿业权出让数据规范（V3.0）》《通用数据编码规范（V3.0）》，以及碳排放权交易、排污权交易、药品采购、二类疫苗采购数据规范（试行稿）等，一线主持了上述规范在全国地方交易平台向国家级平台交换传输数据的落地实施，以及财政部、自然资源部、国资委、商务部、国家税务总局、住建部、中国招投标公共服务平台与国家公共资源交易服务平台的交易数据传输共享，跟踪、分析、治理、提升国家级平台的公共资源交易数据质量多年，设计并实施了治理后的交易数据面向部委和地方政务部门的数据共享服务，近6年时间解答了地方交易平台超过3000个交易数据相关的问题。在上述工作的过程中，笔者发现一个普遍现象：交易业务人员很少参与技术、交易技术人员很少参与业务，运维以第三方为主，业务和技术的隔离导致不同方对于公共资源交易数据的业务含义理解、技术实施分歧颇多，数据流转中故障解决难度较大。基于此，笔者把自己的理解、经验和研究成果整理出来，辅以图表说明，以供参考。

本书面向的读者有三类：一是公共资源交易平台的信息技术人员，可以通过本书了解公共资源交易各领域的主要业务流程，在技术层面对数据处理和应用中加强对交易数据的业务特征理解；二是从事公共资源交易研究的人员，可以通过本书了解公共资源交易数据在交易流程和流转中的技术处理过程和技术思考；三是有意愿了解公共资源交易数据现状的人员。

本书重点介绍了工程建设项目招投标、政府采购、土地使用权出让、矿业权出让、国有产权交易领域的交易方式和数据信息，数据规范的设计思路与实施问题、公共资源交易数据分类分级过程、公共资源交易数据资源体系的构建、数据的治理与加工、交换传输的实现，以及对于数据流通共享、区块链技术应用、营商环境等相关的个人研究。

由于水平有限，书中的一些论述不免粗糙和肤浅，存在许多问题和不足，希望假以时日能够完善。期待读者批评指正。

付宏燕

2023年8月

目　录

第一章 公共资源交易的范畴与理解

公共资源交易是我国政府创新配置资源方式的重要体现，是现代市场经济体系的重要组成部分，有竞争性无排他性，属于政务公开的范畴。作为要素市场化配置的关键一环，公共资源交易涉及政府、企业、个人等多种主体，既有服务和监管的政策性、专业性，也有市场交易的约束性和自由性。

第一节 公共资源交易的认识

一、公共资源交易领域

根据2019年5月国家发展改革委办公厅印发的《公共资源交易平台服务标准（试行）》（发改办法规〔2019〕509号），公共资源交易指涉及公共利益、公众安全的具有公有性、公益性的资源交易活动。广义的公共资源交易是由政府或其他公共机构通过公开招标、拍卖、竞价等方式，向社会公开出售、出租或委托开发、经营的交易活动，主要交易领域包括工程建设项目招投标、政府采购、土地使用权和矿业权出让、国有产权交易（简称"四大板块"），以及公立医疗机构药品、医用耗材、医用设备集中采购等。其中，土地使用权和矿业权出让包括土地使用权出让、矿业权出让两个交易领域，均由自然资源部主管，交易流程和交易方式相差不大，所以合为一个板块。依据《中华人民共和国招标投标法》《中华人民共和国政府采购法》等法律法规，四大板块为应当公开交易的公共资源。

公共资源交易的范围随着公共资源外延的变化而扩展，公共资源交易把政府资源的变动即政府收入来源（除税收外）的变动与政府支出（除日常支出）资源变动纳入交易平台，以数字化的方式实现了各种政府资源流动的汇集。

2019年12月，国家发展改革委印发《全国公共资源交易目录指引》（发改法规〔2019〕2024号），落实党中央、国务院关于深化公共资源交易平台整合共享、坚持应进必进的原则要求，加快拓展公共资源交易平台覆盖范围，逐步将其他适合以市场化方式配置的各类公共资源纳入平台，重点对应当扩展的自然资源、资产股权、环境权等公共资源交易类型作出列举规定，共包括9大类16个子项，其中大类如下：机电产品国际招标、海洋资源交易、林权交易、农村集体产权交易、无形资产交易、排污权交易、碳排放权交易、用能权交易，以及司法机关和行政执法部门开展的涉诉、抵债或罚没资产处置。公共资源交易目录根据实际情况动态更新修订，所以公共资源交易平台覆盖领域的范围随之动态渐增。各地在上述指引基础上，结合实际依法拓展本地区公共资源交易目录清单。地方交易平台坚持电子化发展方向，规范场所服务事项，推行网上办理，着力优化平台服务，不断提高公共资源配置效率和公平性。

公共资源交易具有公共属性和市场属性，既涉及国家和全民的自然资源、国有资产等资源，又直接关系市场主体的切身利益，以及政府投资、财政资金使用等重大的公众利益。交易双方包含国家（代表国家拥有公共资源的机构）和各类市场主体。随着市场化改革的推进，市场在公共资源配置中的作用日益明显，政府对公共资源的直接配置不断调整减少。充分发挥市场作用提高公共资源配置效率和公平性，激发市场活力，对于创造优质的公共资源交易环境具有重要作用。

二、公共资源交易平台

公共资源交易主要依托于公共资源交易平台完成。公共资源交易平台的关键组成要素为功能齐备的场所和设施、满足交易需要的电子交易系统、健全的网络信息安全制度和安全保护技术措施，共同保障交易系统安全稳定可靠运行。公共资源交易平台是为市场主体、社会公众、行政监督管理部门等提供公共资源交易综合服务的体系，纵向分为国家级、省级、地市级，以及少量县级公共资源交易平台，横向又与各级行政主管部门信息系统进行连接，具备开放共享的公共资源交易电子服务系统和规范透明的运行机制，为交易主体、观察主体、行政管理主体，提供了统一的综合性平台。公共资源交易平台按照市场规律组织交易，保障资源的交易和有序流转，在交易过程形成有机联系的市场体系。

公共资源交易平台的主管部门是国务院发展改革部门，国务院其他有关部门予以配合。市区级发改委负责本行政区域的管理工作，各专业行政管理部门对交易活动监督管理。公共资源交易平台运行服务机构是指由政府推动设立或以政府购买服务等方式确定的，通过资源整合共享的方式，为相关方提供公共服务的单位。公共资源交易中心是公共资源交易平台主要运行服务机构。

2015年8月国务院办公厅以国办发〔2015〕63号印发《整合建立统一的公共资源交易平台工作方案》，指出整合建立统一的公共资源交易平台的重要性，要求2017年6月底前，在全国范围内形成规则统一、公开透明、服务高效、监督规范的公共资源交易平台体系，逐步推动其他公共资源进入统一平台进行交易，实现公共资源交易平台从依托有形场所向以电子化交易平台为主的转变。2017年底全国交易平台体系建设取得新突破，大幅精简公共资源交易平台层级和交易场所，大幅撤并县级平台，推动全国公共资源交易市场从4103个整合为1403个，数量减少65%以上。在推进公共资源交易平台整合工作中，随着平台整合的逐步深入，仍有一些深层次问题未得到根本解决，如交易平台运行管理不规范、信息共享渠道不畅通、交易数据质量不够高、全流程监管不到位等。这些问题一定程度上制约着公共资源交易市场化改革的深化，需要引起重视并加以解决。

规范统一、优质高效的公共资源交易平台是实现和提升公共资源配置质量、效率和公信力的重要载体。近年来，各地方公共资源交易中心以持续优化营商环境为切入点，纷纷结合本地实际，以相关法律法规为依据，制定本行政区域的公共资源交易平台服务标准，推进公共资源交易的全流程电子化、服务便捷化，提升平台服务功能，进一步突出公共服务，落实惠企政策，优化服务流程，主动接受社会监督和行政监督。多地公共资源交易中心推行了"互联网+公共资源交易"，实现从项目进场、开评标场地预约到中标通知书办理等所有服务事项"全程网办"，让数据"跑腿"代替群众"跑路"。例如，网上不见面开标业务，不需要投标市场主体到达开标现场，也无需提交纸质标书，交易项目全部以电子化形式进行，所有投标人在网上的不见面开标大厅里完成投标，免去了服务费，节省了时间，提高效率降低投标成本。再如政府采购网上商城，支持各预算单位协议采购全部通过网上商城进行，实现了协议供货、定点采购、自行采购全流程电子化，日常的零星采购尤其是办公耗材、电脑、打印机等，就像网购一样简单，直接在网上下单就能送达，所有的公告信息全部公开，所有采购流程全程备案，体现了公开、公平、公正。还有的公共资源交易中心积极与第三方技术服务机构、金融机构进行业务对接，打通公共资源交易系统和金融机构系统，实现投标企业办理电子保函从申请、核准、支付、开具、传输到使用的全流程电子化，不再以现金方式收取投标保证金，大力推行使用银行电子保函替代现金缴纳投标保证金，降低投标企业的时间成本和交易成本，或者全面取消公共资源市场交易服务费，真正实现进场交易"零"收费，使公共资源交易更加透明、高效，市场主体的便利度和获得感不断提升。

行业交易平台是主管行业部门管辖的交易平台，只进行某一行业项目的交易，也分为省级、地市级等，其电子化交易数据会级联式实时同步到主管部门，以及当地公共资源交易平台。如政府采购，以财政部门的政府采购交易系统进行入场采购并记录采购流程数据，相关数据一方面同步给财政部，另一方面也同步给全国公共资源交易平台；机电产品国际招投标、药品采购等也都有专用的交易平台。本质上，行业交易平台是公共资源交易平台的特殊种类。

公共资源交易平台充分发挥市场机制作用，推动市场主体公平竞争，提供有效的服务供给来保障交易的有序进行，把交易双方、双方留痕数据和信息汇集在一起，经过数据的匹配，将结果反馈给交易双方。交易双方根据匹配结果完成后续的工作，如备货、物流、签收、支付等环节。交易相关信息由参与主体如代理机构、工作人员等录入至交易平台电子化，并将电子化数据和线下行为结合起来，引导和记录交易的全过程，本质上是数据驱动行为。

公共资源交易平台的建设一定程度上能避免公共资源交易中出现的一些不公平、不公正的利益关系问题。在我国经济增长方式的进化中，利益主体变得越来越多元化，涉及的利益关系问题也越来越多。不论是通过建立公共资源交易平台，还是通过行业交易平台，想要提升公共资源市场交易的规范性，就必须进行严格的监管。

三、公共资源交易三大系统

在公共资源公开交易过程中，同时并存三项职能：交易管理职能、交易组织职能和交易监督职能。交易管理职能是在公共资源交易过程中由政府承担的维护交易活动有序开展的职能，包括：提供交易场所；建立交易信息公开网站；制定交易规则；维护交易秩序。交易组织职能通常由政府设立的集中交易机构或代理机构协助招标人完成下列活动：编制招标采购文件；发布公共资源交易信息；选择评审专家；向投标人发出资格预审结果通知书并告知获取招标文件的方法；统一组织潜在投标人踏勘现场；公正选择投标人；接受投标文件；公示中标候选人；确定中标人；发出中标通知书并书面告知其他投标人；签订中标合同等。交易监督职能是指政府职能部门依法监督交易公开、公平、公正进行所实施的监督行为。公共资源交易监督行为通常包括：交易信息发布条件审查；委托的招标代理机构合法性确认；交易方式合法性确认；交易评审组织组建方式合法性确认；应标人资格审查；中标、废标、中标人以及交易结果有效性确认；交易过程跟踪；中标合同的履行监督；交易违法行为处理等。

公共资源交易按照职能定位，分为三大系统，即：公共资源电子交易系统、公共资源交易电子服务系统、公共资源交易电子监管系统。

公共资源电子交易系统用于进行最直接的交易活动，是根据各类交易特点，按照有关规定建设、对接和运行，以数据电文形式完成公共资源交易活动的信息系统，对于交易活动的实时性、安全性有较高要求。在功能上主要包括公共资源交易业务管理子系统、交易用户网上办事子系统、电子文件编制子系统、网上开标评标（评审）子系统等。电子交易系统能够产生交易项目登记、招标项目、标（包）段划分、招标/资格预审公告、变更公告、资格预审结果公告、招标/资格预审文件、答疑澄清/资格预审澄清文件、招标异常、中标候选人公示、中标候选人变更公示、中标（成交）结果公示、中标结果变更公示、中标（成交）通知书、中标通知书变更、合同等信息。电子交易系统使用的主体是招标人（采购人、出让人）、招标代理机构和投标人（供应商）等市场主体。

公共资源交易电子服务系统是实现公共资源交易信息数据交换共享，并提供公共服务的枢纽，联通公共资源电子交易系统、监管系统和其他电子系统，功能上一般包括公共服务门户、用户注册子系统、CA互认管理子系统、交易主体管理子系统、场地管理子系统、评标评审专家库管理子系统、数据交换管理子系统等。电子交易服务系统具备汇聚电子交易系统数据的功能，可对公告、公示信息进行完整性审核。电子交易服务系统使用的主体是公共资源交易中心工作人员。

公共资源交易电子监管系统是指政府有关部门在线监督公共资源交易活动的信息系统。政府是交易的管理者，管理交易的手段之一为电子监管。公共资源交易电子监管系统功能上主要包括综合监管子系统、电子监察子系统、投诉处理子系统等，使用的主体是公共资源交易综合监管部门及行业监管部门工作人员。

为了保证公共资源交易市场开放和公平竞争，维护公共资源交易的良好秩序，多地将电子服务系统、电子交易系统、电子监管系统分开，即公共资源"交易""服务""监管"三分离，将电子服务系统作为公共资源交易数据交换中枢，联通电子交易系统、电子监管系统及其他第三方交易系统，打破技术壁垒和行业界限，实现公共资源交易各类数据信息的互联互通、资源共享。电子服务系统和电子交易系统为电子监管系统依法在线监督、监察公共资源交易活动提供监管通道。电子交易系统产生的项目登记、公告发布、开标评标或评审、成交公示、交易结果确认、交易履约等信息以及产生的异议（质疑）投诉等信息通过电子服务系统交换至电子监管系统。

四、公共资源交易信息公开要求

国务院办公厅关于推进公共资源配置领域政府信息公开的意见（国办发〔2017〕97号）文件中，明确公共资源配置主要包括保障性安居工程建设、保障性住房分配、国有土地使用权和矿业权出让、政府采购、国有产权交易、工程建设项目招标投标等社会关注度高，具有公有性、公益性，对经济社会发展、民生改善有直接、广泛和重要影响的公共资源分配事项。

工程建设项目招标投标领域主要公开依法必须招标项目的审批核准备案信息、市场主体信用信息、招标公告（包括招标条件、项目概况与招标范围、投标人资格要求、招标文件获取、投标文件递交等）、中标候选人（包括中标候选人排序、名称、投标报价、工期、评标情况、项目负责人、个人业绩、有关证书及编号、中标候选人在投标文件中填报的资格能力条件、提出异议的渠道和方式等）、中标结果、合同订立及履行等信息。

政府采购领域主要公开采购项目公告、采购文件、采购项目预算金额、采购结果、采购合同等采购项目信息，财政部门作出的投诉和监督检查等处理决定、对集中采购机构的考核结果，违法失信行为记录等监督处罚信息。根据《财政部关于做好政府采购信息公开工作的通知》，中央预算单位的政府采购信息应在财政部指定的发布媒体如中国政府采购网、《中国财经报》《中国政府采购杂志》《中国财政杂志》上公开，地方预算单位的政府采购信息应当在省级（含计划单列市）财政部门指定的发布媒体如中国政府采购网地方分网公开。为了便于政府采购当事人获取信息，在其他政府采购信息发布媒体公开的政府采购信息应当同时在中国政府采购网发布。对于预算金额在500万元以上的地方采购项目信息，各地方分网应当通过数据接口同时推送至中央主网发布。政府采购违法失信行为信息记录应当在中国政府采购网中央主网发布。

国有土地使用权出让领域应在中国土地市场网和当地土地有形市场，以及报刊、电视台等媒体主要公开土地供应计划、出让公告、成交公示、供应结果等信息。矿业权出让领域主要公开出让公告公示、审批结果信息、项目信息等信息，以招标、拍卖、挂牌方式出让矿业权的，公示信息应当在自然资源部门户网站、同级自然资源主管部门门户网站、有必要采取的其他方式同时发布。

国有产权交易领域通过交易机构网站分阶段对外披露产权转让信息，主要公开产权交易决策及批准信息、交易项目信息、转让价格、交易价格、相关中介机构审计结果等信息。住房保障领域的公开重点，在项目建设方面主要公开城镇保障性安居工程规划建设方案、年度建设计划信息（包括建设计划任务量、计划项目信息、计划户型）、建设计划完成情况信息（包括计划任务完成进度、已开工项目基本信息、已竣工项目基本信息、配套设施建设情况）、农村危房改造相关政策措施执行情况信息（包括农村危房改造政策、对象认定过程、补助资金分配、改造结果）；在住房分配方面，主要公开保障性住房分配政策、分配对象、分配房源、分配程序、分配过程、分配结果等信息。

为进一步推进公共资源交易领域基层政务公开标准化规范化建设，提升基层政务公开能力和政务服务水平，2019年7月国家发展改革委办公厅印发《公共资源交易领域基层政务公开标准指引》的通知（发改办法规〔2019〕752号），按照决策、执行、管理、服务、结果"五公开"的要求，在公开标准目录中明确了工程建设项目招标投标、政府采购、国有土地使用权出让、矿业权出让、国有产权交易5个公共资源交易领域的40个具体公开事项，包括40个二级公开事项的公开内容（要素）、公开依据、公开时限、公开主体、公开渠道和载体，以及公开对象和公开方式。该指引对于5个公共资源交易领域的公开要求更加细化，交易流程体现得也更加清晰。

第二节　公共资源交易流程与主体交互

一般的，公共资源交易活动相关的招标人（采购人、出让人）、中介机构（招标采购代理机构、拍卖机构）、投标人（供应商、竞买人）均需提前办理CA数字证书及电子签章，然后登录公共资源电子交易系统查看相关信息，参与公共资源交易活动。

我们把多个交易领域的交易流程中共同部分抽取出来，就形成了公共资源交易流程示意图，如图1-1所示。

由图1-1可见，交易流程步骤主要包括项目入场登记、招标文件论证、发布公告场地预约、投标（竞谈）报名、投标资格预审、保证金交纳、专家抽取、开标评标、中标（成交）公示、签订合同、退还保证金并交纳服务费等环节。在招标文件论证、资格预审，以及开标、评标（谈判、询价）环节，均由公共资源交易中心、招标人/代理机构、评审委员会共同参与；在签订合同环节，由招标人和中标人直接完成；其他交易环节，均由公共资源交易中心、招标人/代理机构完成。在不同交易领域，如工程建设招投标、政府采购，招标方式或采购方式有所不同，总体交易流程大致相同但又各有领域特征，在后续章节将结合各领域交易数据具体分析。

在公共资源交易过程中，不同交易环节的参与主体不同。参与主体间存在一定的交互关系，按照招投标对不同角色的要求和分工各司其职，共同完成交易工作。公共资源交易主体交互示意如图1-2所示。

公共资源交易过程中，进行交互行为的主体有招标人、投标人、交易中心、代理机构、监管方。招标人发起项目呈报，到交易中心进行项目入场登记后，准备招标文件材料提交给代理机构；经交易中心/代理机构在相

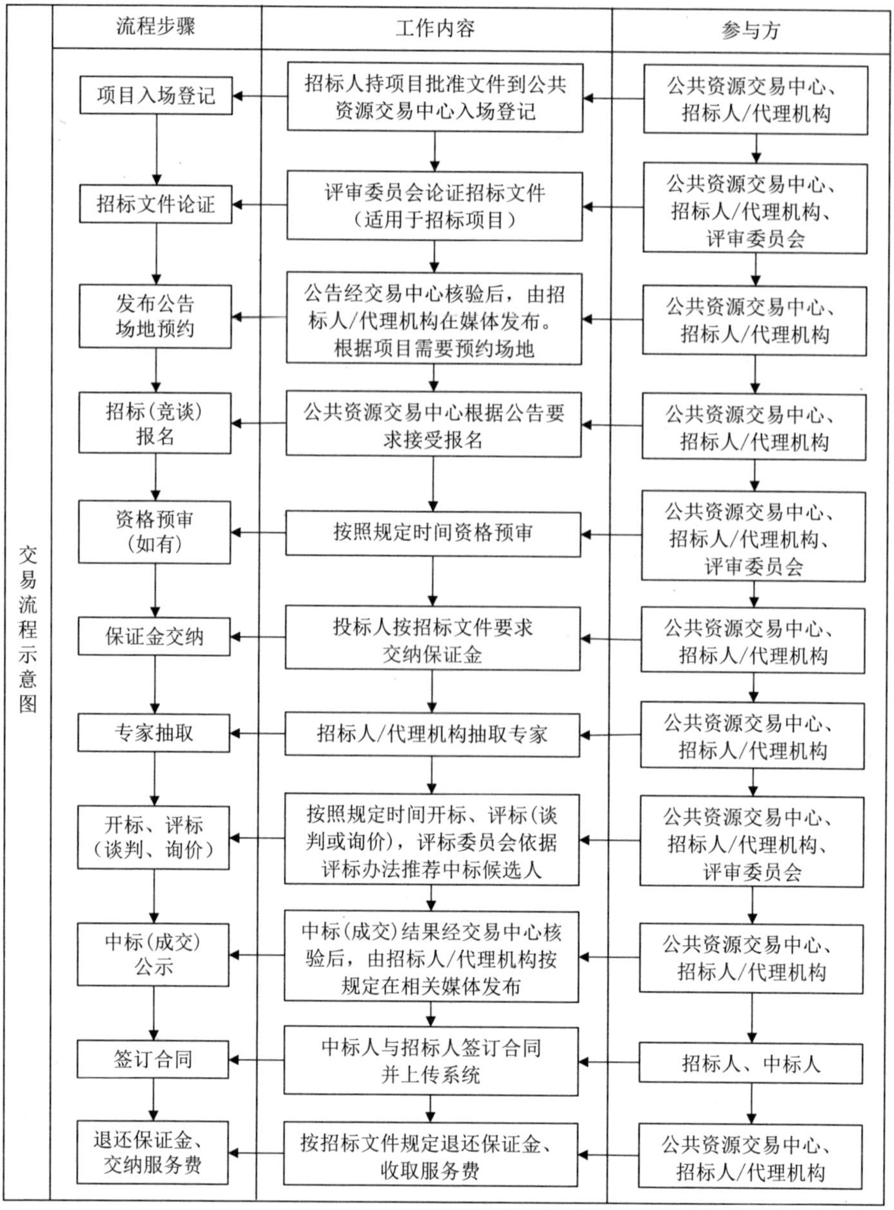
交易流程示意图
流程步骤
工作内容
参与方
项目入场登记
招标人持项目批准文件到公共资源交易中心入场登记
公共资源交易中心、招标人/代理机构
招标文件论证
评审委员会论证招标文件（适用于招标项目）
公共资源交易中心、招标人/代理机构、评审委员会
发布公告
场地预约
公告经交易中心核验后，由招标人/代理机构在媒体发布。根据项目需要预约场地
公共资源交易中心、招标人/代理机构
招标（竞谈）报名
公共资源交易中心根据公告要求接受报名
公共资源交易中心、招标人/代理机构
资格预审（如有）
按照规定时间资格预审
公共资源交易中心、招标人/代理机构、评审委员会
保证金交纳
投标人按招标文件要求交纳保证金
公共资源交易中心、招标人/代理机构
专家抽取
招标人/代理机构抽取专家
公共资源交易中心、招标人/代理机构
开标、评标（谈判、询价）
按照规定时间开标、评标（谈判或询价），评标委员会依据评标办法推荐中标候选人
公共资源交易中心、招标人/代理机构、评审委员会
中标（成交）公示
中标（成交）结果经交易中心核验后，由招标人/代理机构按规定在相关媒体发布
公共资源交易中心、招标人/代理机构
签订合同
中标人与招标人签订合同并上传系统
招标人、中标人
退还保证金、交纳服务费
按招标文件规定退还保证金、收取服务费
公共资源交易中心、招标人/代理机构

图1—1　公共资源交易流程示意图

关媒体发布招标公告后，投标人了解招标信息并编制标书进行投标。交易中心/代理机构组织并完成开标和评标服务，把由评审委员会推荐的中标候选人提交招标人，招标人审核确认中标结果后，由交易中心/代理机构在

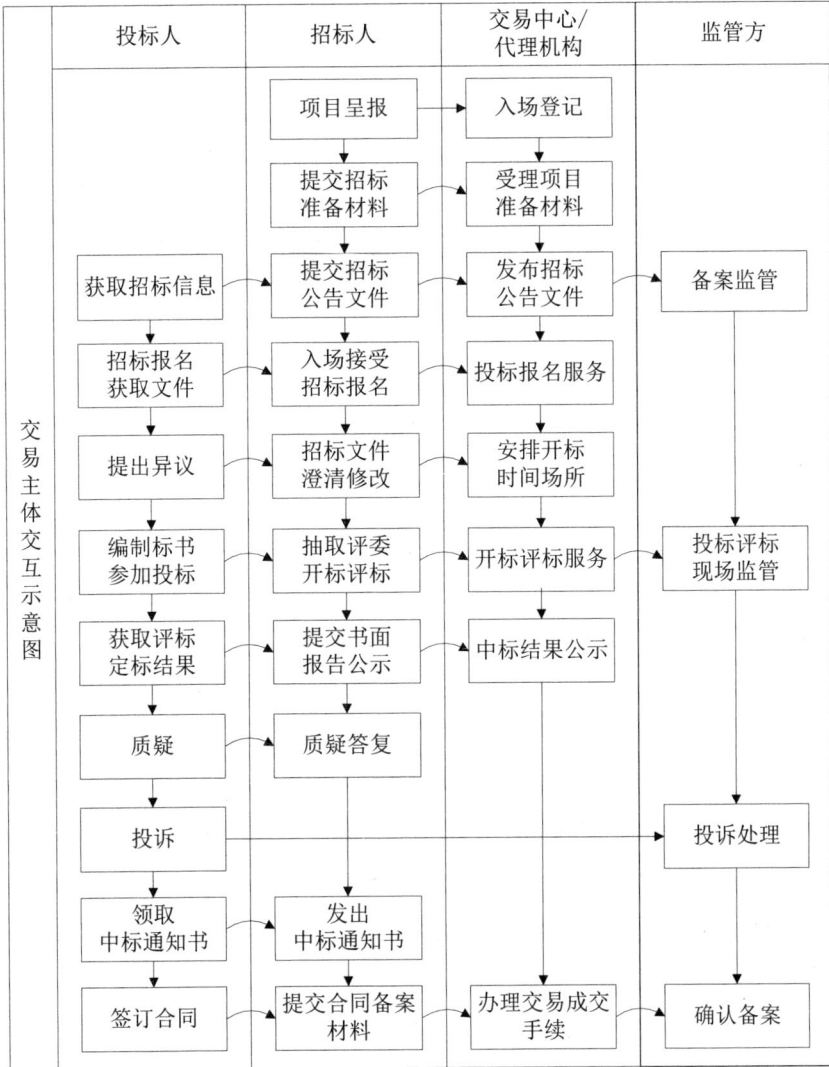

投标人	招标人	交易中心/代理机构	监管方
	项目呈报	入场登记	
	提交招标准备材料	受理项目准备材料	
获取招标信息	提交招标公告文件	发布招标公告文件	备案监管
招标报名获取文件	入场接受招标报名	投标报名服务	
提出异议	招标文件澄清修改	安排开标时间场所	
编制标书参加投标	抽取评委开标评标	开标评标服务	投标评标现场监管
获取评标定标结果	提交书面报告公示	中标结果公示	
质疑	质疑答复		
投诉			投诉处理
领取中标通知书	发出中标通知书		
签订合同	提交合同备案材料	办理交易成交手续	确认备案

（左侧竖排：交易主体交互示意图）

图1-2 公共资源交易主体交互示意图

相关媒体发布中标（成交）结果公示。如果投标人存在质疑，招标人应进行答复；若投标人不满意质疑答复可投诉，由监管方处理投诉事项。中标（成交）结果公示期满后，招标人向投标人发中标通知书，双方签订合同备案，交易完成。

第三节　公共资源交易市场化

一、公共资源交易市场主体

（1）公共资源交易参与主体

公共资源交易参与主体指在公共资源交易活动中享有权利和承担义务的各类不同角色的主体，包括招标人、投标人、评标人、中标人和交易代理机构等，同一主体在不同的交易活动中可以承担不同角色。投标主体在同一交易过程的不同阶段也有角色的微小差异，如在招标阶段和投标前为潜在投标人，在投标至中标前为投标人，中标后称为中标人。在不同交易领域中，上述角色有不同称呼，如招标人角色在政府采购领域称为采购人，在土地使用权出让和矿业权出让领域称为出让人，在国有产权交易领域称为转让人；中标人角色在政府采购领域称为中标供应商，在土地使用权出让和矿业权出让领域称为受让人，在国有产权交易领域称为竞得人。

招标人也叫发标人，与交易代理机构是合作关系，一般代理机构是招标方确定的第三方代为发布招标公告和组织评标的中介机构。投标方也叫应标方，与招标方是应答或双方谈判的关系。投标方与交易代理机构是投标业务往来关系，投标人需向交易代理机构购买招标文件，然后再参加该交易代理机构组织的投标活动。

交易代理机构是受公共资源交易招标人委托，代为从事公共资源交易活动的机构。交易代理机构通常有两类，一类是由政府依法设立，受公共资源招标方委托，组织公共资源交易活动的机构，即各地政府设立的公共资源交易中心；另一类是经依法设立，受公共资源交易招标方委托参与公共资源交易活动的中介机构，包括受委托参与公共资源交易活动的造价咨询公司、招标代理公司等。对于交易代理机构更普遍的认识，是指第二类的中介机构。

（2）公共资源交易主体的权利与义务

根据《中华人民共和国招标投标法》规定，依法必须进行招标的项目，其招标投标活动不受地区或者部门的限制。任何单位和个人不得违法限制或者排斥本地区、本系统以外的法人或者其他组织参加投标，不得以任何方式非法干涉招标投标活动。同时，招标投标活动及其当事人应当接受依法实施的监督。有关行政监督部门依法对招标投标活动实施监督，依法查处招标投标活动中的违法行为。

招标项目按照国家有关规定需要履行项目审批手续的，应当先履行审批手续，取得批准。招标人应当有进行招标项目的相应资金或者资金来源已经落实，并应当在招标文件中如实载明。招标人以招标公告的方式邀请不特定的法人或者其他组织投标，或者以投标邀请书的方式邀请特定的法人或者其他组织投标。除参与招投标的主体外，还有发生交易活动的物理场所—公共资源交易中心工作人员、行政监督管理部门工作人员等主体。按照中央关于公共资源交易"应进必进、统一规范、公开透明、服务高效"的要求，工作人员在公共资源交易项目运行过程，需要遵守相关的行政规定和数据安全约束。

代理机构在法律层面有法定的禁止行为，比如与所代理招标工程的招投标人有隶属关系、合作经营关系以及其他利益关系；从事同一工程的招标代理和投标咨询活动；超越资格许可范围承担招标代理业务；采取行贿、提供回扣或者给予其他不正当利益等手段承接招标代理业务；未经招标人书面同意，转让工程招标代理业务；泄露应当保密的与招标投标活动有关的情况和资料；与招标人或者投标人串通，损害国家利益、社会公共利益和他人合法权益；对有关行政监督部门依法责令改正的决定拒不执行或者以弄虚作假方式隐瞒真相；擅自修改经招标人同意并加盖了招标人公章的工程招标代理成果文件；涂改、倒卖、出租、出借或者以其他形式非法转让工程招标代理资格证书等。

公共资源交易主体注册登记的流程如图1-3所示。

所有参与各级公共资源交易的市场主体，包括招标人、招标代理机构、投标人、采购人、采购代理机构、潜在供应商、意向受让人、意向竞得人、出让人、受让人、竞得人等，都需要先在当地主体信息库进行注册

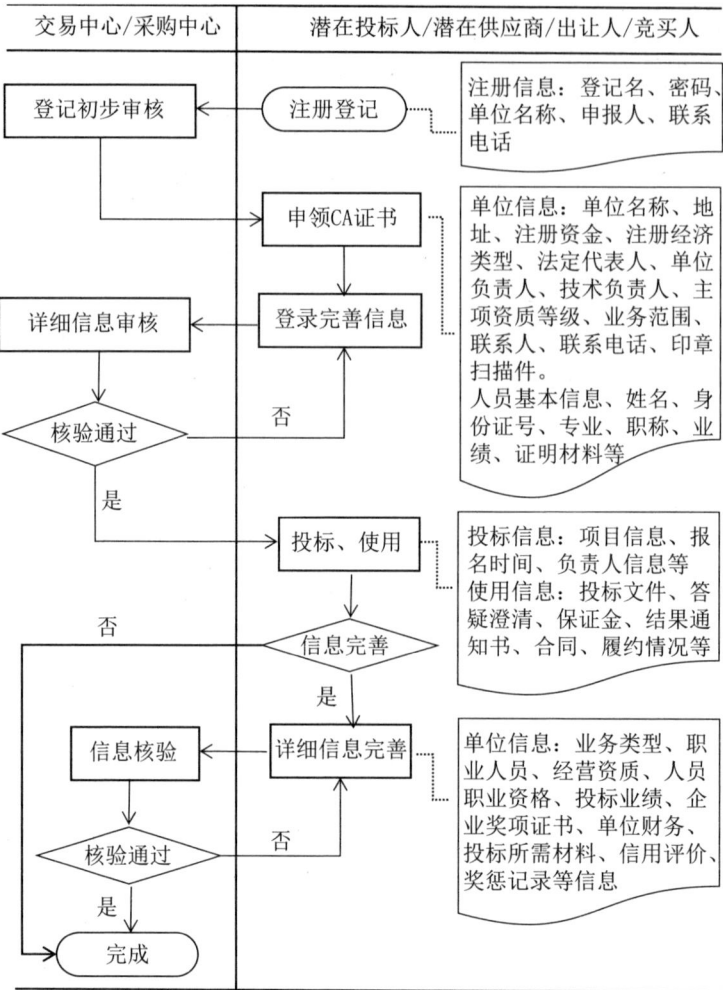

交易中心/采购中心	潜在投标人/潜在供应商/出让人/竞买人

图1-3 公共资源交易主体的注册登记流程

登记。未注册的交易主体无法参与相关领域公共资源交易活动。以上市场主体中，投标人行为是公共资源交易的关键组成部分，不同类型投标人的交易过程数据可以支撑投标主体行为主题分析等应用，因此投标主体的注册登记信息更受关注。

潜在投标人/潜在供应商/出让人/竞买人等市场主体先进行网上注册，产生"主体注册信息"数据，包括登录名、密码、单位名称、申报人和联系电话等，交易中心/采购中心对主体注册信息进行初步审核，初审过的主体注册信息在主体信息库保存并更新。需办理CA数字证书的市场主体，一般通过当地公共资源交易平台申请和办理，需要提供单位基本信息并进行完善，包括单位名称、单位地址、注册资金、注册经济类型、法定代表人、单位负责人、技术负责人、主项资质等级、业务范围、联系电话、印章扫描件等，或是自然人基本信息如姓名、身份证号、出生日期、专业、资质等级、业绩等，即"主体基本信息"数据。交易中心/采购中心对市场主体提供的详细信息进行核验。通过核验的市场主体即可进行投标或其他使用，产生"投标信息"数据，包括项目信息、报名时间、负责人信息，以及相关"使用信息"数据如投标文件、答疑澄清、保证金、结果通知书、合同、履约情况等，均会以电子数据留痕。交易中心核验详细信息通过后注册登记流程完成，其中开标前交易平台采用密钥对招标文件进行加密，开标时对应解密。

市场主体类型与招投标信息相结合，一方面更加方便对主体交易行为的监管，另一方面可以支撑各类不同维度的数据统计和分析应用，以及对不同类型主体行为的挖掘，利于市场资源的配置。

二、公共资源交易市场化改革

市场决定资源配置是市场经济的一般规律，发挥市场在资源配置中的决定性作用是市场经济的本质要求。公共资源交易市场化，是公共资源通过公开、公平、公正的竞争机制，依靠市场开放的客观力量，在完善的市场体系中合理有序自由流动，最终提高公共资源的配置效率。公共资源交易市场化改革使市场在资源配置中起决定性作用和更好发挥政府作用，有利于加快政府职能转变、提高政府公共服务能力、推进监管体制机制创新。

党的十九大报告指出，经济体制改革必须以完善产权制度和要素市场化配置为重点，实现产权有效激励、要素自由流动、价格反应灵活、竞争公平有序、企业优胜劣汰。党的二十大报告把构建高水平社会主义市场经济体制作为加快构建新格局，推动高质量发展的重要战略任务，明确要求深化要素市场化配置改革，建设高标准市场体系。

根据公共资源交易平台整合工作部际联席会议第四次会议，公共资源要素市场化配置存在的难点主要涉及法律建设、交易监管、要素市场规则。

一是法律建设滞后。公共资源交易领域有《中华人民共和国招标投标法》和《中华人民共和国政府采购法》两部基础法律。"两法并行"是我国公共资源交易运行管理的基本制度环境。两法施行以来，推进了公共资源交易规范化发展，减少了交易活动中权力寻租等腐败现象的发生，进一步保障了公共资源交易源头防腐、降本增效，有效促进了市场公平竞争和经济社会发展。但两法适用范围交叉重叠，具体规则不尽一致，管理体系各成一套。两法并行共管格局使公共资源管理体系中不同程度出现政府、市场边界模糊，为政策执行、监督管理和实际操作带来困惑。

二是交易监管不统一。目前，我国公共资源交易监管主要是以行业主管部门的行政监管为主，以各级发展改革部门成立管理办公室进行综合协调监管的方式。行业主管部门制定相关行业的交易法规，同时行使监管权力，既是运动员，又做裁判员。各行业监管标准规则不尽统一，公共资源交易事前、事中和事后监管难以形成闭环，此种监管环境下，市场主体较难获得公平、公正的交易市场环境。

三是要素市场规则不完善。与商品和服务市场相比，土地、劳动力、资本、技术、数据等要素市场发育相对滞后，要素流动存在体制机制障碍等，影响了市场对资源配置决定性作用的发挥。地方保护、行业垄断等现象存在，市场交易壁垒难以打破，各级公共资源交易市场碎片化发展，使得资源要素难以自由流动。目前仍然存在以行政手段主导配置公共资源要素现象，公共资源要素市场化配置程度不高，主要依靠竞争机制保障公共资源要素配置效率。

会议指出，按照党中央、国务院决策的部署，加快推进公共资源交易市场化改革，重点有三方面：

（1）持续增加制度供给

一是完善顶层设计。研究出台推进公共资源交易市场化改革的指导意见，明确未来一个时期改革的主攻方向和改革举措。

二是完善法律制度。抓紧相关法律，继续推动出台公共资源各领域统一的交易规则和技术标准；研究制定公共资源交易信用管理、信息安全、监督管理等配套制度，促进交易规范有序进行。

三是完善长效机制。建立公共资源交易规则清理机制，维护制度统一；建立地方涉企收费定期清理机制，实行收费目录管理；建立试点示范工作机制，选择有条件的地方先行开展跨区域交易服务和区域一体化合作。

（2）持续优化平台体系

一是加快拓展整合范围。逐步将由市场化方式配置的自然资源、国有资产等公共资源，纳入公共资源交易平台进行交易。

二是加快推进全流程电子化。制定全国统一的公共资源交易平台的交易服务标准，以标准化促进全流程电子化、服务便捷化。抓紧研究消除电子档案、数据规范、互认共享等制度障碍，全面推行公共资源交易全流程电子化，实现网下无交易、网上全公开。

三是加快平台开放共享。引导电子招标交易平台市场化、专业化、集约化发展，推动各地公共资源交易中心开放数据接口，为交易平台自主运营，开展跨地区、跨行业公平竞争提供便利，在CA认证等方面加快共享互认。深化公共资源交易平台与国家投资、信用等平台的对接融合，实现信息资源共享。

（3）持续健全监管体系

一是强化监管方式创新。指导各地方加快建立全行政区域统一的电子化监管平台，统筹协调线上监管与线下管理、交易环节监管与事前事后监管，加快建立以信用承诺、信用公示为特点的新型监管机制，进一步增进部门协同监管，提升监管效能。

二是强化从业人员和机构的规范管理。指导各地方严格专家审核和法律责任，建立统一的评标评审专家考评和退出机制。健全公共资源交易从业机构及人员的管理和评价机制，引导和加强行业自律。

三是强化社会监督。落实国务院推进公共资源配置领域政府信息公开有关部署，推动实现公共资源交易全过程信息公开。指导各地方依托电子化监管平台，在线受理投诉举报，实行处罚结果向社会公开，发挥好公众监督的作用。

针对以上难点，国家采取了一系列相关措施，指导各地扎实推进公共资源交易相关改革，着力完善公共资源市场化配置机制、优化公共资源交易服务、创新公共资源交易监管体制。法律制度建设方面，国家"十四五"规划《纲要》首次在五年规划中明确，要深化公共资源交易平台整合共享，并且以《土地管理法实施条例（修订）》《行政事业性国有资产管理条例》等行政法规进一步明确规定了公共资源交易平台在土地"招拍挂"、国有资产处置领域的法定职责，将"应进必进"纳入法治化轨道。《政府采购需求管理办法》出台实施，使得政府采购分类统一的交易规则更加健全。2023年国家发展改革委、工业和信息化部、财政部、人民银行印发的《关于做好2023年降成本重点工作的通知》提出，将积极推动两部基础法律修订，健全招标投标和政府采购交易规则，进一步规范政府采购行为，着力破除对不同所有制企业、外地企业设置的不合理限制和壁垒。完善招标投标交易担保制度，全面推广保函（保险），规范保证金收取和退还，清理历史沉淀保证金。完善招标投标全流程电子化交易技术标准和数据规范，推进CA数字证书跨区域兼容互认，不断拓展全流程电子化招标投标的广度和深度，降低企业交易成本。地方层面，多省、区、市在本地"十四五"规划中明确了交易平台整合共享要求，推动改革向纵深发展，地方公共资源交易综合立法实践不断丰富，地方性法规规章相继出台。

在交易服务方面，经党中央、国务院批准同意，全国碳排放权交易市场正式上线交易，为落实"双碳"战略目标提供市场服务保障。国务院印发《关于开展营商环境创新试点工作的意见》，部署进一步清除招投标和政府采购领域对外地企业设置的隐性门槛和壁垒，着力清理取消企业在招投标、政府采购等方面存在的差别化待遇，建立招标计划提前发布制度，推进招投标全流程电子化改革，推进电子证照、电子签章在招投标等领域全面应用和互通互认。多地尝试公共资源交易从数字化到智能化再到智慧化的转型，2022年10月全国第一个区域性的长三角公共资源交易统一门户试运行，上海、江苏、浙江、安徽积极推进专家资源共享、远程异地评标等实质性合作。

在公共资源交易监管体制机制创新方面，2021年国家发展改革委等11部门联合印发《关于建立健全招标投标领域优化营商环境长效机制的通知》，加大地方制度规则清理整合力度，全面推行"双随机一公开"监管模式，切实维护公平竞争秩序。住房城乡建设部在全国部署开展房屋建筑和市政基础设施工程建设领域整治，持续规范建筑市场秩序。水利部、国家发展改革委联合开展水利工程建设项目电子招标投标监管试点，创新推进"互联网+监管"等。

第二章　公共资源交易分领域电子化

公共资源交易相对成熟领域有工程建设项目招投标、政府采购、土地使用权出让、矿业权出让、国有产权交易。不同交易领域有各自的分类和招标/采购/出让方式，形成各自领域的电子化交易数据，涉及各行各业。各领域的交易流程及数据信息决定着公共资源交易大数据的范围，以及对业务应用的支撑效果。这些交易领域的全流程或部分流程的电子化交易数据已实现地市、省、国家的级联式汇聚，并形成了稳定的机制。

第一节　工程建设项目招投标数据信息

一、工程建设项目招投标

工程建设是一个较广泛的概念，不仅包括工程建设本身，也包括与工程建设相关的货物、服务的内容。随着国民经济持续增长和建筑业迅速发展，工程建设规模不断扩大，公共资源交易中的工程建设主要是一些行政、事业单位在房屋建筑、市政、交通、水利、水运、民航、能源、通信、桥梁、城市轨道、信息网络、矿产冶金、工业制造等方面的建设项目。具体环节包括工程建设项目的审批、勘察、设计、施工、监理、重要设备和材料采购的招标投标，工程投资预算、决算编制，合同签订及款项支付，工程质量监督、认证、检验、验收等环节。所有进入公共资源交易平台的工程建设项目电子招投标都要遵循《电子招标投标办法》第20号令。

根据《中华人民共和国招标投标法》第三条，在中华人民共和国境内进行下列工程建设项目包括项目的勘察、设计、施工、监理以及与工程建设有关的重要设备、材料等的采购，必须进行招标：

（1）大型基础设施、公用事业等关系社会公共利益、公众安全的项目；

（2）全部或者部分使用国有资金投资或者国家融资的项目；

（3）使用国际组织或者外国政府贷款、援助资金的项目。

根据《必须招标的工程项目规定》，全部或者部分使用国有资金投资或者国家融资的项目包括：使用预算资金200万元人民币以上，并且该资金占投资额10%以上的项目；使用国有企业事业单位资金，并且该资金占控股或者主导地位的项目。使用国际组织或者外国政府贷款、援助资金的项目包括：使用世界银行、亚洲开发银行等国际组织贷款、援助资金的项目；使用外国政府及其机构贷款、援助资金的项目。不属于上述规定情形的大型基础设施、公用事业等关系社会公共利益、公众安全的项目，必须招标的具体范围由国务院发展改革部门会同国务院有关部门按照确有必要、严格限定的原则制订，报国务院批准。

对于单项投资规模判断必须招标的界定，包括施工单项合同估算价在400万元人民币以上的；重要设备、材料等货物的采购，单项合同估算价在200万元人民币以上的；勘察、设计、监理等服务的采购，单项合同估算价在100万元人民币以上的。

在依法必须进行招标的项目中，有下列情形之一的，可以采用邀请招标：

（1）项目技术复杂或有特殊要求，或者受自然地域环境限制，只有少量潜在投标人可供选择；

（2）涉及国家安全、国家秘密或者抢险救灾，适宜招标但不宜公开招标；

（3）采用公开招标方式的费用占项目合同金额的比例过大。

按照公共资源交易基层政务信息公开规定，工程建设项目的审批核准信息应予公开，包括招标内容、招标范围、招标组织形式、招标方式、招标估算金额、招标事项审核或核准部门，信息形成之日起20个工作日内在政府网站或管理部门网站公开。但对于大多数省来讲，目前工程建设项目招投标的审批核准信息暂时还未纳入到交易平台的电子化数据中；合同订立信息电子化数据虽纳入交易平台，但达不到及时公开的程度。

二、招标项目分类和招标方式

（1）多角度分类

工程建设项目的分类有很多种，经常用到的如按交易领域类别细分、按国民经济行业分类、按标段类型分类、按是否固定资产投资项目分类等。同一个工程建设项目，可对应多种分类代码，代表在不同分类方式中所属的细类。

按交易领域类别细化分类，主要用于交易过程的电子化记录，应与《公共资源交易平台系统数据规范（2.0）》的分类方法保持一致，以工程建设项目招标投标领域为大类，采用A大类编码，所有项目或标段归入A大类下的15小类，用A开头的3位代码表示，如A01代表工程建设项目招投标领域的房屋建筑项目，A02代表工程建设项目招投标领域的市政项目，A03代表工程建设项目招投标领域的公路项目，A08代表工程建设项目招投标领域的能源项目等。按交易领域细化分类的项目在入场登记时需在交易系统内录入对应代码，起到标签作用，以备支持后续的数据应用。

国民经济行业分类的每一个行业类别按照同一种经济活动的性质划分，规定了全社会经济活动的分类与代码，划分为门类、大类、中类和小类四级，代码由一位拉丁字母和阿拉伯数字组成，如A01代表农业大类，A0112代表小麦种植，对经济活动的分类适用于在统计、计划、财政、税收、工商等国家宏观管理中，用于信息处理和信息交换。工程建设项目按照国民经济行业分类，一般用于将相关交易数据做统计或数据分析使用，通过各行业的招标数据、中标或成交数据进行行业经济形势的预测，以及行业间成交情况的对比。

按照标段类型分类，是以《公共资源交易评标专家专业分类标准》（发改法规〔2018〕316号）为基础进行扩展的四级分类。该分类基于从评标专家的专业角度划分。由于在标段交易的评标环节需要选择专业的专家对投标文件进行评判，形成评标报告，招标方根据评标报告得出交易结果，所以以工程建设项目的标段类型直接采用评标专家专业分类，方便对口评标专家的选择。

固定资产投资一般是为获取未来经济收益或使用效益，新建、改建、扩建、购置固定资产和对既有固定资产进行技术改造的活动。由于固定资产投资的复杂性，实践中形成了按照项目对固定资产投资活动进行决策和管理的方法。固定资产投资项目具有投资数额大、影响时间长、发生频率低、投资风险高等特点，按行业可分为能源项目、交通项目、原材料工业项目、装备工业项目、农业项目、林业项目、水利项目、生态和环境保护项目、商业和服务业项目、科技、文化、教育、卫生、体育项目以及房地产开发项目等。按照是否固定资产投资项目分类，是指工程建设项目是否为固定资产投资项目，是否具备固定资产投资代码，依据该代码组成分段的含义，可用于统计分析不同类固定资产的交易情况。

（2）招标方式

在工程建设项目招投标领域，有招标方式和招标组织方式两个概念。招标方式是指项目或标段适合采用哪种方式进行招标，是面向招/投标人的，分为公开招标和邀请招标；招标组织方式是指招标人或招标代理机构采用何用方式组织项目的招标工作，分为自行招标或委托招标。

公开招标也叫做无限竞争性招标，是招标人以招标公告的方式邀请不特定的法人或者其他组织进行投标。招标人采用公开招标方式，必须发布招标公告，主动向全社会公开，在国家指定的信息网络或者其他媒介及时发布，如中国招标投标公共服务平台、项目所在地省级电子招标投标公共服务平台。

邀请招标是招标人以投标邀请书邀请法人或者其他组织参加投标的一种招标方式。《中华人民共和国招标投标法》规定，招标人采用邀请招标方式的，应当向3个以上具备承担招标项目能力、资信良好的特定法人或者其他组织发出投标邀请书。邀请招标方式与公开招标方式不同，允许招标人向有限数目的特定法人或其他组织（供应商或承包商）发出投标邀请书，而不必发布招标公告。由于邀请目标对象较少，邀请招标可以节约招标投标费用并提高效率。

招标人采用邀请招标方式是有前提条件的，比如熟知市场供给，对供应商或承包商情况比较了解等。在此基础上，综合考虑招标项目的具体情况，第一是招标项目的技术新而且复杂或专业性很强，只能从有限范围的供应商或承包商中选择；第二是招标项目本身的价值较低，招标人只能通过限制投标人数来达到节约和提高效率的目的。因此，邀请招标在实际中有其存在性和适用性。但是，在邀请招标中，也可能存在招标人故意邀请不符合条件的法人或其他组织作为其内定中标人的陪衬，搞虚假招标。为了防止此种现象的发生，特对邀请招标的对象所具备的条件作出限定，即不少于3家，相关法人或其他组织资信良好并具备承担招标项目的能力。前者是对邀请投标范围的最低限度要求，以保证适当程度的竞争性；后者是对投标人资格和能力的要求。除潜在投标人有限外，招标人应邀请尽量多的法人或其他组织，以确保有效的竞争。

投标邀请书与招标公告一样，是向潜在投标法人或其他组织发出的关于招标事宜的基本文件。为了提高效率和透明度，投标邀请书必须载明必要的招标信息，使潜在投标法人或组织明确招标的条件是否可接受，并了解如何参与投标，如招标人名称和地址、招标项目的性质、数量、实施地点和时间以及获取招标文件的办法等内容。招标人可以增补其他要求，如招标人对招标文件收取的费用、支付招标文件费用的货币和方式、投标文件所用的语言，希望或要求供应货物的时间、工程竣工的时间或服务响应要求、服务期限要求等。

三、公开招标数据信息

工程建设项目的公开招标是最普遍的招标方式。不考虑审批核准信息时，公开招标由招标、投标、开评标、定/中标、异常情况五个交易过程阶段组成，每个阶段都产生对应的数据信息。

（1）招标流程与数据关系

工程建设项目公开招标的招标流程与所产生数据之间的对应关系，见图2-1所示。

由图2-1可知，在公开招标的招标阶段，监管部门、招标代理机构、招标人、交易中心、潜在投标人、预审专家6个角色全部参加、各负其责，招标人对招标代理机构处理的各事项查看审核。由交易中心的进场登记确认发起招标流程，招标代理机构进行项目注册登记操作，产生"招标人主体信息"注册登记数据，包括法人名称、法人类别、项目创建时间、申报人、申办人代码、申报时间、验证人、验证人代码、验证通过时间等，并将项目注册登记信息流转到监管部门进行备案。

招标代理机构按照招标人要求进行招标项目登记操作，产生"招标项目基本信息"和"标段（包）信息"数据，包括项目基本信息、招标人

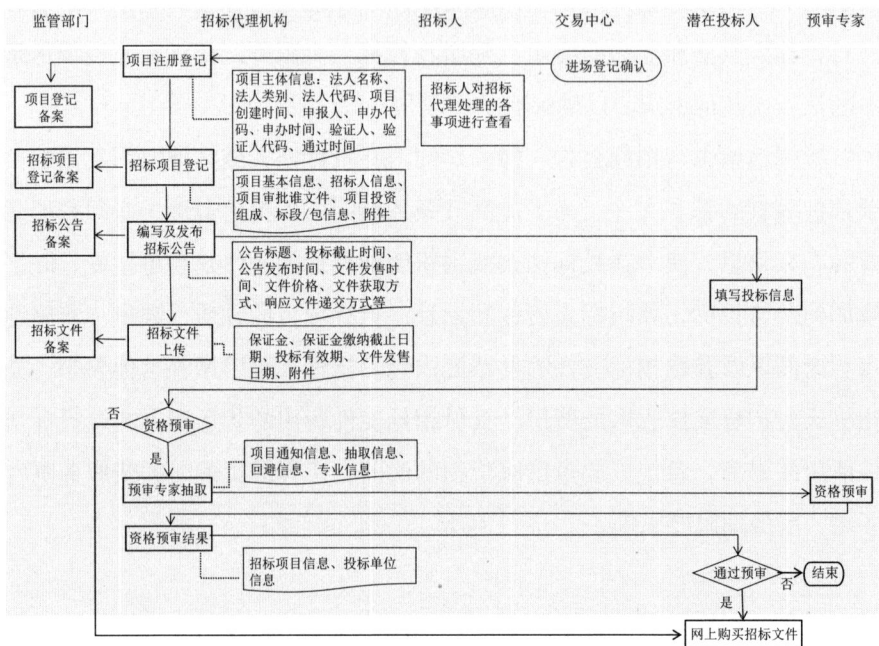

图2-1　工程建设项目公开招标的招标流程与数据关系

信息、项目审批文件、项目投资组成、招标基本信息、标段（包）名称、标段（包）编号、标段基本信息、附件材料等。项目、招标项目、标段（包）之间的包含关系通过各自的唯一标识编码相互关联体现出来。"招标项目"和"标段（包）"数据同步提供到监管部门备案。项目与招标项目之间的关系是一对多，一个项目可以是一个或多个招标项目活动，每个招标项目可以包括一个或多个标段（包），每个标段（包）对应一笔交易，正常交易情况下最终形成由招标人与中标人共同签订的合同。

招标代理机构编写并在规定的媒介上发布招标公告，产生"招标公告"数据，包括招标公告标题、投标截止时间、公告发布时间、招标文件发布时间、招标文件价格、招标文件获取方式、投标文件递交方式等内容。招标公告发布后，招标代理机构及时上传招标文件，形成"招标文件"数据，包括保证金要求、保证金缴纳截止日期、投标有效期、文件发售时间、附件等。"招标公告"和"招标文件"数据同步监管备案。潜在投标人在媒介看到招标公告后，如有投标意向，则按招标代理机构要求填写投标信息并提交，继续下步流程。

如果招标方不要求资格预审，那么潜在投标人直接进入投标环节。如果招标方要求做资格预审，招标代理机构应先抽取预审专家，形成预审专家组，产生"预审专家"数据，包括项目通知信息、抽取信息、回避信息、专业信息。经预审专家对潜在投标人的提交信息进行资格预审评判，产生"资格预审结果"数据，包括招标项目信息、投标单位信息。招标代理机构将资格预审结果通知潜在投标人，未通过资格预审的潜在投标人不再参加后续投标活动，结束流程；通过资格预审的潜在投标人进入投标阶段。按政务信息公开要求，资格预审公告、招标公告应及时在中国招投标公共服务平台、省级电子招标投标公共服务平台公开，包含招标项目名称、内容、范围、规模、资金来源；投标资格能力要求，以及是否接受联合体投标；获取资格预审文件、招标文件的时间、方式；递交资格预审文件或投标文件的截止时间、方式；招标人及其招标代理机构的名称、地址、联系人及联系方式；采用电子招标投标方式的，潜在投标人访问电子招标投标交易平台的网址和方法；其他依法应当载明的内容。

至此，招标阶段任务完成，招标流程每一步均形成对应电子化数据留存，并提交监管部门。

（2）投标流程及数据关系

在工程建设项目公开招标的投标阶段，有3个角色参与，分别是监管部门、招标代理机构、投标人，投标流程与所产生数据之间的关系见图2-2所示。

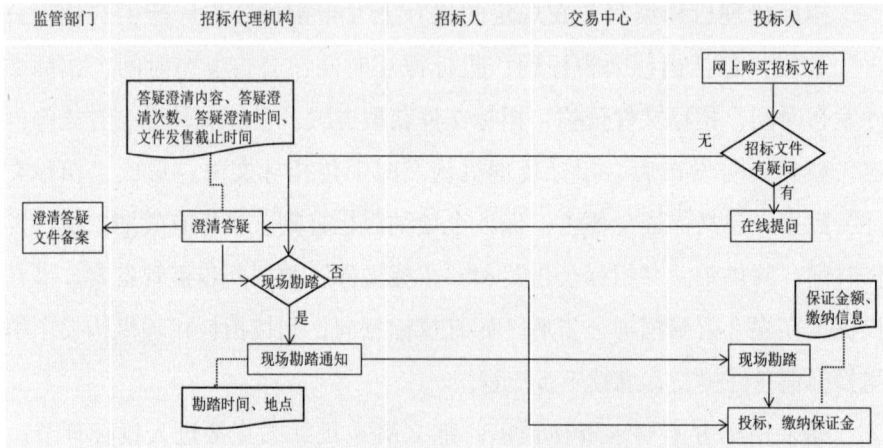

图2-2 工程建设项目公开招标的投标流程与数据关系

投标阶段从潜在投标人经预审专家评判具备投标资格后，从网上购买招标文件开始，此时潜在投标人转变为真正的投标人。投标人对招标文件有疑问时，可以在线提问，由招标代理机构组织进行澄清答疑，产生"澄清答疑"数据，包括答疑澄清内容、答疑澄清次数、答疑澄清时间、文件发售截止时间等，相关数据同步到监管部门备案；当投标人对招标文件无疑问时，进入现场勘踏环节。如果有现场勘踏需求，由招标代理机构向投标人发现场勘踏通知，产生"现场勘踏通知"数据，包括现场勘踏时间、现场勘踏通知地点；完成勘踏后或者无需勘踏需求时，投标人编写标书进行投标并缴纳保证金，产生"保证金"数据，包括保证金金额、缴纳信息如交纳人、交纳时间等。

至此，投标阶段任务完成，投标流程的澄清答疑文件数据同步提交监管部门。

（3）开评标流程及数据关系

在工程建设项目公开招标的开评标阶段，有招标代理机构、交易中心、评标委员会3个角色参与，开评标流程和所产生的数据之间的关系如图2-3所示。

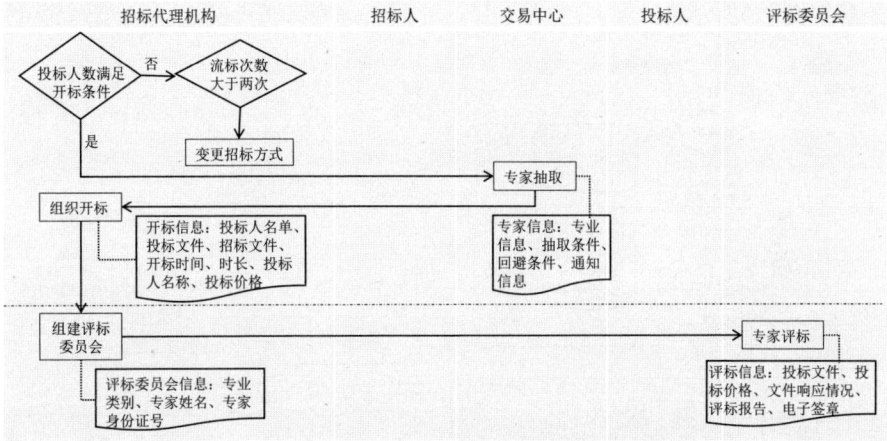

图2-3 工程建设项目公开招标的开评标流程及数据关系

开评标阶段从招标代理机构收到投标人的投标书开始。招标代理机构判断投标方数量是否满足开标条件，如果不满足3家投标方，则需核查招标项目已废标次数是否大于两次，大于两次需要变更招标方式，少于两次可重新返回招标阶段重新编制及发布招标公告环节。当投标人数量满足开标条件时，由交易中心进行评标专家抽取并通知确认，产生"专家抽取信息"数据，包括专家基本信息、专业信息、抽取条件、回避条件、通知信息等。确定评标专家后，招标代理机构组织开标，产生"开标信息"数据，包括投标人名单、投标文件、招标文件、开标时间、开标时长、投标单位名称、投标价格等关键信息，开标环节结束。

评标专家组成评标委员会，录入系统产生"评标委员会信息"，包括专家类别、专家姓名、专家身份证号等内容。评标委员会针对招标项目或标段（包）进行专家评标，产生"评标信息"，包括投标文件、投标价格、文件响应情况、评标报告、电子签章等内容。

至此，开评标阶段任务完成并形成电子化数据。

（4）定/中标流程及数据关系

在工程建设项目公开招标的中/定标阶段，有监管部门、招标代理机构、交易中心、中标人4个角色参与，中/定标流程和所产生的数据之间的关系如图2-4所示。

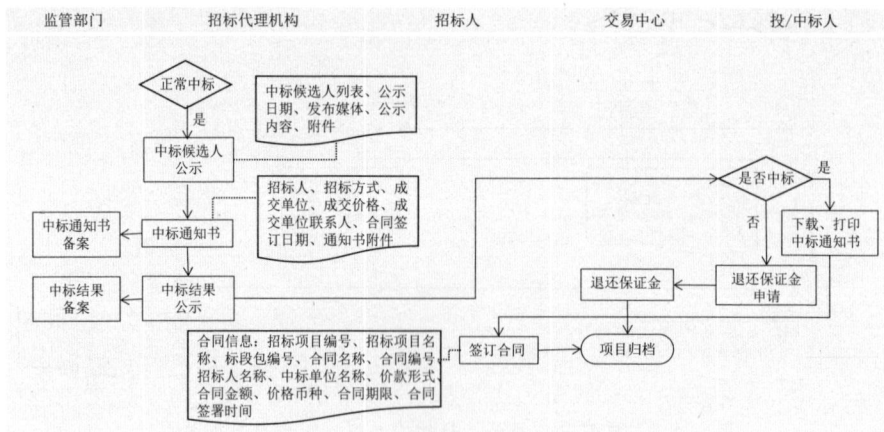

图2-4 工程建设项目公开招标的定/中标流程及数据关系

招标代理机构核查专家评标结果，如为正常中标，则发布中标候选人公示，产生"中标候选人"数据，包括中标候选人列表、公示日期、发布媒介、公示标题、公示内容、附件等；中标候选人公示期满后，招标代理机构出具中标通知书，产生"中标通知书"数据，包括招标人、招标方式、成交单位、成交价格、成交单位联系人、合同签订日期、通知书附件等内容，并进行中标结果公示，同时通知所有投标人中标结果。中标人自行下载打印中标通知书，未中标的投标人申请退还保证金。一般的，中标通知书发出后30日内，招标人和中标人应按照招标文件和投标文件签订书面合同，产生"合同信息"数据，包括招标项目编号、招标名称、标段（包）编号、合同名称、合同编号、招标人名称、中标单位名称、价款形式、合同金额、价格币种、合同期限、合同签署时间等内容。确定中标人15日内，招标人应当向监管部门提交招投标情况的书面报告。但在实际工作中，存在难以严格在中标通知书发出30日内完成合同签订，或者招标人不在系统中录入合同信息等情况。

至此，中标阶段任务完成，中标阶段的中标通知书和中标结果均需要在监管部门备案。

（5）异常情况

工程建设项目公开招标方式的异常情况处理，是指在交易流程中，出现投标人对资格预审文件、招标文件、开标、评标结果的质疑或投诉，招标人/招标代理机构或监管部门进行受理，推动完成后续交易流程。异常情况处理的流程和所产生的数据之间的关系如图2-5所示。

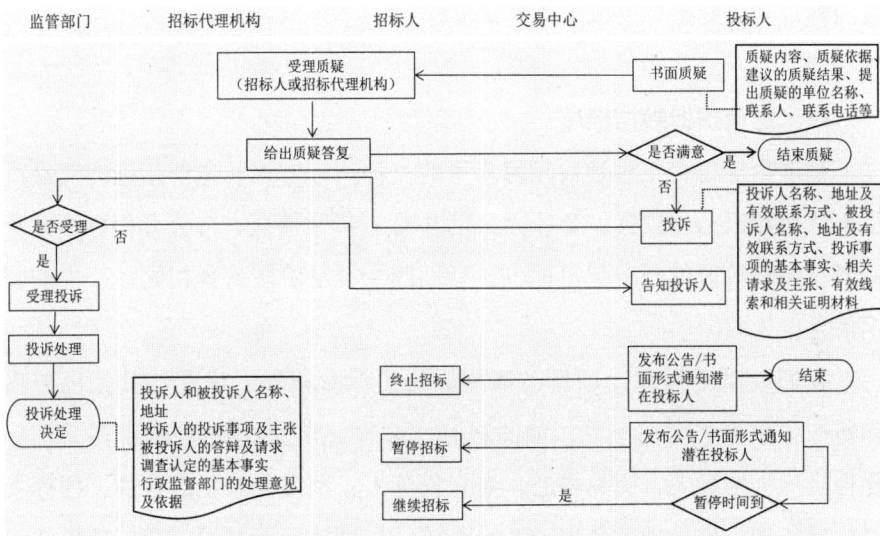

图2-5　工程建设项目公开招标方式异常情况与数据关系

异常情况处理阶段从投标人对某环节的质疑开始，提交书面质疑产生"质疑信息"数据，包括质疑的内容、质疑的依据、建议的质疑结果、提出质疑的单位名称、联系人、联系电话等内容。招标代理机构或招标人对质疑进行受理，给出答复。如果投标人对质疑答复满意，质疑结束；

如果投标人不满意答复，则可向监管部门提起投诉，形成"投诉信息"数据，包括投诉人的名称、地址、有效地联系方式，以及被投诉人的名称、地址、有效的联系方式，投诉事项的基本事实、相关请求及主张，有效线索和相关证明材料等内容。监管部门受理投诉，形成"投诉处理决定"数据，包括投诉人和被投诉人名称、地址、投诉人的投诉事项及主张、被投诉人的答复及请求、调查认定的基本事实、行政监督部门的处理意见及依据等内容；如果投标人的投诉不予受理时，监管部门应告知投诉人，投诉流程结束。

另外的异常情况有终止招标或暂停招标两种，一是在招标阶段就终止招标时，应发布公告，并以书面形式通知潜在投标人，交易流程结束；二是在招标阶段暂停招标时，也应发布公告并书面通知潜在投标人，当暂停时间到，则继续招标完成后续交易流程。

四、邀请招标数据信息

邀请招标也是工程建设项目常用的一种招标方式。邀请招标的交易过程仍然包括招标、投标、开评标、定/中标、异常情况，与公开招标相比，两者在招标阶段的环节是不同的，后面四个交易阶段流程相同，产生的数据信息也相同。

我们仅以工程建设项目邀请招标的招标阶段加以说明，其招标流程和所产生数据之间的关系，如图2-6所示，六个交易角色监管部门、招标代理机构、招标人、交易中心、潜在投标人、预审专家全部参加，招标人对招标代理机构处理的各事项查看审核。在项目注册登记、招标项目登记环节，邀请招标与公开招标方式的流程是相同的。在招标项目登记后，招标项目信息和标段（包）信息产生并同步到监管部门备案，接下来是邀请招标方式的特殊流程，招标代理机构编写并发布邀请函，产生"投标邀请函"数据，包括投标单位名称、项目名称、项目编号、招标人信息、联系方式等内容，同时向潜在投标人发出邀请，并上传招标文件，产生"招标文件"数据内容。被邀请的潜在投标人如接受邀请，则进入资格预审环节。招标代理机构需要先在相关媒介发布资格预审公告，抽取资格预审专家，产生的"预审专家信息"数据同步监管部门；不需要资格预审的潜在投标人直接进入下一步投标阶段。

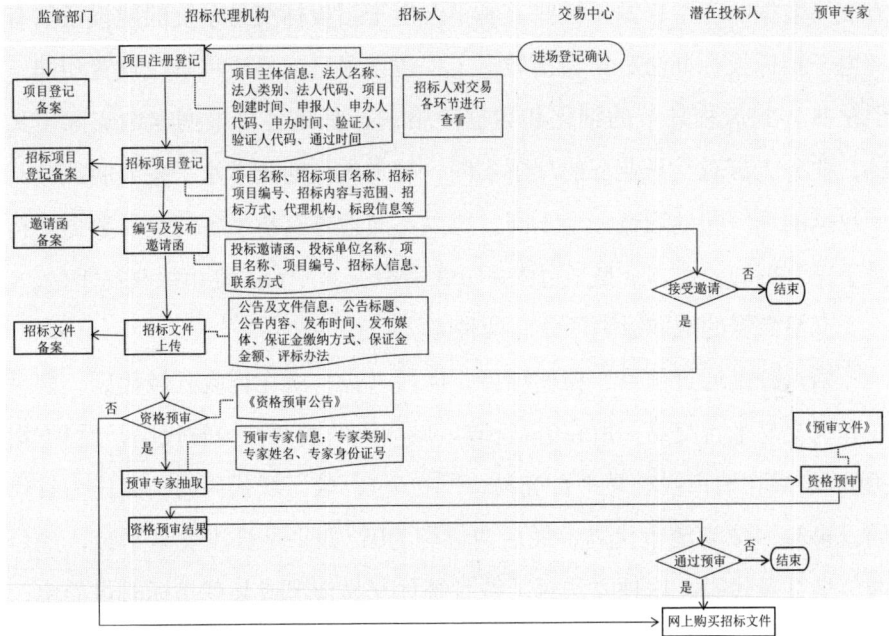

图2-6 工程建设项目邀请招标方式招标流程及数据关系

资格预审专家对被邀请的投标人资格进行预审后，形成预审结果反馈招标代理机构，同时产生"预审文件"数据。招标代理机构将资格预审结果通知到所有被邀请投标人，通过预审的变为真正投标人进入下一个投标阶段；未通过预审的潜在投标人结束流程。

招标阶段结束后，从投标阶段开始，工程建设项目邀请招标方式的其他交易流程和所产生的数据，均与公开招标方式无差别，不再赘述。

五、地方和中央范围数据

工程建设项目招投标数据包括地方和中央范围数据，地方范围是指地方交易平台产生的交易数据，中央范围是指我国的央企招投标平台产生的交易数据。

（1）地方范围交易数据

目前，经过前期整合后，我国仍有超过1000个地方交易平台，作为地方交易数据的产生来源。这些交易平台电子招投标交易系统的建设虽然有《电子招标投标办法》作为指导，工程建设项目交易流程阶段设置相同，但是具体到流程环节的细化和数据项格式，都是各自根据本地实际定义的，业务人员对交易业务的理解不同，技术人员的技术水平差异明显，对于数据的理解和处理也完全不同，所以不同地方交易平台的交易数据结构是千差万别的。地方交易平台大多分为省级交易平台、地市级交易平台。

交易数据的地域级别区分有两种方法：

第一种是通过项目、招标项目、标段（包）所在行政区域代码。如果在省级交易平台交易，所在6位行政区域代码的前两位为省代码，后4位均为0；如果在地市级交易平台交易，所在6位行政区域代码的前两位为省代码、第3、4位为地市代码，最后两位均为0；如果是县级交易平台，最后两位是县级代码。这种方法对于按省统计交易情况或某些指标时最简单，最为适用。

第二种是通过来源平台或交易系统标识码进行识别。一般地，交易系统标识码采用其运营服务机构的18位统一社会信用代码来表示，可以间接得知其地域级别。

上面两种交易数据地域级别区分方法，也是交易数据溯源经常用到的方法，比如当发现某条数据有问题需要更正时，会据此追踪到数据源头，由源头进行核实并调整。目前，已有省份对工程建设项目招投标的全流程电子化数据，要求面向社会提前公示招标计划，加强信息面向社会的公开，如广东省招标投标监管网已将招标计划纳入到网站公开栏目。

（2）中央范围交易数据

中央范围交易数据指我国央企电子招标采购平台产生的央企交易数据。央企是我国经济高质量发展的主力军、实体经济的顶梁柱，在推进两化融合和数字化转型中发挥着战略性支撑和引领作用，央企电子招标采购平台的行业特征比较鲜明。早期很多央企建设了自己的招标系统，开发了各自的招标电子化平台，但这些系统都是分散建设的，没有统一的技术、数据标准。2015年"中国招标投标公共服务平台"上线，成为央企招标的一个公共服务平台。同年，国务院国资委印发《采购管理专项提升对标指标》，将国企采购电子化水平纳入提升指标，加快了央国企电子化招采系统的建设。中国招标投标公共服务平台http://www.cebpubservice.com实时展示央企交易的招标公告和中标公示等必须公开的信息。

截至2022年12月，98家央企已有70家上线电子招标采购平台。我们按照中国招标投标服务平台向国家公共资源交易服务平台同步数据量的早晚、多少，将较早、较多交易数据量的37家央企电子招标采购平台情况梳理汇总成表2-1。

表2-1　较早、较多交易数据量的央企电子招标采购平台汇总

序号	央企招投标平台名称	央企名称	所属行业
1	中国石油电子招投标交易平台	中国石油天然气集团有限公司	石油、天然气
2	国家电网公司电子商务平台	国家电网有限公司	供电用电
3	神华招标网	神华集团有限责任公司	煤炭、电力、港口、航运
4	鞍钢集团电子招标投标交易平台	鞍钢集团有限公司	钢铁生产制造
5	中国南方电网电子商务系统	中国南方电网有限责任公司	投资、建设和经营南方区域电网
6	中国华能集团电子招投标系统	中国华能集团有限公司	电力、煤炭、金融、科技、交通运输
7	中航招标平台	中国航空工业集团有限公司	机械制造业
8	中国交建物资采购管理信息系统	中国交通建设集团有限公司	港口、公路、桥梁设计与建设

序号	央企招投标平台名称	央企名称	所属行业
9	中煤电子招投标平台	中国中煤能源集团有限公司	煤炭生产及贸易、煤化工
10	中国石化电子招标投标交易平台（物资装备）	中国石油化工集团有限公司	石油化工
11	内蒙古电力集团电子商务系统	内蒙古电力（集团）有限责任公司	电网电力
12	中国铁物电子招投标平台	中国铁路物资集团有限公司	铁路物资和钢铁、矿产品
13	中国移动电子采购与招标投标系统	中国移动通信集团有限公司	通信
14	中国石化电子招标投标交易平台（工程、服务）	中国石油化工集团有限公司	石油化工
15	中国华电集团公司电子商务平台	中国华电集团有限公司	电力生产、热力生产和供应
16	中国兵器电子招标投标交易平台	中国兵器工业集团有限公司	军品民品、战略资源、金融流通
17	航发网上商城电子招投标专区	中国航空工业集团有限公司	机械制造业
18	中国一汽电子招标采购交易平台	中国第一汽车集团有限公司	汽车
19	东风招投标交易中心电子交易平台	东风汽车集团有限公司	汽车
20	上海宝华电子招投标交易平台	中国宝武钢铁集团有限公司	钢铁
21	招商局集团电子招标采购交易平台	招商局集团有限公司	交通运输、金融投资、房地产业
22	中国航天科技电子采购平台	中国航天科技集团有限公司	运载火箭、载人飞船、战略导弹

序号	央企招投标平台名称	央企名称	所属行业
23	中国交建装备采购管理信息系统	中国交通建设集团有限公司	港口、公路、桥梁设计与建设
24	冀中能源集团招标投标电子交易平台	冀中能源集团有限责任公司	煤炭、能源
25	武钢电子招标投标平台	中国宝武钢铁集团有限公司	钢铁
26	中铁建电子采购平台	中国铁建股份有限公司	建筑
27	中国核工业集团有限公司电子采购平台	中国核工业集团有限公司	核电、核燃料循环、核技术应用、核环保工程
28	华润置地采购云平台	华润（集团）有限公司	综合
29	大唐电子商务平台	中国大唐集团有限公司	电力能源
30	浪潮集团采购电子商务平台	浪潮集团有限公司	IT
31	南水北调中线建管局招标采购交易平台	南水北调中线干线工程建设管理局	水力
32	中交舟山公司招标采购平台	中国交通建设集团有限公司	港口、公路、桥梁设计与建设
33	中国长江三峡集团公司电子采购平台	中国长江三峡集团有限公司	水电开发与运营
34	中国通用招标网	中国通用技术（集团）控股有限责任公司	装备制造、贸易与工程承包、医药
35	国家开发投资公司电子采购平台	国家开发投资集团有限公司	电力能源、交通、矿产
36	中国电力设备信息网电子招标交易平台	国家电力投资集团有限公司	电力、能源
37	中铝集团电子招投标平台	中国铝业集团有限公司	铝产业链

（3）数据归集情况

各地方交易平台作为数据源头，需把产生的地方范围工程建设招投标数据，按相关数据规范转换格式后，24小时内同步到国家公共资源交易服务平台，以及中国招标投标公共服务平台；央企招投标平台则把央企范围数据同步传到中国招标投标公共服务平台，由中国招标投标公共服务平台再同步到国家公共资源交易服务平台。

第二节　政府采购数据信息

一、政府采购

广义的政府采购是所有公共组织的全部购买行为，政府采购主体包括国家行政机关、权力机关、司法机关，以及社会团体、事业单位、国有企业；采购内容包括大额的使用财政拨款的购买行为，也包括小额的适用自筹资金的购买行为。狭义的政府采购指《中华人民共和国政府采购法》的定义，2022年7月的修订草案征求意见稿将采购主体扩大到公益性央企，取消了"依法制定的集中采购目录以内"和"限额标准以上"两项限制，将全口径的货物、工程和服务纳入政府采购定义范围。

政府采购通过政府采购系统完成，主管部门是财政部，地方为各级政府采购中心。每省都有政采中心，有的省政采中心已入驻省公共资源交易平台，如湖南省；一般市级也有政采中心，县级不确定。各地方按统一的政府采购技术标准，整合省内政府采购数据资源，实现地方政府采购系统与中央级的互联互通、信息共享。目前地方政府采购系统已与地方公共资源交易平台实现对接，采购信息同步传输给交易平台。政府采购的一般流程为采购人提出采购计划（包括具体采购项目、数量及预算等），交由政府采购中心采购；政府采购中心发布招标公告或发出招标邀请、发售招标文件、组织投标、主持开标；评标委员会进行评审，选出预中标供应商。经采购人审核确认后，确定中标供应商；中标供应商与采购单位签订合同。中标/成交通知书发出之日起30日内，采购人与中标、成交供应商完成政府采购合同的签订。合同签订之日起2个工作日内，采购人将不涉密的政府采购合同在省级以上人民政府财政部门指定的媒体上公告。政府采购计划事前审批公示，能够接受社会监督，有效遏制乱采、滥购现象的发生，也有利于把近远期政府采购项目的功能、用途和环保条件公布于众。

政府采购实行集中采购和分散采购相结合的采购组织方式。属于中央预算的政府采购项目，其集中采购目录由国务院确定并公布；属于地方预算的政府采购项目，其集中采购目录由省、自治区、直辖市人民政府或者其授权的机构确定并公布。修订草案征求意见稿中已不再有地方政府集中采购目录和地方政采限额标准。集中采购是对具体采购项目进行采购的一系列活动的总和，可分为单个项目采购、协议供货、定点采购、批量集中采购和网上竞价；分散采购的范围是未纳入集中采购目录的、采购限额标准以上的政府采购项目。如果采购人采购纳入集中采购目录的政府采购项目，必须委托集中采购机构代理采购，实施主体为集中采购机构；分散采购可自行采购，也可委托集中采购机构以外的机构在委托的范围内代理采购，实施主体可以是采购人、集中采购机构或集中采购机构以外的采购代理机构。集中采购的优势在于节省采购时间，人力和财力，可以有效地降低单笔采购成本，并且采购的商品质量也比较高。分散采购的优势在于可以有效地降低采购成本，避免大量采购，更加灵活，可以更快地满足政府采购的需求。集中采购和分散采购是政府采购中两种重要组织方式，体现了采购的高效性与低成本的优势。

二、采购项目分类和采购方式

（1）采购项目分类

按照交易领域类别细化分类，以政府采购领域为大类，采用D大类编码，所有项目或采购子包归入D大类下的3个小类，用D开头的3位代码表示，其中D01代表货物类，D02代表工程类，D03代表服务类。按交易领域细化分类的采购项目或子包在政府采购系统入场登记时录入对应代码，以备支持后续的数据应用。

（2）采购方式

从政府采购的采购方式上，应采用公开招标、邀请招标、竞争性磋商、竞争性谈判、询价、单一来源采购，以及政府采购监管部门认定的其他采购方式。前六种对于分散采购和集中采购都是通用的，根据项目特点确定何种采购方式。所有采购方式的最终目的都是为了找到优质的供应商。

其中，公开招标应作为政府采购的主要采购方式，由采购人在公众媒体、网站、报刊等地方刊登招标公告，吸引众多投标单位来参加投标竞争活动，采购人再从中择优评选出中标单位。公开招标参与报价的供应商不得少于3家。参加竞争的投标人越多，损失投标费用的风险也越大；招标人审查投标人资格、投标文件的工作量也越大，耗费的时间长，招标费用支出也比较多。公开招标方式中招标文件获取的期限要求从招标文件开始发出之日起，不得少于5个工作日；提交投标文件的时间期限自招标文件开始发出之日起至投标人提交投标文件截止日，一般不得少于20日。书中提到的政府采购公开招标指国内竞争性招标，面向所有潜在供应商公开报名，一般采用最低评标价法或综合评分法的评审原则。公开招标能够最充分地展示公开、公正、公平竞争的招标原则，防止垄断；能有效地促使承包商增强竞争实力修炼内功，努力提高工程质量、缩短工期、降低造价，求得节约和效率，创造最合理的利益回报，也有利于防范招标投标活动中操作人员和监督人员的舞弊现象。

邀请招标也叫有限竞争招标，由招标人以投标邀请书的方式邀请特定的法人或其他组织投标。该招标方式适用于具有特殊性，只能从有限范围的供应商处采购的，或者采用公开招标方式的费用占政府采购项目总价值的比例过大的情况。同公开招标一样，邀请招标采用最低评标价法或综合评分法的评审原则，供应商公开报名，再随机邀请。

竞争性磋商是采购人或采购代理机构通过组建竞争性磋商小组，与符合条件的供应商就采购货物、工程和服务事宜进行磋商，供应商按照磋商文件的要求提交响应文件和报价；采购人从磋商小组评审提出的候选供应商名单中，确定成交供应商的采购方式。竞争性磋商方式中招标文件获取的期限要求从磋商文件的发售期限自开始之日起不得少于5个工作日；提交投标文件的时间期限从竞争性磋商文件发出之日起至投标人提交首次响应文件截止之日，不得少于10日。评审原则是经磋商确定最终采购需求和提交最后报价的供应商后，磋商小组采用综合评分法对提交最后报价的响应文件和最后报价进行综合评分，需二轮及以上报价。采购人或者采购代理机构应从省级以上人民政府财政部门设立的评审专家库中随机抽取专家，但对于技术复杂、专业性强的项目，经主管预算单位同意，采购人可以自行选定相应专业领域的评审专家。竞争性磋商适用于如下项目：政府购买服务项目；技术复杂或者性质特殊，不能确定详细规格或者具体要求的；因艺术品采购、专利、专有技术或者服务的时间、数量事先不能确定等原因不能事先计算出价格总额的；市场竞争不充分的科研项目，以及需要扶持的科技成果转化项目；按照招标投标法及其实施条例必须进行招标的工程建设项目以外的政府采购项目。

竞争性谈判是采购人或者采购代理机构邀请潜在供应商参加投标，采购人事先确定标准，以招标文件的形式体现，就采购事宜与不少于3家供应商进行谈判确定供应商的方式；当提交投标文件或者经评审实质性响应招标文件要求的供应商只有两家时，经批准后可以与该两家供应商进行竞争性谈判采购。竞争性谈判方式中招标文件获取的期限要求从谈判文件发出之日起，不得少于3个工作日；提交投标文件的时间期限从谈判文件发出之日起至供应商提交首次响应文件截止之日，不得少于3个工作日。一般根据符合采购需求、质量和服务相等且报价最低的评审原则确定成交供应商，需二轮及以上报价，有灵活性和特殊性，但程序较为复杂，耗时较久，费用支出也较多。当供应商认为成交结果使自己的权益受到损害的，可在知道其权益受到损害之日起7个工作日内，以书面形式向采购人、采购代理机构提出质疑。竞争性谈判适用于如下项目：招标后没有供应商投标，或者重新招标未能成立的；技术复杂或者性质特殊，不能确定详细规格或者具体要求的；非采购人所能预见的原因或者非采购人拖延造成采用招标所需时间不能满足用户紧急需要的；因采购、专利、专有技术或者服务的时间、数量事先不能确定等原因不能事先计算出价格总额的。

询价是采购人向有关供应商发出询价单让其报价，对几个供货商的报价进行比较，在报价基础上比较价格有竞争性并确定最优供应商的一种采购方式。询价的评审原则是根据符合采购需求、质量和服务相等且报价最低的原则确定成交供应商。询价采购的程序性规定比较完善，节省时间和费用，谈判和调整比较灵活，但询价信息公开面较狭窄，局限在有限少数供应商，而且过于倾向报价，忽视对供应商资格性审查和服务质量的考察。这种方式适用于采购的货物规格和标准统一、现货货源充足且价格变化幅度小的政府采购项目。

单一来源采购是采购人向特定的一个供应商采购的采购方式，评审原则是在保证采购项目质量和双方商定合理价格，只能指定邀请供应商。单一来源采购，供应商可以提供更高质量的商品和服务，采购信息相对其他方式固定，缺乏弹性，采购的需求信息仅被小部分供应商掌握了解，采购过程缺乏及时、公开的监督与评价，成交价格及过程的不透明。单一来源采购适用于如下项目：只能从唯一供应商处采购的；发生了不可预见的紧急情况不能从其他供应商处采购的；必须保证原有采购项目一致性或者服务配套的要求，需要继续从原供应商处添购，且添购资金总额不超过原合同采购金额10%的。

三、公开招标数据信息

政府采购项目的公开招标与工程建设项目公开招标的过程相近，包括招标、投标、开标、评审、中标、异常情况，但是每个阶段的具体交易环节和产生的数据都不同。

（1）招标流程与数据关系

在政府采购项目公开招标的招标阶段，有监管部门、采购人、政府采购中心三个角色参加，招标流程与所产生数据之间的对应关系如图2-7所示。

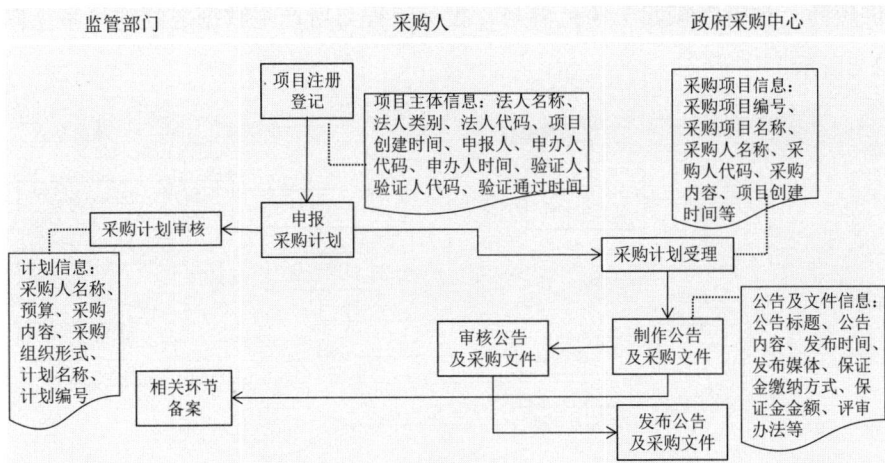

图2-7　政府采购公开招标方式招标流程及数据关系

采购人注册登记项目主体信息发起招标流程，产生"采购人主体信息"数据集，包括法人名称、法人类型、法人代码、项目创建时间、申报人、申办人代码、申报时间、验证人、验证人代码、验证通过时间等内容。

采购人申报采购计划，报监管部门审核并备案，产生"采购计划信息"数据集，包括采购人名称、预算、采购内容、采购组织形式、计划名称、计划编号。通过审核的采购计划由采购人委托政府采购中心组织招标。政府采购中心受理采购计划并公示，产生"采购项目信息"数据集，包括采购项目编号、采购项目名称、项目类别关联代码、投资项目统一代码、采购人名称、采购人代码、采购人角色、采购内容、项目创建时间等内容。政府采购中心制作招标公告及采购文件，产生"公告及文件信息"数据集，包括公告标题、公告内容、发布时间、发布媒体、保证金缴纳方式、保证金金额、评审办法等内容，经采购人审核后，政府采购中心发布招标公告及采购文件。

至此，政府采购公开招标的招标阶段任务完成。

（2）投标流程及数据关系

在政府采购项目公开招标的投标阶段，采购人、政府采购中心、潜在供应商、预审专家四个角色参与，投标流程与所产生数据之间的关系见图2-8所示。

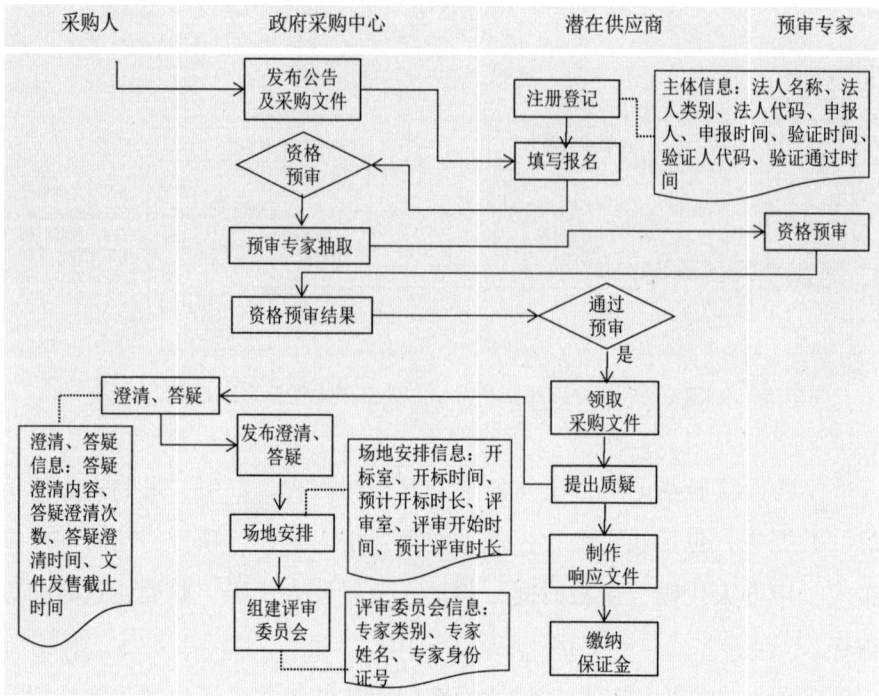

图2-8 政府采购公开招标方式投标流程与数据关系

　　投标阶段流程由潜在供应商进行网上注册登记发起，形成"供应商主体信息"数据，填写投标报名信息，通过资格预审后领取采购文件，对文件提出质疑；采购人进行澄清答疑，产生"澄清答疑信息"数据，包括答疑澄清内容、答疑澄清次数、答疑澄清时间、文件发售截止时间等内容，政府采购中心对澄清答疑进行发布，供潜在供应商查阅。公开招标方式中，采购人或者政采中心如果需要对已经发出的招标文件进行必要的澄清或修改，澄清或修改的内容可能影响投标文件编制的，应当在投标截止时间至少15日前，以书面形式通知所有获取招标文件的潜在投标人，若不足15日，采购人或者采购机构应当顺延提交投标文件的截止时间。潜在供应商无疑问后，制作响应文件，并缴纳保证金。政府采购中心为后续评标进行场地安排，产生"场地安排信息"数据集，包括开标室、开标时间、预计开标时长、评审室、评审开始时间、预计评审时长等，同时组建评审委员会，产生"评审委员会信息"数据集，包括专家类别、专家姓名、专家身份证号等内容。至此，投标任务完成，进入开标评审流程。

（3）开标和评审流程及数据

开标和评审是两个阶段，因流程和信息基本与工程建设项目开标评标大致相同，合在一起简要描述。开标由政府采购中心组织，评审由评审委员会完成，见图2-9所示。

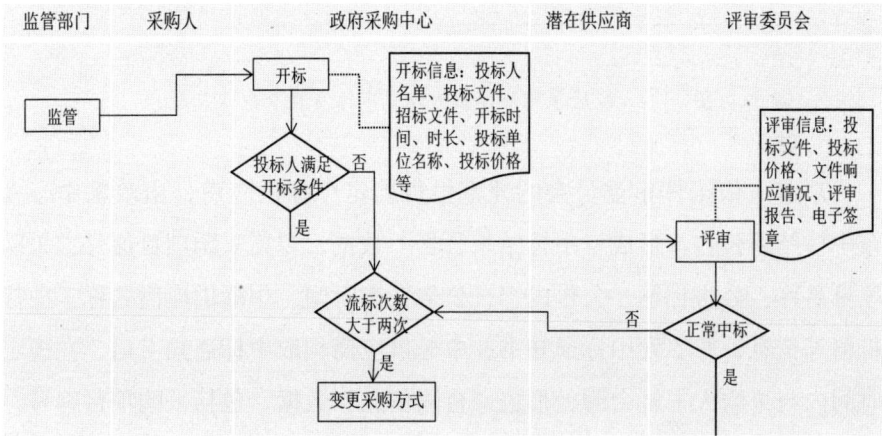

图2-9　政府采购公开招标方式开标和评审流程及数据关系

政采中心组织开标时产生"开标信息"数据集，包括投标人名单、投标文件、招标文件、开标时间、开标时长、投标单位名称、投标价格等。监管部门对开标全过程进行监管，满足开标条件的投标文件由评审委员会评审形成评审报告，产生"评审信息"数据集，如为正常中标则本阶段完成，进入下一步中标阶段。如果采购项目流标次数大于两次，应变更采购方式。

（4）中标流程及数据关系

中标流程有监管部门、采购人、政府采购中心和中标供应商四个角色参与，见图2-10所示。

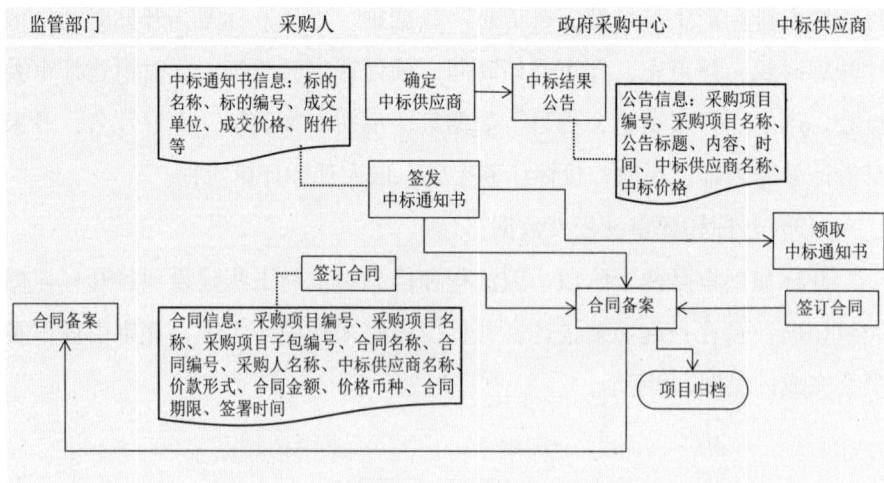

图2-10　政府采购公开招标方式中标流程及数据关系

　　采购人依据评审委员会的评审报告确定中标供应商，由政采中心发布中标结果公告，形成"中标结果公告"数据，包括采购项目编号、采购项目名称、公告标题、公告内容、公告发布时间、中标供应商名称、中标价格等信息，并签发中标通知书。中标供应商领取中标通知书后，在规定时间内与采购人签订合同，形成"合同信息"数据，包括采购项目编号、采购项目名称、采购项目子包编号、合同名称、合同编号、采购人名称、中标供应商名称、价款形成、合同金额、价格币种、合同期限、签署时间等，合同应在政采中心和监管部门备案。

　　（5）异常情况

　　政府采购公开招标方式的异常情况处理，与工程建设招投标的异常处理基本一致，可参考工程建设项目公开招标方式的异常处理流程和数据关系，本节不再展开。

四、邀请招标数据信息

　　政府采购邀请招标方式的投标、开标评审、中标、异常处理阶段与公开招标的对应流程基本一致，但招标阶段流程不同，见图2-11所示。

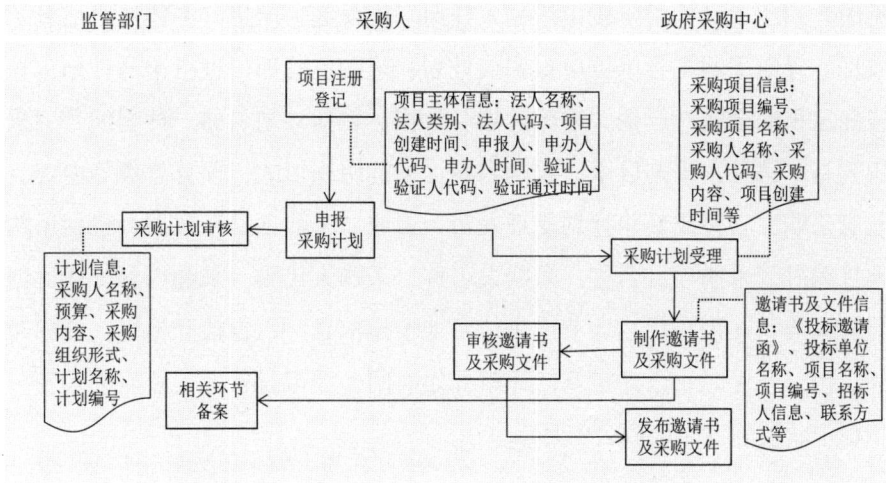

图2-11 政府采购邀请招标方式招标流程及数据关系

采购人从符合相应资格条件的供应商中随机抽取3家以上有限数量的供应商，以发投标邀请书的方式邀请其参加投标，所以在招标阶段政府采购中心不发招标公告，而是制作招标邀请书和采购文件，经采购人审核后发布，产生"投标邀请书及采购文件"数据，包括投标邀请书、投标单位名称、项目名称、项目编号、投标人信息、联系方式等，监管部门审核采购计划后备案，生成"采购计划审核"数据，包括采购人名称、预算、采购内容、采购组织形式、计划名称、计划编号等，招标阶段的"主体注册信息""采购项目信息"数据均与公开招标方式对应数据集相同。

邀请招标方式从投标开始的后续流程与公开招标方式相同，可参考本节的公开招标数据信息。

五、竞争性磋商数据信息

竞争性磋商与公开招标、邀请招标的流程不同，分为标前、标中、标后和异常情况四个阶段。

（1）标前流程及数据关系

标前阶段有采购主管部门、采购人和政府采购中心三个角色参与，见图2-12所示。标前阶段由采购人注册登记发起，产生"主体注册信息"数据，并向采购主管单位申报采购计划；采购主管部门进行采购计划审核并确定采购方式，产生"采购计划"数据，包括计划名称、计划编号、采购人基本信息、采购目录、采购内容、采购组织形式、预算总额等内容。政府采购中心完成采购计划受理发布，形成"采购项目"数据，包括采购项目编号、采购项目名称、采购人名称、采购人代码、采购内容、项目创建时间等；在预约场地环节产生"场地安排信息"，包括开标室、开标时间、预计开标时长、评审室、评审开始时间、评审时长等，然后进入下一步标中阶段的发布磋商公告环节。

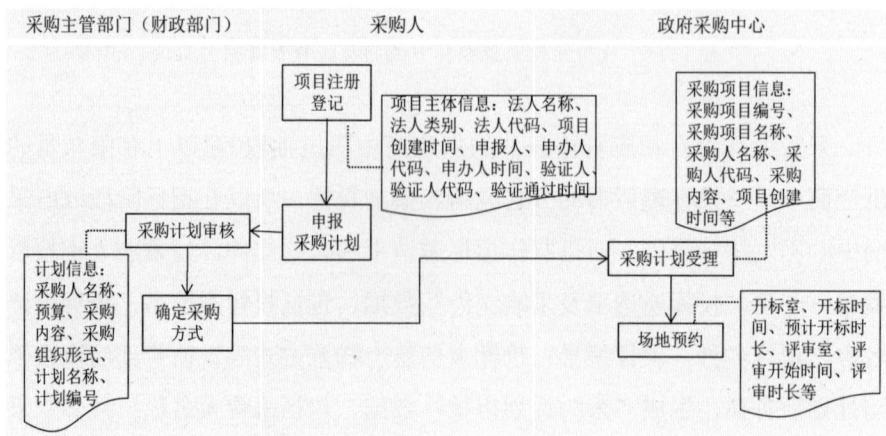

图2-12 政府采购竞争性磋商采购方式标前流程与数据关系

（2）标中流程及数据关系

标中流程及数据关系见图2-13所示，磋商文件发出之日起至潜在供应商提交首次响应文件截止之日，不得少于10日，供应商可二次报价。磋商采购一般适用于公开招标限额以下的政府购买服务项目，供应商数量相对较少，除市场竞争不充分的项目、需要扶持的科技成果转化项目外不得少于3家，否则应该终止采购。

在磋商采购方式中，我们把政府采购中心/代理机构发布磋商公告或邀请书作为标中阶段的起始，产生"磋商公告"数据集，包括公告标题、投

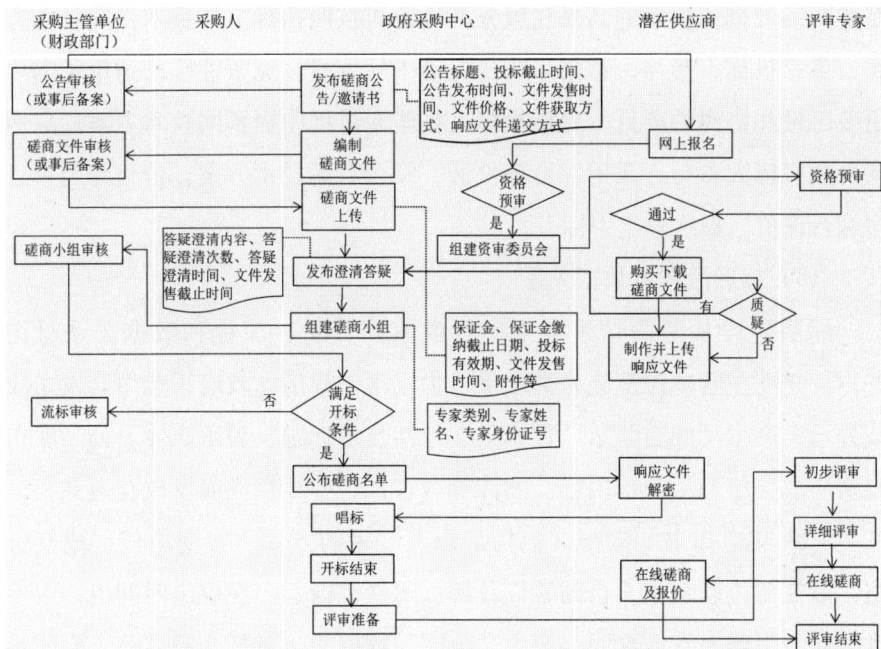

图2-13 政府采购竞争性磋商采购方式标中流程与数据关系

标截止时间、公告发布时间、文件发售时间、文件价格、文件获取方式，响应文件递交方式等，由采购主管单位审核备案。政府采购中心编制磋商文件经主管单位审核备案后上传，产生"磋商文件"数据，包括保证金、保证金缴纳截止日期、投标有效期、文件发售时间、附件等内容，然后组建磋商小组，产生"磋商专家小组"数据，包括专家类别、专家姓名、专家身份证号等。供应商从网上报名，经磋商小组资格预审后，购买下载磋商文件，经质疑环节后制作并上传响应文件。如果澄清或者修改的内容可能影响响应文件编制的，采购人、采购代理机构应当在提交首次响应文件截止时间至少5日前，以书面形式通知所有获取磋商文件的供应商；不足5日的，采购人、采购代理机构应当顺延提交首次响应文件截止时间。在开标环节，政府采购中心公布磋商名单，在唱标前才可解密响应文件，唱标完成开标结束，由专家评审并和供应商在线磋商形成结果。

竞争性磋商和公开招标都是常用采购方式，但公开招标通常适用于需要明确规格和数据的商品和服务，投标人按照招标文件要求提交技术方案，多家投标人参与，通常采购最低价中标方式；竞争性磋商适用于需要更多讨论和协商的项目，允许投标人在磋商过程中提不同技术方案，只邀请少数投标人参与，采用综合评价法，综合考虑技术方案、价格等因素进行综合评价，最终确定中标人。

（3）标后流程及数据关系

标后阶段从磋商结果产生中标供应商开始，流程和数据关系见图2-14。采购主管单位复核磋商结果，为正常中标后，政府采购中心发布成交公示，产生"成交公示"数据集，包括公示标题、公示媒体、公示发布日期、成交信息、公示内容、附件等内容，给中标供应商发成交通知书，产生"成交通知书"数据，包括采购人、采购方式、成交单位、成交价格、成交单位联系人、合同签订日期、附件等内容。在规定时间内，中标供应商与采购人签订合同，产生"合同"数据集，包括合同名称、合同编号、采购人名称、中标供应商名称、价款形式、合同金额、价格币种、合

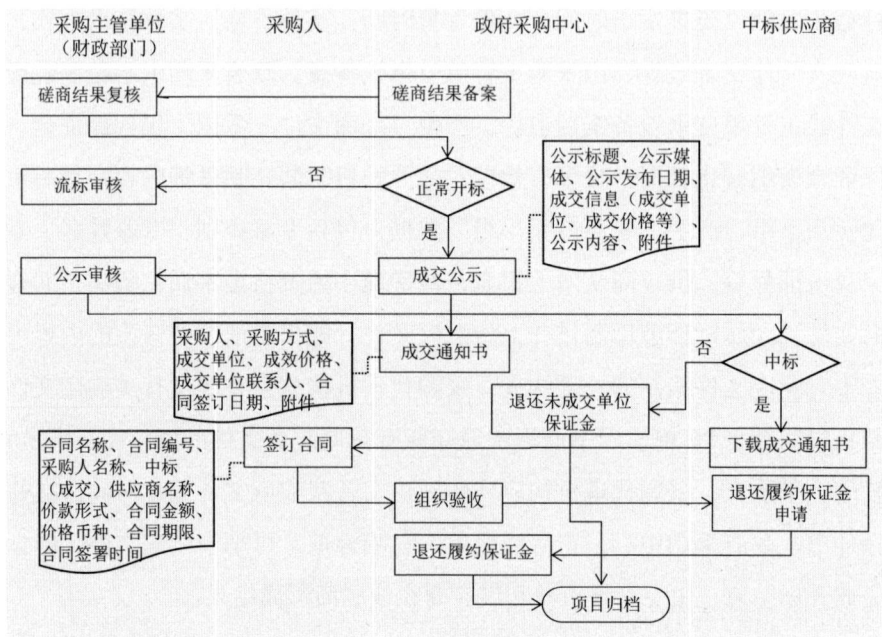

图2-14 政府采购竞争性磋商采购方式标后流程与数据关系

同期限、合同签署时间等。供应商按照合同要求履行供货、服务等义务，采购人或政采中心对供应商履约情况进行监督和管理，并组织验收，退还履约保证金，全部标后流程完成。

（4）异常情况

所有采购方式的异常情况处理流程和所产生的数据基本一致，可参考工程建设项目公开招标方式的异常处理流程和数据关系，不再展开。

六、竞争性谈判数据信息

竞争性谈判是谈判小组（由采购人的代表和专家共三人以上的单数组成，其中专家人数不得少于成员总数的三分之二）与不少于3家的供应商通过谈判，从符合相应资格条件的供应商名单中确定中标供应商的采购方式。竞争性谈判必须成立谈判小组、制定谈判文件、确定邀请参加谈判的供应商、谈判、确定成交供应商。谈判要点根据项目而不同，至少应该包含价格、技术方案、售后服务承诺等主要内容。

竞争性谈判与竞争性磋商一样分为标前、标中、标后、异常情况四个阶段，其中标中是竞争性谈判与竞争性磋商不同的环节。标前阶段完成采购需求确认并发布谈判公告，但谈判过程体现在标中阶段，所以我们将竞争性谈判的理解主要集中在标中阶段，其流程和数据关系见图2-15。

为了表示完整的谈判小组参与过程，我们可以认为标中流程从潜在供应商看到谈判公告后进行网上报名开始，政府采购中心将主管单位审核过的谈判文件进行上传，产生"谈判文件"数据，包括保证金、保证金缴纳截止日期、投标有效期、文件发售时间、附件等内容，澄清答疑潜在供应商对谈判文件的疑问。政府采购中心进行场地安排后，组建谈判小组，产生"谈判小组信息"数据，包括专家类别、专家姓名、专家身份证号等。潜在供应商上传投标文件后，对于满足谈判条件的，政府采购中心公布供应商谈判名单，组织唱标、开标环节，经专家评审后进行在线谈判的多轮报价，形成评审结果。政府采购中心收到评审报告后进行候选人公示，产生"候选人公示"数据，包括公告标题、公告媒体、公告发布日期、成交

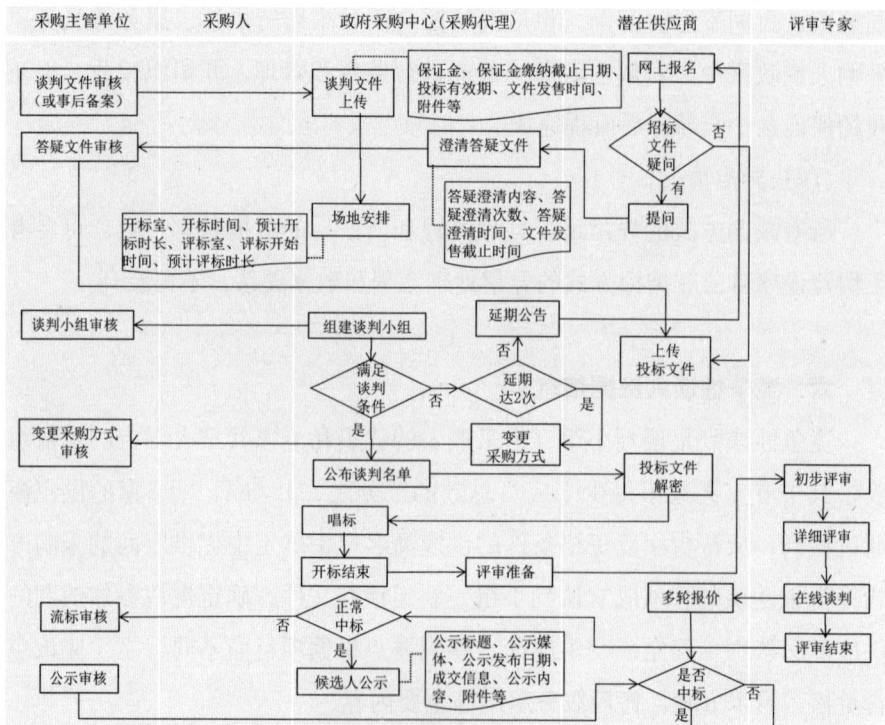

图2-15 政府采购竞争性谈判采购方式的标中流程及数据关系

信息、公告内容、附件等，采购主管单位应对重点环节信息进行审核。

竞争性谈判与竞争性磋商最大的不同在于确定成交的标准。前者多采用最低评标价法，谈判结束后，谈判小组按照最后报价从低到高的顺序，提出三名以上成交候选供应商，一般响应文件满足谈判文件全部实质性要求且报价最低的供应商成交。后者多采用综合评分法，磋商完成后，磋商小组按照评审得分从高到低推荐三名以上成交候选供应商，一般响应文件满足磋商文件全部实质性要求且按评审因素的量化指标评审得分最高的供应商成交。

七、询价采购数据信息

询价采购由采购人或代理机构向符合资格条件的供应商发出采购询价通知书，要求供应商一次报出不得更改的价格，询价小组进行评审，采购人从询价小组提出的成交候选人中确定成交供应商。询价采购必须成立询价小组、制定询价文件、确定被询价的供应商名单、进行询价、确定成交供应商，其中询价小组应由5人以上单数组成，整体流程由招标、投标、开标、评标、异常情况五个阶段组成。为了体现询价的特点，我们把投标、开标、评标的流程和数据之间的关系以图2-16表达出来。其他流程和产生的数据信息参照政府采购公开招标方式的对应阶段即可。

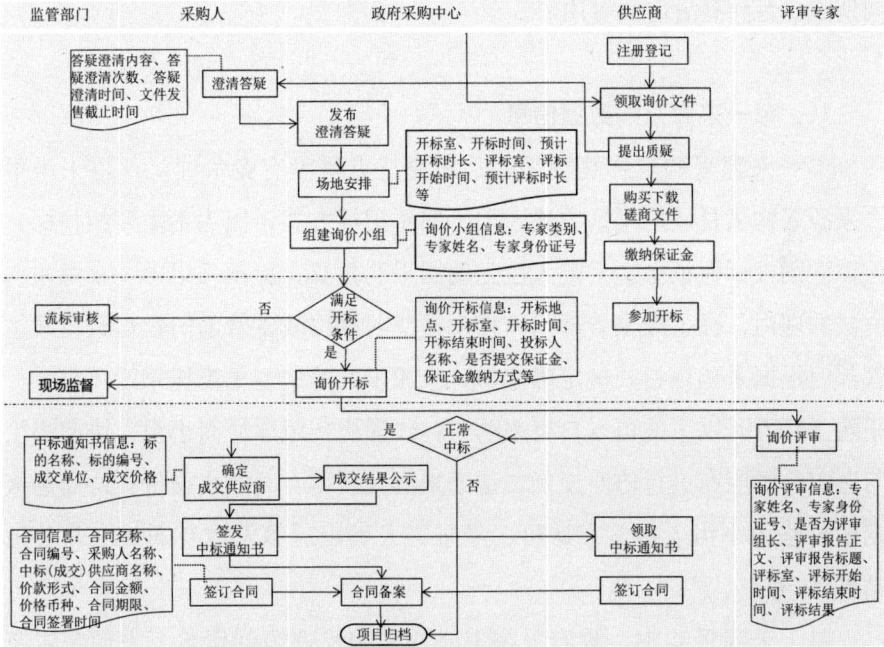

图2-16 政府采购询价采购方式投标、开标、评标流程与数据关系

从供应商注册登记并领取询价文件作为投标阶段的开始，政府采购中心组建询价小组，产生"询价小组信息"数据，包括专家类别、专家姓名、专家身份证号等内容，供应商同步制作询价投标文件并缴纳保证金。开标阶段产生"询价开标记录"数据，包括开标地点、开标室、开票时间、开票结束时间、投标人名称、是否提交保证金、保证金缴纳方式等内容。评标阶段产生"询价评审"数据，包括专家姓名、专家身份证号、是否为评审组长、评审报告正文、评审报告标题、评标室、评标开始时间、

评标结束时间、评标结果等；采购人在收到询价结果报告5个工作日内应根据询价结果确定成交供应商，随后2个工作日内在指定媒体上公示成交结果并签发中标通知书，产生"中标通知书"数据，包括标的名称、标的编号、成交单位、成交价格等，成交/中标通知书发出30日内，采购人与成交供应商应该签订合同，产生"合同信息"数据，包括合同名称、合同编号、采购人名称、成交供应商名称、价款形式、合同金额、价格币种、合同期限、合同签署时间等内容。

八、单一来源采购数据信息

单一来源采购也称直接采购，主要特点是没有竞争性。严格来讲单一来源采购虽是政府采购方式，但不属于招标方式，因为不需要招投标，无需缴纳投标保证金。采购人应先编制采购预算，提出采用单一来源采购方式的理由，经上级主管部门审核后提交财政行政主管部门；财政行政主管部门根据采购项目及规定确定单一来源采购的途径是委托采购还是自行采购（50万元以下的可以自行采购）；代理机构组建协商小组；协商小组与选定的供应商进行协商谈判，帮助采购人获得合同的成交价；协商后谈定的价格由小组人员签字认可，经采购人确定后签发成交通知书并公示结果。

单一来源采购中，政府采购中心或采购代理需制作单一来源公告及文件，并在省级以上财政部门指定媒体上发布（中央预算单位政府采购信息应当在中国政府采购网发布），产生"单一来源采购公告"数据，包括公告标题、公告内容、发布时间、发布媒体、保证金缴纳方式、保证金金额、评标办法等内容，公示期不得少于5个工作日。单一来源采购公告内容中应当包括采购人、采购项目名称和内容、拟采购的货物或者服务的说明、采用单一来源采购方式的原因及相关说明、专业人员对相关供应商因专利或专有技术等原因具有唯一性的具体认证意见，以及专业人员的姓名、工作单位和职称等。采购人或代理机构应组织专家进行论证。

单一来源采购的协商谈判阶段从供应商注册开始，直到谈判完成，其流程及数据关系如图2-17所示，其中协商过程产生"单一来源谈判记录"数据集，包括谈判地点、谈判室、谈判时间、谈判结束时间、供应商名称、供应商报价等内容。

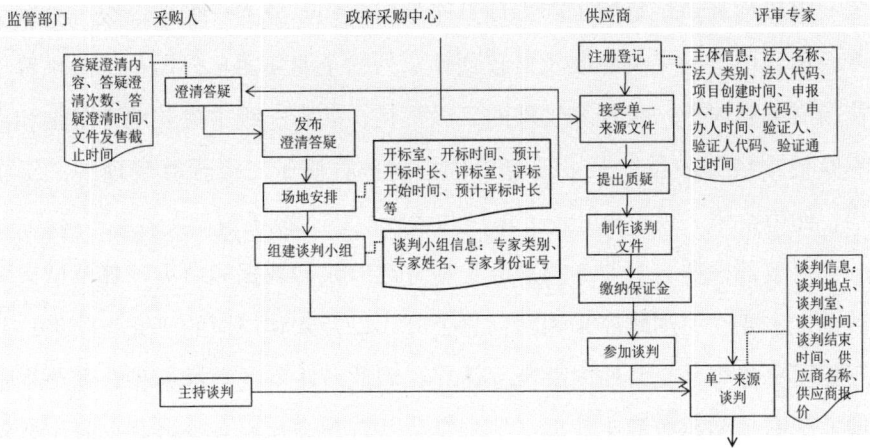

图2-17 政府采购单一来源采购方式协商谈判流程及数据

九、地方和中央范围数据

政府采购包括地方和中央范围数据，地方范围是指地方政府单位的采购数据，中央范围是指中央预算单位的采购数据。地方范围采购数据从地方政府采购系统归集到财政部，同时传输至地方公共资源交易平台。

（1）地方范围交易数据

地方的政采数据是由37个省级和地市级政采中心产生的，分别是北京、上海、天津、重庆、河北、河南、湖北、湖南、山西、山东、黑龙江、吉林、辽宁、广东、海南、内蒙古、陕西、甘肃、青海、宁夏、江西、新疆、西藏、四川、江苏、浙江、广西、云南、福建、贵州、安徽、深圳、大连、厦门、青岛、宁波、新疆生产建设兵团，除了31省和新疆生产建设兵团外，还有5个地市级节点。

因政府采购方式较多，地方同一套政府采购系统需兼容每一种采购方式，反馈到数据结构层面，会将平行的同类信息进行合并，例如成交结果数据集，用代码来标识并区分归属哪种招标方式。地方政府采购系统给地方公共资源交易平台传输数据时，以交易头尾的基本信息、采购公告、成交结果、合同为主。

（2）中央范围数据

中央预算单位是属于中央预算序列的机构，分为一级、二级、三级。一级预算单位指中央部委及财政预算单列的企业集团总公司；二级预算单位指财务直属于一级预算管理的二级机构，如省一级中央驻地方单位和大专院校本级等单位；三级预算单位指财务直属于二级预算管理的三级机构，如市、州一级中央驻地方单位和大专院校二级机构。

财政部根据自身业务需求收集地方政府采购数据和中央预算单位采购数据，主要在中国政府采购网信息公开，以及宏观层面的研究与使用，并不需要关注每笔交易的内部流程情况，因此所收集的数据集和数据项少于地方政府采购系统源头数据，给国家公共资源交易服务平台共享时主要包括标讯信息、标讯扩展信息、公告公示、合同，见表2-2所示内容。

表2-2　政采系统关键数据项

数据集名称	数据项
标讯信息	标讯ID、标讯名称、项目编号、项目名称、发布时间、采购人名称、代理机构名称、代理机构电话、审核状态、预算金额、投标截止时间、ppp项目、采购内容、中标总金额、项目所在地区域编码、标讯地区（中央或地方）、标讯类型
标讯扩展信息	标讯内容ID、标讯ID、招标项目用途、数量、简要技术要求、中标供应商名称、联系地址及中标金额、更正事项和内容、其他补充事宜、技术引进和转让要求、对社会资本参与采购活动和履约保证的担保要求、采购人和评审专家的推荐意见
公告公示文本	公告内容ID、公告内容、标讯信息ID、时间
合同	UUID、合同名称、项目编码、项目名称、签署时间、采购人、供应商、合同金额、合同公告区域划分（0中央公告，1地方公告）、区域编码、创建时间、公告状态（01待公示，02已公示）

其中，标讯信息数据集的"标讯类型"根据代码不同对应图2-18内

容，图中"中标公告"对应公开招标和邀请招标采购方式的结果公告，其他采购方式的结果公告为"成交公告"，是采购数据分类的关键标识数据项。

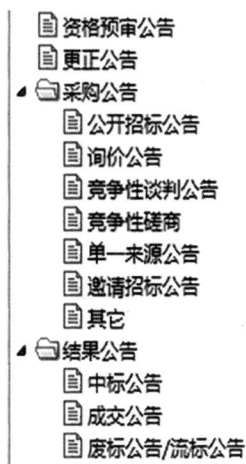

图2-18　政采系统标讯类型对应内容

第三节　土地使用权出让数据信息

一、土地使用权出让

土地使用权分为国有土地使用权和农民集体土地使用权，国有土地使用权的取得方式有划拨、出让、出租、入股等。本书的土地使用权出让主要是指国有土地的使用权出让。国有土地使用权出让应当按照平等、自愿、有偿的原则，由市、县人民政府土地管理部门与土地使用者签订土地使用权出让合同。

国有土地使用权出让的特征为主体是国家，标的物是国有土地使用权，具有特定性，以土地所有权与土地使用权分离为基础，土地使用权出让具有有偿性和有期限性，土地使用者行使权利具有有限性。划拨土地使用权是土地使用者经县级以上政府依法批准，在缴纳补偿、安置等费用后所取得的或者无偿取得的没有使用期限限制的国有土地使用权，是国家机关、军事、城市基础设施和公益事业、国家重点扶持的能源、交通、水利等基础设施等用地。国家规定的土地使用权出让最高年限为居住用地70年，工业用地50年，教育、科技、文化、卫生、体育用地50年，商业、旅游、娱乐用地40年，综合或者其他用地50年。商业、旅游、娱乐和豪华住宅用地，有条件的必须采取拍卖、招标方式；没有条件，不能采取拍卖、招标方式的，可以采取双方协议的方式。

土地使用权出让和转让是不同的，出让的主体是国有土地所有者，即国家，转让的主体是取得国有土地使用权的土地使用者；土地使用权出让是国家将国有土地使用权在一定年限内出让给土地使用者，由土地使用者向国家支付土地使用权出让金的行为；土地使用权转让是已取得土地使用权的土地使用者将土地使用权再转让的行为；土地使用权出让的条件无限制，签订出让合同，缴出让金，即可办证；土地使用权转让的条件有限制，必须经过申请、审批或补办出让手续，缴纳税费，才可以登记过户。

土地使用权出让属地方事权，省级、中央级无交易。根据国土资发〔2000〕11号文《国土资源部关于建立有形市场促进土地使用权规范交易通知》，各地市、县都有有形市场，一般有土地出让需求的地方每市县一个。目前很多地方已纳入当地公共资源交易平台进行交易。地方31省的地市、县和新疆生产建设兵团的土地使用权出让数据需归到自然资源部，同时也一并同步到国家公共资源交易服务平台。由于涉及自然资源部门的行政许可，部委数据比交易平台全面，在数量上明显超出各省交易平台数据。

二、出让方式及用途分类

（1）土地使用权出让方式

土地招拍挂制度是我国国有土地使用权的出让管理制度。我国国有土地使用权出让方式包括招标出让、拍卖出让、挂牌出让、协议出让。

国有土地使用权招标出让是指出让人（市、县人民政府土地行政管理部门）发布招标公告，邀请特定或不特定的公民、法人或者其他组织参加国有土地使用权投标，根据投标结果确定土地使用者的行为；拍卖出让是指出让人发布拍卖公告，由竞买人在指定时间、地点进行公开竞价，根据出价结果确定土地使用者的行为；国有土地使用权挂牌出让是出让人发布挂牌公告，按公告规定的期限将拟出让宗地的交易条件在指定的土地交易场所挂牌公布，接受竞买人的报价申请并更新挂牌价格，根据挂牌期限截止时的出价结果确定土地使用者的行为。

招标和拍卖出让必须具备三家或以上具有资格的竞买方时才可进行，挂牌出让没有数目限制。拍卖和挂牌都是"价高者得"胜出，申请方竞争的是价格水平；招标是"价高者得"和"综合满意度"两种评定约束，是包括价格在内的多种因素综合水平。拍卖和挂牌是实时公布、多轮竞价；招标是招标方收到投标书后保密、在约定的统一时间开标、宣读主要内容，标书一经投标不得修改。招拍挂活动结束后10个工作日内，出让人应将出让结果向社会公布。

从市场角度来看，招标出让方式中，投标者多，引入了竞争机制，体现了商品交换原则。政府选择中标人时，考虑投标价，以及投标者对实施土地开发是否有利，政府的选择余地相对较大。但是招标单位和受让者都需要提前做充分的准备工作，可能招标失败，最终获得土地使用权的也不一定是出价最高的投标人，因此招标方式也不完全是一个竞争的市场。拍卖出让土地使用权则充分引进了竞争机制，排除了任何主观因素，是公开的完全竞争的土地市场，但对于拍卖组织方要求较高，也存在可能失败，获得土地使用权者不一定是最优的开发建设者。

国有土地使用权协议出让是指国家以协议方式将国有土地使用权在一定年限内出让给土地使用者，由土地使用者向国家支付土地使用权出让金的行为。

（2）土地用途分类

国家将土地用途分为农用地、建设用地、未利用地。其中，农用地是直接用于农业生产的土地，包括耕地、林地、草地、农田水利用地等，严格限制农用地转为建设用地；国有建设用地是指建造建筑物和构筑物的土地，包括城乡住宅和公共设施用地、工矿用地、交通水利设施用地、旅游用地和军事设施用地等所有权为国家的土地；未利用地指农用地和建设用地以外的土地。公共资源交易的土地使用权出让主要指国家建设用地在一级市场的出让。

在公共资源交易中，国有建设用地按用地性质分为商服用地、工矿仓储用地、住宅用地、公共管理与公共服务用地、特殊用地、交通运输用地、水域及水利设施用地和其他用地。

商服用地规划的用地性质是建设商业服务业，出让后用地的使用年限为40年，细分为零售商业用地、批发市场用地、餐饮用地、旅馆用地、商务金融用地、娱乐用地、其他商服用地。

工矿仓储用地是独立设置的工厂、车间、手工业作坊、建筑安装的生产场地、排渣（灰）场地等用地，分为工业用地、采矿用地、盐田、仓储用地，工业用地进一步细分为一、二、三类。一类工业用地是对居住和公共设施等环境基本无干扰和污染的工业用地如电子工业、缝纫工业、工艺品制造工业等用地；二类工业用地是对居住和公共设施等环境有一定干扰和污染的工业用地如食品工业、医药制造工业、纺织工业等用地；三类工业用地是对居住和公共设施等环境有严重干扰和污染的工业用地如采掘工业、冶金工业、大中型机械制造工业、化学工业、造纸工业、制革工业、建材工业等用地。

住宅用地指供人们日常生活居住的房屋用地，包括城镇居民的普通商品住房、经济适用住房、公共租赁住房、租赁型商品住房、共有产权住房等用地。公共管理与公共服务用地包括机关团体、新闻出版、科教文卫、公共设施等的用地。特殊类型用地指军事设施、涉外、宗教、监教、墓地、陵园及自然保护区等特殊用途的非农业用地，数量和交易量相对较少。交通运输用地包括铁路、道路、轨道、民用机场、港口、码头、管道等交通运输设施的用地。

综合用地是同一宗地包含两种或两种以上不同用途，例如商业和居住综合用地。综合用地分两种情况，一种是多种用途不动产难以分割、只有一个使用者，按照综合用地最高出让年限50年办理出让手续；另一种是多用途不动产之间可以分割，如底商为商业、上面为居民住宅楼，分属于不同的使用者，一般按照具体土地用途分别确定出让年限，以保证不同使用者的合法权益。国有建设用地的用途依据为《全国土地分类》（国土资发255号）和《城市用地分类与规划建设用地标准》，我们把在公共资源交易中应用的早期国有建设用地用途与现用版本的用途进行对比，见表2-3。

表2-3　国有建设用地用途版本对比

旧版用途			新版用途		备注
一级类	二级类	编码	编码	二级类	
商服用地	批发零售用地	051	0501	零售商业用地	拆分
			0502	批发市场用地	拆分
	住宿餐饮用地	052	0503	餐饮用地	拆分
			0504	旅馆用地	拆分
	商务金融用地	053	0505	商务金融用地	
			0506	娱乐用地	新增
	其他商服用地	054	0507	其他商服用地	
工矿仓储用地	工业用地	061	0601	工业用地	
	采矿用地	062	0602	采矿用地	
			0603	盐田	新增
	仓储用地	063	0604	仓储用地	
住宅用地	高档住宅用地	071			无对应
	中低价位、中小套型普通商品住房用地	072			无对应
	其他普通商品住房用地	073	0703	普通商品住房	
	经济适用住房用地	074	0704	经济适用住房	
	廉租住房用地	075			无对应
	公共租赁住房	077	0705	公共租赁住房	
			0708	租赁型商品住房	新增
			0709	共有产权住房	新增

旧版用途			新版用途		备注
一级类	二级类	编码	编码	二级类	
公共管理与公共服务用地	机关团体用地	081	0801	机关团体用地	
	新闻出版用地	082	0802	新闻出版用地	
	科教用地	083	0803	教育用地	拆分
			0804	科研用地	拆分
	医卫慈善用地	084	0805	医疗卫生用地	拆分
			0806	社会福利用地	拆分
	文体娱乐用地	085	0807	文化设施用地	拆分
			0808	体育用地	拆分
	公共设施用地	086	0809	公用设施用地	
	公园与绿地	087	0810	公园与绿地	
特殊用地	军事设施用地	091	0901	军事设施用地	
	使领馆用地	092	0902	使领馆用地	
	监教场所用地	093	0903	监教场所用地	
	宗教用地	094	0904	宗教用地	
	殡葬用地	095	0905	殡葬用地	
			0906	风景名胜设施用地	
交通运输用地	铁路用地	101	1001	铁路用地	
			1002	轨道交通用地	新增
	公路用地	102	1003	公路用地	
	街巷用地	103	1004	城镇村道路用地	
	农村道路	104	1006	农村道路	
	机场用地	105	1007	机场用地	
	港口码头用地	106	1008	港口码头用地	
	管道运输用地	107	1009	管道运输用地	
			1005	交通服务场站用地	新增
水域及水利设施用地	水库水面	113	1103	水库水面	
	坑塘水面	114	1104	坑塘水面	
	沿海滩涂	115	1105	沿海滩涂	

旧版用途			新版用途		备注
一级类	二级类	编码	编码	二级类	
水域及水利设施用地	内陆滩涂	116	1106	内陆滩涂	
	沟渠	117	1107	沟渠	
	水工建筑用地	118	1109	水工建筑用地	
	冰川及永久积雪	119	1110	冰川及永久积雪	
			1101	河流水面	新增
			1102	湖泊水面	新增
			1108	沼泽地	新增
其他土地	空闲地	121	1201	空闲地	
	设施农用地	122	1202	设施农用地	

三、招标出让数据信息

土地使用权的招标出让方式，具备招投标所有特征，由招标、投标、开标、评审、中标、异常情况六个阶段组成，有监管部门、交易部门、竞买人、评标委员会四个角色参与。

（1）招标投标流程数据信息

基于对工程建设项目招投标和政府采购领域的公开招标流程和数据已有一定的理解，我们将土地使用权招标出让方式的招标、投标流程和数据关系合到一张图中进行说明，见图2-19所示，横向的点划虚线为不同阶段间的划分示意线。

招标阶段从出让人或交易部门（市、县人民政府土地行政主管部门）编制出让方案开始，产生"出让方案"或"出让计划"数据，包括宗地名称、宗地编号、出让方式、辖区、宗地估价等。监管部门审核出让方案后，交易部门对出让底价备案，并报监管部门进行评估。交易部门制作土地使用权出让公告及出让文件，产生"公告及文件信息"数据，包括公告标题、公告内容、发布时间、发布媒体、保证金缴纳方式、保证金金额等内容，报监管部门审核通过后，在规定媒体上发布土地使用权出让公告和

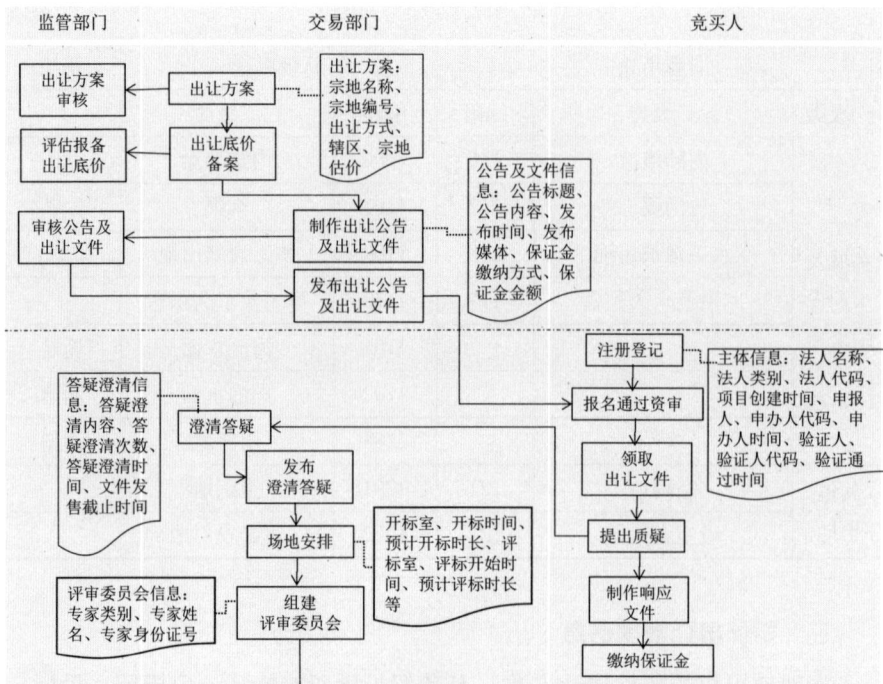

图2-19 土地使用权招标出让方式的招投标流程及数据关系

出让文件（需在投标截止前至少20日发布），招标阶段完成。

进入投标阶段，竞买人注册登记，产生"主体注册信息"数据，竞买人报名并通过资格预审后，领取出让文件，提出质疑。交易部门进行澄清、答疑，产生"澄清答疑信息"数据，包括答疑澄清内容、答疑澄清次数、答疑澄清时间、文件发售截止时间等，同时发布澄清答疑文件（需在提交投标文件截止前至少15日发布），然后进行场地预安排，产生"场地安排信息"数据，包括开标室、开标时间、预计开标时长、评审室、评审开始时间、预计评审时长等。邀请专家组建评标委员会，产生"评审委员会信息"数据，包括专家类别、专家姓名、专家身份证号。竞买人制作响应文件进行投标，并缴纳保证金，投标阶段结束，为下一步评审做好准备工作。

（2）开评标及中标流程数据信息

开评标及中标流程见图2-20所示。

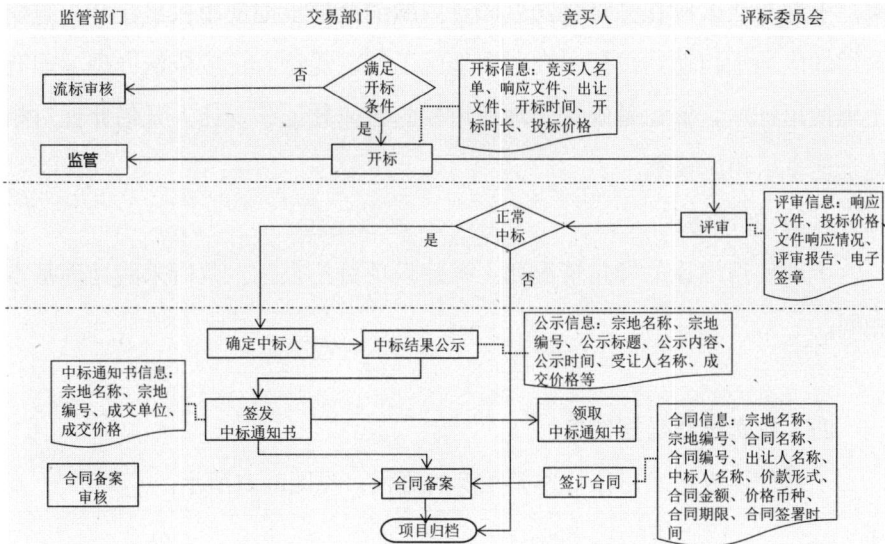

图2-20　土地使用权招标出让方式开评标及中标流程和数据关系

交易部门判断投标人数量满足开标条件时，组织开标流程，产生"开标记录"数据，包括竞买人名单、响应文件、出让文件、开标时间、开标时长、投标价格等内容，报监管部门备案后开标阶段结束，进入评标阶段流程；如果交易部门判断投标人数量不满足开标条件，则认定该宗地块流标，报监管部门审核备案。

评标阶段主要工作是评标委员会进行评审，产生"评审信息"数据，包括响应文件、投标价格、文件响应情况、评审报告、电子签单。交易部门根据评审报告确定中标人，收到评审报告之日起3日内公示，发布中标结果公示，产生"中标公示信息"数据，包括宗地名称、宗地编号、公示标题、公示内容、公示时间、中标人名称、中标价格等内容，并签发中标通知书，产生"中标通知书信息"数据，包括宗地名称、宗地编号、成交单位、成交价格等，中标竞买人即受让人领取中标通知书后，在规定时间内与当地土地管理部门签订土地使用权出让合同，产生"合同信息"数据，包括宗地名称、宗地编号、合同名称、合同编号、中标人名称、价款币种、合同期限、合同签署时间等内容，报监管部门备案，评标阶段结束。土地受让人应在签订合同后60日内缴纳全部土地使用权出让金，逾期缴纳的应当承担违约责任。在对宗地施工前，受让人还应依法办理《国有土地使用证》，该证是确认土地使用权的法律凭证，受让人凭借此证对相应土地享用相应权利。

（2）异常情况

土地使用出让的异常情况和工程建设项目招投标、政府采购处理基本相同。

四、拍卖出让数据信息

土地使用权拍卖出让要遵循拍卖的流程，见图2-21所示。

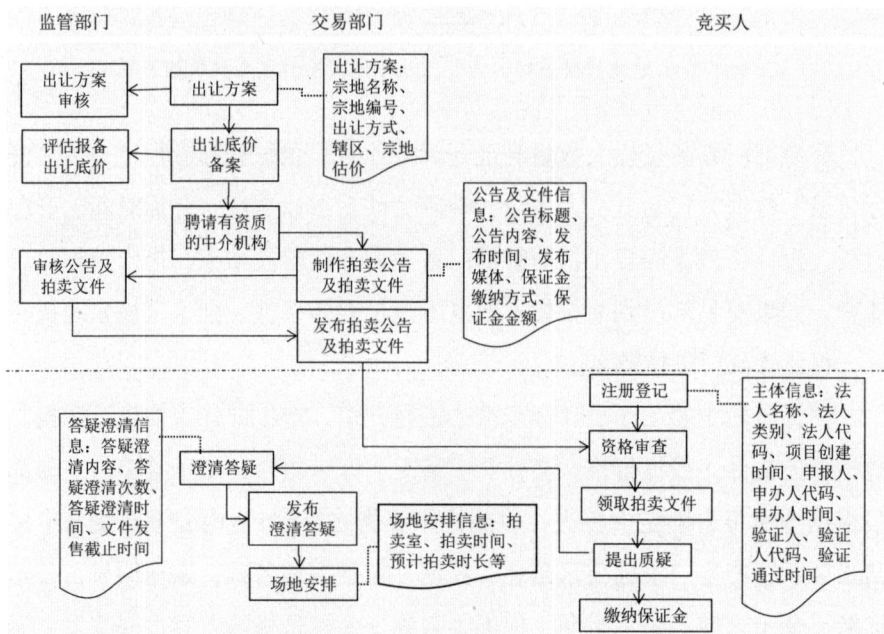

图2-21　土地使用权拍卖出让准备与报名流程及数据关系

土地使用权拍卖出让方式与招标方式最大的不同之处，是需要委托有资质的中介机构即拍卖人完成拍卖，并没有评标环节。分为拍卖准备、报名、拍卖、成交、异常情况五个阶段，有监管部门、交易部门、竞买人三个角色。

在准备阶段，出让人或交易部门应聘请有资质的中介机构，并在拍卖日前20日发布拍卖公告，告知拍卖召开时间、地点与拍卖物品，召集竞买人参加竞拍。进入报名阶段，竞买人报名申请提交资格身份证明文件，经过资格审核领取拍卖文件，交付履约保证金。其他环节如出让底价备案、答疑、场地安排等对应的数据与招标方式相同。

拍卖与成交阶段流程与数据关系见图2-22。

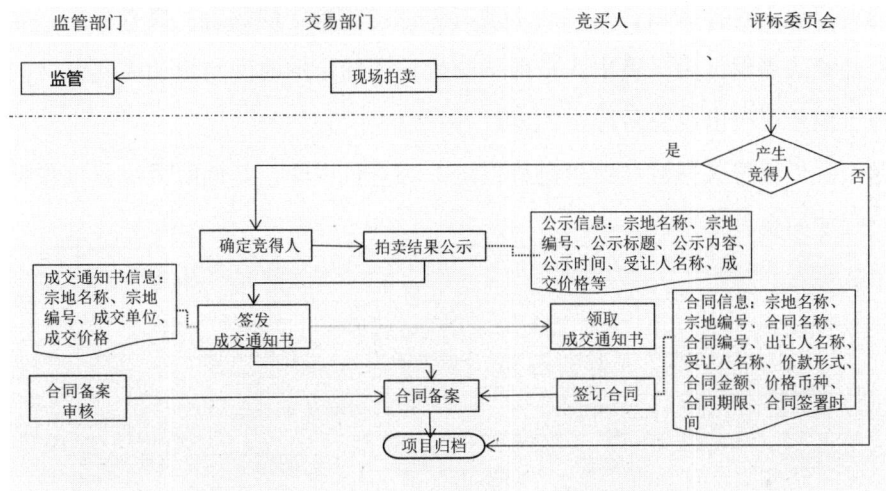

图2-22　土地使用权拍卖出让拍卖与成交流程及数据关系

拍卖阶段拍卖人在公告的时间、地点按规定程序进行拍卖，产生竞得人。出让人、拍卖人、竞得人当场签订《拍卖成交确认书》，在土地有形市场或指定媒介如土地市场网公示拍卖结果，退还竞买人保证金。公示完成后竞得人与国土资源部门签订《国有土地使用权出让合同》。拍卖报价的中间信息一般会留有电子记录，当报价轮次过多时，可仅留关键轮次的报价电子记录。

五、挂牌出让数据信息

土地使用权挂牌出让的每宗土地均设底价，在挂牌活动结束前，底价保密。挂牌出让活动分为准备、挂牌、竞价、异常情况四个阶段。在准备阶段出让人或交易部门至少在挂牌开始日20日前发布挂牌公告，公布挂牌出让宗地的基本情况和挂牌时间、地点，在挂牌公告规定时间内出示挂牌文件，并组织现场踏勘。挂牌阶段在挂牌公告规定的时间内，竞买人持营业执照副本、法定代表人授权书等办理竞买申请，并缴纳竞买保证金。交易部门接受竞买人的报价申请并更新挂牌价格，根据挂牌期限截止时间确定竞得人。竞得人和出让人签订成交确认书。挂牌活动结束后10个工作日内，出让人将挂牌出让结果在土地有形市场或指定的场所、媒介公布，并退还竞买者保证金。竞得人按照成交确认书约定的时间与出让人签订《国有土地使用权出让合同》。

我们仅将其挂牌和竞价过程以图2-23进行说明，其他阶段流程可参考招标或拍卖方式。

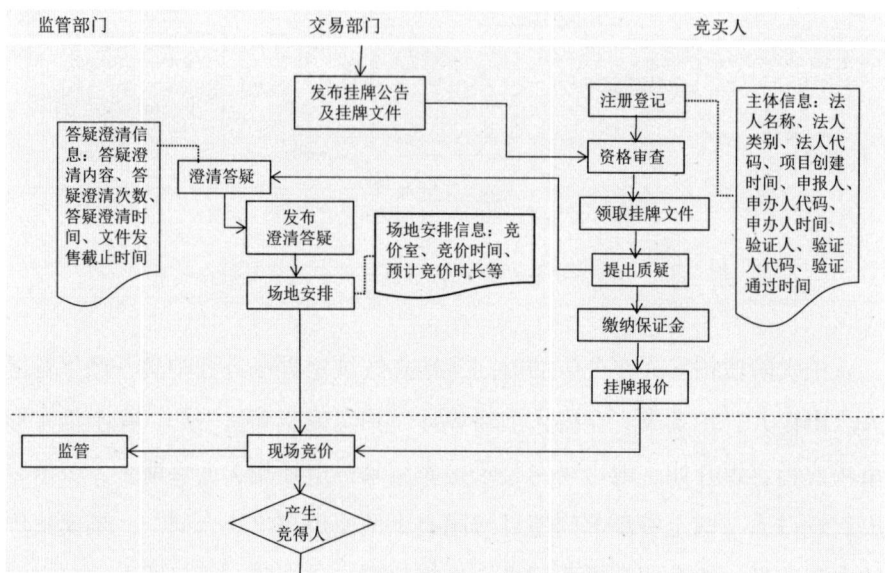

图2-23 土地使用权挂牌出让挂牌与竞价流程和数据关系

在挂牌期限内只有一个竞买人报价的，且报价高于底价，并符合其他条件的，挂牌成交；有两个或两个以上竞买人报价的，出价最高者为竞得人；报价相同且高于底价的，以先提交报价单者作为竞得人；挂牌期限内无应价者或竞买人报价低于底价或均不符合其他条件的，挂牌不成交。如在挂牌截止日的报价时间截止后至挂牌截止时间期间，仍有竞买人要求报价，需在挂牌截止时间前向出让人提交竞价申请，在两个或以上竞价申请情况下，本次挂牌活动转为拍卖竞价，以挂牌最后报价作为拍卖起叫价。由拍卖师宣布拍卖起叫价和加价幅度，竞买人按起叫价和加价幅度竞买。拍卖师连续两次宣布应价而再无应价的，第三次报出应价后，如应价高于底价，则应价者为竞得人。

六、协议出让数据信息

协议出让是以土地的公告市场价格为基准，经协商确定用地条件及价款，达成协议并签订出让合同的一种出让土地使用权的方式。协议出让的适用范围有限，一般是除采用招标、拍卖、挂牌方式外采用，主要包括政府供应商业、旅游、娱乐和住宅等各类经营性用地以外用途的土地，其供地计划公布后同一宗地只有一个意向用地者。

协议出让取得土地所有权的流程比较简单，包括竞买人向政府提出土地使用权申请，经政府同意，双方协商出让土地的用地面积、使用年限、出让地价等用地条件等有关内容，达成一致后，签订出让合同。后续支付土地出让金、办理土地登记手续与招拍挂相同。协议出让不需要收集过程信息，而头尾对应的数据信息与其他出让方式相同，如出让人、出让宗地信息、出让方式、受让人、成交信息等，合同的数据信息也基本一致，可参与其他出让方式，本节不再展开。

我们知道，土地使用权招标出让适用于一些大规模或关键性的发展计划和投资项目用地，除获取较高出让金为主要目标外，还具有其他综合目标和特定的社会、公益建设条件，土地用途有特别限制的土地；土地使用权拍卖出让适用于区域条件合适、地理位置好、高赢利、竞争性强的房地产业、金融业、商业、旅游业等用地，以获取较高出让金为主要目标，土地建设条件和土地用途没有特别限制；土地使用权挂牌出让适用于不具备招标拍卖出让条件的地块，实际工作中，可用于为政府收回，需要进行旧城改造的地块。协议出让适用于土地受让方少、土地用途有特殊限制的地块，协商定价不得低于土地有偿使用费、征地成本以及按照国家规定应当缴纳的有关费用之和，有基准地价的，不得低于基准地价的70%。协议出让的优点是政府对地价较易控制，灵活性大，但是透明度不高，市场机制调控作用不够，地价的确定、使用等有一定的主观因素。从市场意义上来说，协议出让土地使用权，土地的商品性质和市场特征并没有完全表现出来。

七、地方范围招拍挂数据

土地使用权招拍挂数据只有地方范围，包括全国31个省的地市、县和新疆生产建设兵团，无省级和中央交易。土地使用权在地方交易时，虽然具有线上签合同的系统功能，但实际业务多是线下签订，地方很少有电子化的出让合同数据信息。

土地使用者需先向自然资源部门登记获取土地使用证才能够实施，所以自然资源部所收集的全国土地使用权出让数据更全面，除了招、拍、挂、协议出让外，还有大量划拨土地，土地的招标、拍卖、挂牌公告，以及成交结果公示都在中国土地市场网发布，同步也在自然资源部官网公开。地方交易平台收集的土地使用权出让数据，主要是一级市场招拍挂出让方式的数据，也实时交换至国家公共资源交易服务平台，同步在全国公共资源交易平台、地方公共资源交易平台公开。

当前，除了以政府供应为主的土地一级市场，地方还有市场化的土地二级市场，即土地使用权出让后的再交易，土地使用者将达到规定、可以交易的土地使用权，进入流通领域进行交易。与一级市场相比，二级市场长期处于自发分散状态，交易规则不健全，交易信息不对称，交易平台也不够规范。2019年7月，国务院印发《关于完善建设用地使用权转让、出租、抵押二级市场的指导意见》是我国首个专门规范土地二级市场的文件，提出了建立产权明晰、市场定价、信息集聚、监管有效的土地二级市场，搭建城乡统一的土地市场交易平台，提供交易场所，大力推进线上交易。同时，对于交易流程进行优化，交易双方可以自行协商交易，也可以委托平台公开交易，政府加强事中事后监管，对于价格异常的，政府可以依法实行优先购买权，维护市场平稳运行。

第四节　矿业权出让数据信息

一、矿业权出让

我国宪法和矿产资源法规定，矿产资源所有权归国家所有，实行矿业权有偿取得制度。矿业权包括探矿权和采矿权。探矿权是在依法取得的勘察许可证规定的范围内，勘察矿产资源的权利。取得勘察许可证的单位和个人为探矿权人，探矿权人行使探矿权的结果是地质成果报告。采矿权是在采矿许可证规定的范围内，开采矿业资源和获得开采的矿产品的权利。取得采矿许可证的单位或个人为采矿权人，采矿权人行使采矿权的结果是获得矿产品，为有形的实物资产。

矿产具有一定的稀缺性和投资价值。探矿权只拥有探矿的权利，如果想拥有矿石，需要具有采矿权。探矿权和采矿权是矿业权体系的基本单元，目的都是对矿业资源的利用和收益，在时间轴上处于先后位置，探矿权是采矿权的前提条件，采矿权则是实现探矿权目的的延续。

矿业权交易包括地市、县级人民政府自然资源主管部门出让矿业权，和矿业权人转让矿业权的行为。矿业权出让是自然资源部门根据矿业权审批权限，以招标、拍卖、挂牌、申请在先、协议出让等方式依法向探矿权申请人授予探矿权的行为，是一级市场行为，是国家作为矿产资源所有者将探矿权和采矿权有偿出让给探矿者和采矿者。矿业权转让是二级市场，是已经取得探矿权和采矿权的主体在符合一定条件后，将矿业权依法转移给他人的行为，包括出售、作价出资、合作、重组改制等，如果转让的是国家出资勘察形成的矿业权，转让人以评估确认的结果为底价向受让人收取矿业权价款。矿业权交易是我国社会主义市场经济发展的必然产物，也是让市场在资源配置中起决定作用的具体体现。随着我国公共资源交易平台整合的持续推进，矿业权交易已经纳入公共资源交易平台范围。本书中的矿业权出让指一级市场的招拍挂和协议出让。

我国的探矿权主体，只有符合法定主体资格的地质队；而采矿权主体比较宽松，只要符合法定主体资格，法人、自然人或其他组织均可成为采矿权主体。特殊情况下，对于特别复杂、难以开采的矿床，可以边探边采，此时探矿权主体和采矿权主体合二为一。

矿业权出让属地方事权，中央级无交易。在矿业权的一级市场中，矿产主管部门扮演着双重角色，一种是参与市场活动的公共资源交易主体，按照国家有关法律规定，通过招标、拍卖、挂牌等方式，在平等自愿基础上将矿业权出让给受让人；另一种是规范市场行为的市场管理者，负责矿业权的注册登记、解决区域内的争议，主管矿业权的变更登记和注销等。通过对政府部门两种身份的合理利用，实现矿业权一级市场的良性运作，以确保国家的矿产资源所有者权益正常实现。在矿业权出让过程中，探矿权人和采矿权人应当按照占用矿地面积逐年缴纳使用费，以及矿业权出让收益。不同的出让方式，矿业权出让收益的确定方法是不同的。

矿业权交易平台包括矿业权交易机构（自然资源主管部门建立）和纳入矿业权交易的公共资源交易平台（地方人民政府建立）。我国地方省级、地市级都有矿业权交易平台，地市交易量少的与其他地市共用。交易平台按照自然资源主管部门下达的委托书组织实施，按要求同时在自然资源部门户网站、同级自然资源主管部门门户网站、交易平台网站、交易大厅发布公告和公示信息。

二、出让方式和矿产分类

（1）矿业权出让方式

探矿权出让有申请在先、招标出让、拍卖出让、挂牌出让和协议出让五种方式；采矿权出让包括探矿权转采矿权、招标出让、拍卖出让、挂牌出让和协议出让五种方式。

申请在先出让也称为批准申请，是主管部门依申请对特定民事主体进行资格审查，按照评估确认结果收取矿业权价款，授予申请人矿业权的方式，适用于因特殊情况不适宜用招拍挂和协议出让的矿业权，如具有一定风险的矿产（如金矿、银矿等），是矿业权有偿出让制度的一种，特点是非市场出让、申请在先。

协议出让是主管部门依法批准矿业权申请人的申请，双方协商矿价、使用年限、矿区范围、付款方式和时间，开发利用要求等事项，达成一致的前提下，签订出让合同的过程。协议出让是一种特殊的出让方式，有行政审批要素，也有市场交易成分，是落实矿业权有偿出让制度的方式，特点是非市场出让、没有竞争者。

招标出让是政府对矿产有明确的开发利用意图和规划，主管部门在市场中寻求有利于实现政府开发利用计划的开发者所采取的一种方式。这种方式需按照招标投标法、招标投标实施条例组织招标投标活动，由主管部门向社会公开发布矿权出让公告，符合条件的主体参加投标，主管部门根据评标结果择优确定受让人。招标的标底，在交易活动结束前须保密且不得变更。招标出让矿业权适用于自然环境条件较差、勘查开发难度较大、综合开发利用水平要求高的矿产，开发者需具有较高资质和足够资金满足矿产开发的要求，特点是市场出让，从多个投标人择优选择中标人。

拍卖出让也称完全出让方式，是政府对矿产有明确开发利用意图后，主管部门依照有关规定组织竞买人竞价，以竞价结果确定矿业权受让人的方式。主管部门向社会公开发布拍卖公告，在指定的时间、地点由符合条件的主体公开竞价，根据出价结果将矿业权出让给最高应价者的行为。拍卖出让适用于矿产市场活跃、资源较好、预期效益高，但开发利用技术要求不高、竞争性强的矿产地，其特点是市场出让、竞买人多、价高者得。

挂牌出让是主管部门将拟出让矿业权的交易条件向社会公开发布挂牌公告，在公布期限内接受竞买人的报价申请并更新挂牌价格，截止期限内出价最高者授予矿业权的方式。这种方式主管部门只需按挂牌公告规定的期限，将出让起始价在指定的矿业权交易场所公布，等竞买人报价并接受公布最新报价、确定结果，适用于矿产市场不太活跃，预测竞买人数不多的矿业权出让，易操作、变通性更强，其特点是市场出让、竞买人可多可少、价高者得。

（2）矿产分类

从矿权分类来讲，矿业权分为探矿权和采矿权。矿业权交易完成后的执行操作必须落实到具体矿产资源。我国是矿产种类比较齐全，资源丰富的国家。根据自然资源部发布的《中国矿产资源报告（2022）》，截至2021年底，我国已发现173种矿产，查明资源储量的163种。这些矿产资源根据矿产特性和主要用途，分为能源矿产、金属矿产、非金属矿产，其中非金属矿产95种。

能源矿产是用于供热供能的矿产资源，如煤、油页岩、石油、天然气等，主要分布在北方，油气作为特殊矿种，长期实行行政批准出让。2019年《关于统筹推进自然资源资产产权制度改革的指导意见》提出有序放开油气勘查和开采市场，推动了油气矿业权竞争性出让。

金属矿产分为黑色金属矿产、有色金属矿产、稀有金属矿产、稀土矿产、分散元素矿产、放射性金属矿产、贵金属矿产。其中黑色金属包括铁、锰、络、钛等；有色金属资源比较多，如铜、铅、锌、钨、锡、镍等单金属或多金属的硫化矿、氧化矿和混合矿以及铝土矿，主要分布在南方；稀有金属矿产富含锂、铍、铌、钽、锆、铪、铷、铯等稀有元素的矿产。稀土矿产含有稀土元素的矿石，如氟碳铈矿和离子型稀土矿等，分散元素多分散存在于其他矿产品中，如锗、镓、铟等；放射性金属有含铀、钍和镭的矿石；贵金属矿产包括金、银、铂、钯、钌、铑、锇、铱等贵金属元素的矿石。

非金属矿产资源包括磷矿岩和含硫化铁矿、石墨、石棉、滑石、石英、长石、云母、金刚石等矿物。这类矿产种类繁多，可作为化工、建材、冶金辅助材料、陶瓷和硅酸盐等部门的原料。

大多数矿产需要经过开采、加工、冶炼，才能利用。矿产资源是否具有工业开采价值，取决于矿物的存在形式、环境及聚焦程度与数量，矿产资源的经济地理环境、加工技术和经济等其他因素。对于大多数矿石，经常有多种有用矿物共生或伴生的特点，如铜和镍、铁钒钛等，有价元素常以矿物集合体的形式共存于同一矿体中，需要加工分离有用矿物单体，还需要去除原料中的有害杂质。

矿业权的出让方式结合矿产分类的成交数据，可以进行矿产市场运行态势、细分市场、区域市场、竞争格局等主题的分析，预测矿业权行业的市场走向，预测矿业权的行业发展。

三、矿业权出让数据信息

一般地，我们把在矿业权（仅含探矿权、采矿权）出让领域一个出让公告对应的出让活动叫做一个矿业权项目；矿业权交易指矿业权项目中探矿权或采矿权成交的交易行为，从入场登记开始，至少到成交公示发布完成，应纳入项目信息、探矿权信息、采矿权信息、出让公告信息、报价记录、出让结果公示信息数据集。

矿业权的招标、拍卖、挂牌方式在公共资源交易平台的竞争出让，步骤如下：

（1）委托公共资源交易平台按照自然资源主管部门下达的委托书或者任务书组织实施。

（2）公共资源交易平台依据出让人提供的相关材料编制出让文件并发布出让公告，矿业权出让前应当在自然资源部门户网站、同级自然资源主管部门门户网站（或政府门户网站）和政府公共资源交易平台公告不少于20个工作日。

（3）按公告载明的时间、地点、方式，接受投标人或者竞买人的书面申请，审核确认竞买人资格，投标人或者竞买人应当提供其符合矿业权受让人主体资质的有效证明材料。

（4）招标成交的，公共资源交易平台应当在确定中标人的当天发出中标通知书；拍卖、挂牌成交的，应当当场签订成交确认书。

（5）公共资源交易平台应当在发出中标通知书或者签订成交确认书后5个工作日内进行信息公示，公示期不少于10个工作日。

（6）出让人与中标人或竞得人根据中标通知书或者成交确认书签订

矿业权出让合同。合同应当包括下列基本内容：出让人、中标人或者竞得人的名称、场所、法定代表人；出让矿业权的简要情况，包括项目名称、矿种、拐点范围坐标、面积、资源开发利用、开采标高等，以及勘查投入、矿山环境保护等要求；出让矿业权的年限；成交价格、付款期限、要求或者权益实现方式等；申请办理矿业权登记手续的时限及要求；争议解决方式及违约责任；需要约定的其他内容。

（7）矿业权出让成交信息公示无异议、中标人或者竞得人履行相关手续后，持中标通知书或者成交确认书、矿业权出让合同等相关材料，向有审批权限的自然资源主管部门申请办理矿业权登记手续。

由以上步骤可知，矿业权的招标、拍卖、挂牌出让流程和土地使用权的招标、拍卖、挂牌出让流程相同，所产生的数据信息，把土地使用权出让中的宗地换成矿业权对应的探矿权或采矿权即可，招拍挂出让方式的流程及数据关系图可参照土地使用权出让。同样，矿业权协议出让的数据也和土地使用权协议出让数据类同。在地方实际交易中，矿业权出让也多线下签订合同，将电子化合同信息纳入交易平台的较少。

申请在先出让是矿业权出让独有的方式，主要是主管部门评估确认授予的流程，这个过程无市场主体参与，在交易系统中可以共用以上数据集，不涉及报价记录。

在矿业权交易过程中，受让人主体类别涉及自然人、法人、联合体、部队、港澳企业、境外企业、二级单位（非法人）、其他；所有主体角色包括招标人、投标人、招标代理、出让人、竞买人、受让人、竞得人等；矿业权的公告公示类型包括正常公告/公示、变更、恢复出让/重发公告、终止等。以上信息在数据中均通过代码进行标识区分。

第五节　国有产权交易数据信息

一、国有产权交易

国有产权是国家的财产所有权，如国有房屋、车辆、设备等动产和不动产等，在国有资产管理规定中包括依据国家法律取得的属于国家所有的财产；基于国家行政权力行使取得的属于国家所有的财产；国家以各种方式投资形成的各项资产；接受各种馈赠形成的属于国家的财产；由于国家已有资产的收益所形成的属于国家所有的财产。通常我们说的国有产权是狭义的经营性国有产权或国有资产，主要包括企业的国有产权和其他经营性产权。国资委、财政部在2003年12月31日颁布的《企业国有产权转让管理暂行办法》对企业国有产权的界定为：国家对企业以各种形式投入形成的权益、国有及国有控股企业各种投资所形成的应享有的权益，以及依法认定为国家所有的其他权益。

产权转让原则上通过产权市场公开进行。国有产权交易在省级、市级都有指定的交易机构，各地情况不同、政策也有所不同，有的地市已经全部整合到省级交易机构。国资委下发统一的国有产权转让标的或项目编号规则，交易机构根据规则要求生成项目编号，前两位是业务编码，加4位年度代码、3位机构代码（国资系统内编码，按地区接入顺序，如BJ1、BJ2、SH1），再加6位按年循环的流水号。《企业国有资产交易监督管理办法》第十三条关于发布媒介的指定为"通过交易机构网站分阶段对外披露产权转让信息"。

完整的企业国有产权交易包括如下环节：转让方根据发展需要提出转让方案，内部决策程序审议并形成书面决议；报相关部门审核同意；进行资产评估，评估结果核准或备案，聘请有资质的律师事务所进行调查出具法律意见书；进场交易环节，确定受让方，签订产权转让合同；最后，产权交易机构经审查，对符合规定的转让项目出具产权交易凭证。在公共资源交易中，我们只关注进场交易环节，此部分数据纳入交易系统；进场之前的转让方内部决策程序、资产评估和之后的产权交易凭证并不进入电子交易系统。

进场交易的步骤包括转让方向产权交易机构提出转让申请；转让方发出披露信息；产权交易机构登记受让意向人；产权转让信息披露期满、产生符合条件的意向受让方的，按照披露的竞价方式组织竞价（竞价可以采取拍卖、招投标、网络竞价以及其他竞价方式）；受让方确定后，转让方与受让方签订产权交易合同；产权交易机构将交易结果通过交易机构网站对外公告不少于5个工作日；受让方按照合同约定支付交易价款后，产权交易机构应当及时为交易双方出具交易凭证。

二、产权分类和交易方式

（1）产权分类

目前在公共资源交易中，产权交易对象主要包括两大类：实物资产和股权，其他如知识技术产权、债权等信息还不够完善。按照交易领域类别细化分类，以国有产权交易为大类，采用C大类编码，所有项目归入C大类下的3小类，分别是行政事业单位产权交易、国有及国有控股企业产权交易、金融企业国有资产转让交易，用C开头的3位编码对应表示，分别是C01、C02、C03。

行政事业单位产权交易的前提是先登记，重点是房屋、汽车等长期使用又不易消耗的物品。国家对行政事业单位占有、使用的国有资产进行登记，依法确认国有资产所有权和行政事业单位对国有资产占有、使用权的行为。以上登记的主体是国家，参与者是使用资产的行政事业单位，登记内容主要是事业单位国有资产的产权状况。凡是所有权和使用权归属不符合国家所有、单位使用原则的，都需要变更产权登记。因产权转让导致转让标的企业的实际控制权发生转移的，转让方应在转让行为获批后10个工作日内，通过产权交易机构进行信息预披露。资产转让项目信息披露期满未征集到意向受让方，仅调整转让底价后重新披露信息的，资产转让披露时间不少于5个工作日。

企业国有资产交易行为的类型有企业产权转让、企业增资、企业资产转让等。企业产权转让是履行出资人职责的机构、国有及国有控股企业、国有实际控制企业转让其对企业各种形式出资形成权益的行为。企业增资是国有及国有控股企业、国有实际控制企业增加资本的行为，政府以增加资本金方式对国家出资企业的投入除外。企业资产转让是国有及国有控股企业、国有实际控制企业的重大资产转让行为。企业一定金额以上的生产设备、房产、在建工程以及土地使用权、债权、知识产权等资产对外转让，应当按照内部管理制度履行相应决策程序后，在产权交易机构公开进行。

国有金融机构资产转让采取进入产权交易场所交易的，参照金融企业非上市国有产权转让的有关规定执行；采取公开拍卖方式的，按照拍卖法的规定组织实施；采取网络拍卖方式的，应当在互联网拍卖平台上向社会全程公开，接受社会监督；其他方式的，国家有规定的依据相关规定执行，无规定的至少有两个竞价者，当只有一个时，需按照程序补登公告，公告7个工作日后，如确定没有新的竞价者参加竞价才能成交。

实物资产类国有产权，一般分为房产、土地使用权、交通运输工具、设备、在建工程、其他资产；股权类国有产权，按照转让标的企业的经济类型，分为政府部门机构、国有独资企业、国有控股企业、国有事业单位、国有社团、国有参股企业、非国有企业、外资企业、国有实际控制企业和其他。

（2）交易方式

国有产权交易主要有招投标、拍卖和非公开协议转让三种方式。在国有资产的转让过程中，如果经公开征集产生两个以上意向受让人时，转让人应当与产权交易机构协商，根据转让标的具体情况采取拍卖或者招投标方式组织实施产权交易。在地方实际交易中，也有网络竞价的方式。

拍卖是指以公开竞价的形式，将特定物品或者财产权利转让给最高应价者，实现收益的最大化，以竞买人应价的高低为标准，若转让标的只以价格因素衡量，不需要参考其他因素时，拍卖为较佳的国有产权转让方式。

协议转让是国有产权的转让由交易双方通过洽谈、协商以签订交易协议，一方支付价款，另一方转移产权的交易方式。根据国务院发展研究中心企业研究所组织的调研，在2004年以前的国有企业改制中，协议转让方式的比例高达90%，原因有地方政府行为的主导，以及针对性法律规范较少。

招投标转让是转让产权有多名受让意向者，转让标的物相对复杂，以公开竞争的形式，由评标委员会评出的最优标者成交的产权方式。招投标以更透明的方式考虑非价格因素，使转让人在价格因素与非价格因素之间取得一个比较好的平衡。

根据《企业国有资产交易监督管理办法》第三十一条规定，涉及关系国家安全、国民经济命脉的重要行业和关键领域企业的重组整合，对受让方有特殊要求，企业产权需要在国有及国有控股企业之间转让的，经国有资产监督管理机构批准，可以采取非公开协议转让方式。同一国家出资企业及其各级控股企业或实际控制企业之间因实施内部重组整合进行产权转让的，经该国家出资企业审议决策，可以采取非公开协议转让方式。

三、招投标转让数据信息

国有产权招投标转让本质就是投标转让，依然符合招投标工作的所有流程，包括招标、投标、开标、评标、中标、异常情况六个阶段，共涉及监管部门、交易机构（交易中心、产权中心）、转让人、受让人、评审委员会五个角色。

（1）招标投标流程数据信息

国有产权招投标转让方式的招标投标阶段流程和数据关系见图2-24所示，该过程不需要评审委员会参与。

国有产权招投标转让方式的招标阶段由转让人向交易机构提出产权转让申请发起，产生"产权转让申请"数据，主要包括转让标的名称、标的编号、转让方式、辖区等内容。交易机构核验转让信息并备案后，制作转让公告内容和转让招标文件，产生"公告及文件信息"数据，包括公告标题、公告内容、发布时间、发布媒体、标的基本情况、企业产权构成情况、转让的内部决策和批准文件、财务指标和数据、资产评估和备案情况、受让人基本要求、保证金缴纳方式、保证金金额等，交易机构于交易中心网站、交易场所、省级以上公开发行的经济金融报刊发布转让公告及

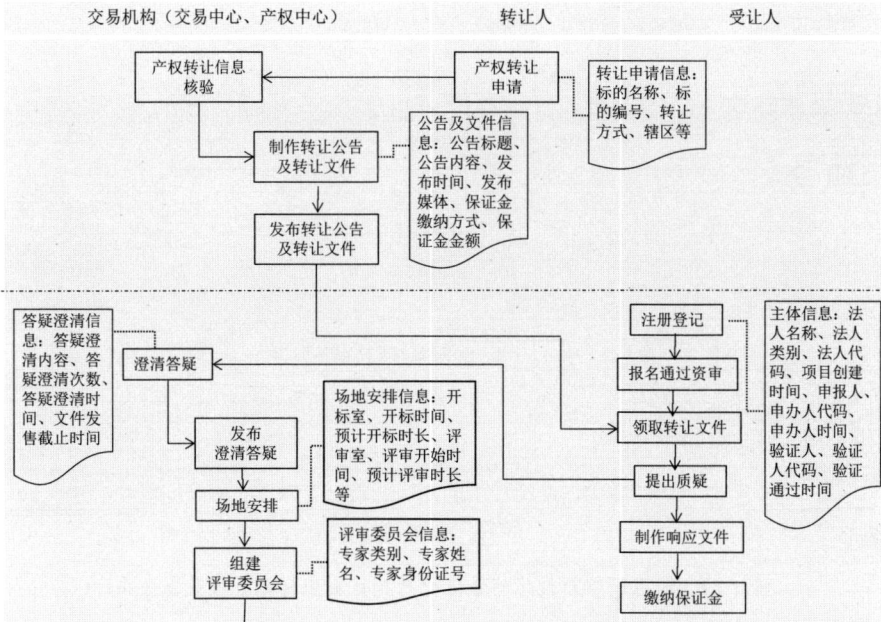

图2-24 国有产权招投标转让方式招标投标流程及数据关系

出让文件，公示期不少于20个工作日，招标阶段工作完成。

投标阶段由意向受让方注册登记进行报名启动，产生"注册主体信息"数据，通过资格预审后领取转让文件并提出质疑，由交易机构或转让人澄清答疑并发布，产生"澄清答疑信息"，包括澄清答疑内容、次数、澄清或答疑时间、文件发售截止时间等，进行场地安排、组建评审委员会。招标期限一般不少于10个工作日，意向受让方于期限内制作响应文件投标，缴纳招标保证金，投标阶段结束。

（2）开标评标中标流程数据信息

国有产权招投标转让方式的开标评标中标阶段见图2-25，交易机构判断满足开标条件后组织开标工作，于投标截止时间开标，产生"开标信息"数据，包括意向受让人名单、响应文件、转让文件、开标时间、开标时长、投标价格等内容，开标过程由监管部门进行监管。评审委员会于开标3个工作日内评审，产生"评审信息"数据，包括响应文件、投标价格、文件响应情况、评审报告、电子签单等内容，评审完成后评标工作结束。

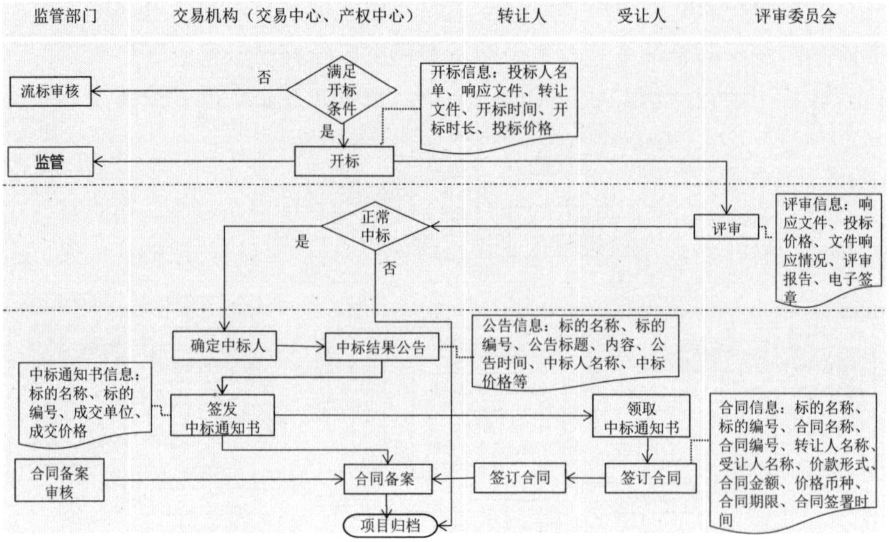

图2-25 国有产权招投标转让方式开标评标中标流程及数据关系

评审完成后交易机构和转让人确定中标人，并发布中标结果公告，于2个工作日内通知中标方，签发中标通知书。在确定受让人3个工作日内，转让人和受让人签订交易合同，产生"合同信息"数据，包括标的名称、标的编号、合同名称、合同编号、中标人名称、价款形式、合同金额、价格币种、合同期限、合同签署时间等内容，监管部门审核备案，同时交易机构归档，中标阶段完成。

（3）异常情况

国有产权招投标转让方式的异常情况处理，包括意向受让人对开标、评标结果的质疑、投诉，转让人或交易机构应进行受理答复，以及暂停、中止、终止招标等异常情况的处理，流程和数据关系可参照图2-5工程建设项目公开招标方式异常情况与数据关系。

四、拍卖转让数据信息

国有产权拍卖转让方式符合拍卖的全部流程，分为准备阶段、报名阶段、拍卖阶段、成交阶段、异常情况五个阶段。

拍卖的准备阶段与招投标方式的招标阶段流程和数据关系一致，我们把准备和报名两阶段合在一起表示，见图2-26。在准备阶段，转让人完成产权转让申请，产生"转让申请"数据；交易机构完成转让公告及转让文件的编制、发布，产生"公告及文件信息"数据。报名阶段，意向受让人先注册登记，产生"主体信息"数据，报名需要经交易机构资格审查，通过后领取转让文件，经质疑环节后缴纳保证金；交易机构或转让人对应质疑完成澄清、答疑并发布，安排拍卖场地，产生"场地安排信息"数据。

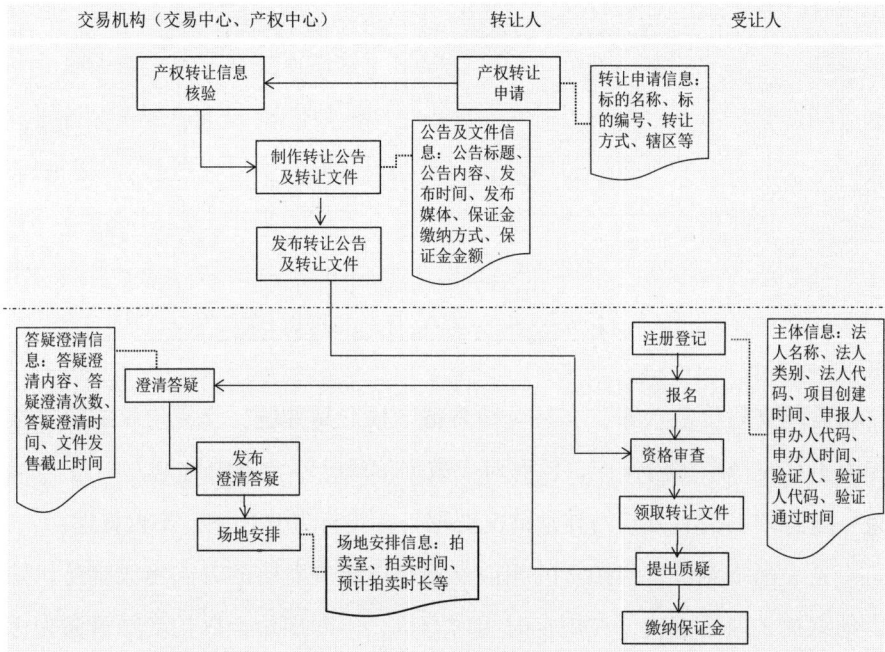

图2-26　国有产权拍卖方式准备和报名流程及数据关系

拍卖和成交流程及数据关系见图2-27，交易机构组织现场拍卖会，价高者为竞得人，拍卖过程由监管部门监管。确定竞得人后，交易机构发布拍卖结果公告，产生"结果公告信息"，包括标的名称、标的编号、公告标题、公告内容、公告时间、受让人、中标价格等，签发成交通知书，产生"成交通知书信息"，包括标的名称、标的编号、成交单位、成交价格等。受让人凭成交通知书和转让人签订合同，产生"合同信息"数据，包括标的名称、标的编号、合同名称、合同编号、竞得人名称、价款形式、合同金额、价格币种、合同期限、合同签署时间等内容。监管部门进行合同审核备案，交易机构同时备案，完成拍卖。

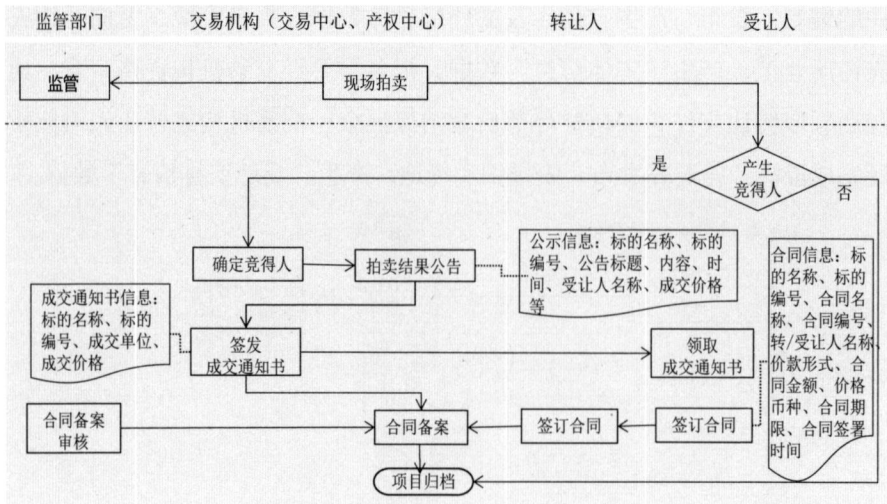

图2-27　国有产权拍卖方式拍卖和成交流程及数据关系

后续交易价款入账、交易机构具备产权交易凭证、交易价款结算等操作因不在交易系统内操作，没有对应数据信息，不再书中讨论。

国有产权拍卖方式的异常情况处理与招投标方式相同，不再赘述。

关于网络竞价，与拍卖的相似点都是以集中竞价的方式完成交易。拍卖是竞买人现场应价，在规定时间内竞争，不断加价，以拍卖师落槌为标志，出价最高者为竞得人；网络竞价则是竞买人通过网络出价、加价，系统自动计时，在规定时间内未有新出价，系统默认最后出价最高者为竞得人。从交易过程来说，除落槌和自动计时不同外，两者基本相同。

五、协议转让数据信息

国有产权协议转让过程和数据相对招标、拍卖简单，是非公开的，不必按照32号令进场公开交易的产权标的主体，但仍然会产生协议转让的关键数据信息，如标的基本信息、转让人信息、受让人信息、价格信息、转让条件、合同信息等，与其他转让方式对应数据项基本一致，本节不再以流程图示意。企业国有产权经公开征集（公开流程和数据与招投标、拍卖方式相同），只有一个意向受让方（主体注册信息）；或者关键行业、领域中对受让方有特殊要求的，企业产权需要在国有及国有控股企业之间转让的，经省级以上国有资产监督管理机构批准，可采取协议转让方式转让国有产权，例如煤炭、钢铁、铁路等国有集团的整合。因国有资本布局结构调整需要，由特定的国有及国有控股企业或国有实际控制企业参与增资，因国家出资企业与特定投资方建立战略合作伙伴或利益共同体需求，由该投资方参与国家出资企业或其子企业增资，国家出资企业直接或指定其控股、实际控制的其他子企业参与增资，企业债权转为股权，企业原股东增资，经国资监管机构批准的都可以采用非公开协议转让方式。

六、地方和中央范围数据

国有产权交易数据主要产生自46家产权交易机构，见表2-4，包含央企交易数据、省级交易数据和部分地市级及以下交易数据。

表2-4　主要产权交易机构名称

序号	产权交易所名称	序号	产权交易所名称
1	上海联合产权交易所	13	内蒙古产权交易中心
2	天津产权交易中心	14	甘肃产权交易所
3	北京产权交易所	15	湖南省联合产权交易所
4	重庆联合产权交易所	16	西部产权交易所
5	西南联合产权交易所	17	宁夏科技资源与产权交易所
6	贵州阳光产权交易所	18	新疆产权交易所
7	沈阳联合产权交易所	19	广州产权交易所
8	哈尔滨产权交易中心	20	南方联合产权交易中心
9	武汉光谷联合产权交易所	21	珠海产权交易中心
10	青岛产权交易所	22	昆明泛亚产权交易中心
11	河北产权市场	23	黑龙江联合产权交易所
12	江西省产权交易所	24	江苏省产权交易所

序号	产权交易所名称	序号	产权交易所名称
25	厦门产权交易中心	36	广西北部湾产权交易所
26	山东产权交易中心	37	河南中原产权交易有限公司
27	大连产权交易所	38	浙江产权交易所
28	福建省产权交易中心	39	安徽省产权交易中心
29	深圳联合产权交易所	40	安徽长江产权交易所
30	海南产权交易所	41	蚌埠市产权交易中心
31	广西联合产权交易所	42	合肥市产权交易中心
32	云南产权交易所	43	青海股权交易中心
33	青海省产权交易市场	44	宁波产权交易中心
34	吉林长春产权交易中心	45	广东联合产权交易中心
35	山西省产权交易市场	46	西藏产权交易中心

产权交易所产生的源头交易数据，按照主管部门国资委要求，实时提交到国资委的国有产权交易动态监测系统，接受主管部门的监管；用于定位并区分具体数据的是上报时自带的数据记录时间字段DSP_UPDATE_TIME，国资委监管的中央企业、其他央企分别用分类代码1、2表示，地方国有企业用3表示。另一方面产权交易所对接地方公共资源交易平台，源头数据实时同步至地市、省、国家级交易平台，用于定位并区分具体数据的是数据时间戳字段DATA_TIMESTAMP，代表数据交换时间；ADD_TIME表示数据交换到达国家前置机的时间。

在国有产权交易活动中，有个特殊的"项目状态"字段，用来追踪一个项目交易进展的状态，即项目登记、项目进行中、项目暂停、项目成交、项目终止等状态。项目进行中状态指项目正常交易中或恢复交易；项目成交状态指项目全部成交，或部分成交部分终止完成；项目终止状态指项目交易活动全部终止。

第三章　公共资源交易数据规范

为实现各级公共资源交易电子服务系统互联互通，2016年9月《公共资源交易平台系统数据规范（V1.0）》印发，对工程建设项目招投标、政府采购、土地使用权和矿业权出让、国有产权交易领域需交换共享的电子化数据内容和格式做了统一要求。2018年《公共资源交易平台系统数据规范（V2.0）》（简称数据规范2.0）印发，全国地方交易平台与国家级平台的数据交换按照数据规范2.0进行了切换，于2019年6月完成实施，执行至今。目前，数据规范3.0正在修订中。本章重点介绍数据规范1.0到2.0的完善内容、2.0内容的诠释和难点，以及3.0内容的修订方向。

第一节　数据规范1.0需完善的问题

2017年开始地方交易平台与国家级平台按照数据规范1.0对接四大板块交易数据。在对接过程中，发现交换的交易数据在质量、需求等多方面均难以达到支撑后续应用的程度，以下列出部分问题。

1. 数据质量问题

数据不规范。地方交易平台向国家级平台上传的交易数据质量参差不齐，数据全面性、完整性差距较大，例如省级纳入的地市交易平台不全、交易流程缺失、交易场景数据缺失等。

数据错误较多。地方交易数据存在不同程度的数据项错误，如统一交易标识码、统一社会信用代码、投资项目统一代码填写错误，行政区域代码填成邮政编码，中标金额单位不分元与万元等。

数据无法关联。部分省平台上传的数据，同一笔交易无法在不同表中通过招标项目编码、标段包编码或统一交易标识码等信息关联，更无法串联出交易全流程。

2．数据需求问题

按数据规范1.0交换的数据，仅能支持四大板块到省级交易额、交易量的统计，而在实际需求中，交易数据至少应满足按省级、市级行政区域统计、按主体（招标方、中标方、交易机构）统计交易额和交易量，以上维度信息在数据规范1.0中并不明确，其他数据指标更难以体现。

3．特殊数据处理问题

数据规范1.0基本没有对特殊数据做特殊处理，难以兼容特殊数据的交换，比如没有统一社会信用代码的主体，如部队、外资企业等，无法按约束填写身份标识；交易系统标识码无法兼容一个机构同时负责运维多个交易系统时唯一性的情况等。

4．统一交易标识码

在业务层面未起到统一交易的作用，技术层面对生成者约束不足；各地对统一交易标识码填写混乱，标识码校验位无法校验该码的正确性。

5．价款形式不全

只支持数值金额的填写，费率、单价等其他形式的价款结果无法填入。

6．来源交易系统、交易服务系统标识不全

当一个机构运营多个交易系统时，无法识别数据来源于哪个交易系统；交易服务系统的省、地市级别不能表达。

7．引用国标版本问题

当所引用国标版本发生变化，不同版本的同一内容有调整不一致时，无法兼容。

第二节　数据规范2.0应明确的问题

一、概念和业务含义统一

在公共资源交易的日常工作中，由于多地实行技术与业务隔离，导致两类突出又普遍的现象，一是信息技术人员不熟悉交易业务，交易业务人员不熟悉信息技术；二是对于交易业务的专业用词，各地不一致，同样的词语在不同人员的认识中代表不同含义。因此在交易数据的交换共享中，异常状况频出，排查解决花费大量时间和人力。因此在数据规范2.0中，首先要做的就是统一概念、定义术语。

1．统一交易标识码

在公共资源交易的业务流程中，并没有统一交易标识码。数据规范1.0提出了统一交易标识码的编码组成，但最后一位校验码并未起到校验作用；再者交易标识码并未解释什么是"交易"，各地对交易粒度认识不一。在数据规范1.0执行时，该码并无发挥作用。

在数据规范2.0，将该码定义为按照统一编码规则标识公共资源的交易行为，并把一个公共资源交易的生命周期信息串联起来。每笔交易应仅有一个唯一标识码，在该交易相关的所有表中必须一致。

2．交易系统标识码

交易系统标识码可以追溯数据产生的源头交易系统。数据规范1.0规定使用运营机构的统一社会信用代码标识，但当运营多个交易系统时就会冲突。在数据规范2.0中，定义当一个机构运营多个交易系统时，需在机构统一社会信用代码后加"-1"、"-2"等进行区分，保证每个标识码对应的交易系统唯一，此时标识码长度可超出C18。

3．交易服务系统标识码

当地市使用省级或本级交易服务系统时，数据规范1.0不能准确区分其运营机构，影响该标识码准确性。在数据规范2.0，定义一个行政区域仅对应一个交易服务系统，如A市使用省级交易服务系统客户端时，采用省级交易服务系统运营机构的统一社会信用代码；如A市使用本市定制的交易服务系统时，采用A市交易服务系统运营机构的统一社会信用代码。

4．数据时间戳

公共资源交易的时间数据项非常多，发布时间戳、交易时间戳等，业务含义均不同，容易混淆。数据规范2.0中，将此术语定义为交易系统向公共资源电子服务系统提交数据时产生的时间标识。当数据交换发生报错时，数据时间戳对于核查并定位错误数据是有极大帮助的。

5．项目类别关联代码

数据规范1.0将固定资产投资代码设计为必填报，但并非所有项目都为固定资产投资项目，没有投资代码的项目无法通过校验。在数据规范2.0中，将固定资产投资代码调整为非必填项，为以后增加其他项目类别做了预留，故新增项目类别关联代码，定义为该数据项某业务领域的项目通过关联得到该项目在其他分类中的相关信息所用的代码。如招标项目通过项目类别关联代码1得到在固定资产投资项目信息，若后期增加其他类型项目可设置为2、3等。

6．价款形式代码

为了纳入不同形式的中标结果，数据规范2.0增加了术语价款形式代码，定义为表达各业务领域交易过程中交易双方达成一致的成交方式的代码。如，中标结果用金额表示为数值，价款形式代码为1；中标结果用费率表示为百分比，价款形式代码为2；中标结果以单价形式表示，价款形式代码为3；中标结果以文字描述表示，价款形式代码为9。

7．分类版本代码

当所引用的数据字典不同版本对同一内容有较大调整，并且旧版本的历史数据需要保留时，增加了术语分类版本代码，标识所引用数据字典不同版本，如GB/T 4754-2011《国民经济行业分类》版本代码为1，GB/T 4754-2017《国民经济行业分类》版本代码为2；《评标专家专业分类标准（试行）》（发改法规〔2010〕1538号）版本代码为1，《公共资源交易评标专家专业分类标准》（发改法规〔2018〕316号）版本代码为2。

8. 项目所在行政区域

公共资源交易项目是可以跨地域交易的（土地使用权和矿业权出让除外），招标方的行政区域与成交地有可能不同，按行政区域做统计分析会出现不同结果。数据规范2.0术语明确了用项目、标的等招标（出让）方所在6位行政区域代码表示项目所在行政区域，如A市项目，在本市或B市（含跨省）交易机构交易，项目所在行政区域均为A市；如A省级项目，在省级（含跨省）交易机构交易，项目所在行政区域均为A省。

9. 交易发生行政区域

数据规范2.0明确交易发生行政区域指为项目、标的交易提供服务的交易机构所在的行政区域，用6位行政区域代码表示，如A市标的，若在A市交易机构交易，交易发生行政区域为A市；如在B市（含跨省）交易机构交易，交易发生行政区域为B市。

二、数据规范2.0解决的重点问题

1. 数据规范1.0的9类不完善问题

（1）工程建设项目招投标领域增加"项目类别关联代码"数据项，解决非固定资产项目无法填入投资项目统一代码问题。该代码用于判断是否固定资产投资项目，同时起到校验作用。

（2）调整相关统一交易标识码的数据格式和值域范围，允许相关统一交易标识码填入多个，以半角分号隔开，解决一个项目含多个标段或子包时无法填入的情况。

（3）调整某些领域不同阶段的主体数据格式和值域范围，解决同一交易同角色多个主体共存时，无法填入情况，例如土地使用权出让的成交宗地信息数据集中受让人代码，如多个受让人时，受让人代码以半角分号隔开。

（4）调整特殊主体的数据格式，解决特殊主体如部队、临时机构、联合体招标等无法填写统一社会信用代码的情况。在数据规范2.0中，特殊主体代码定义为由GGZY+省内唯一编码组成的C..18，对应的数据校验判断开头为GGZY即通过校验。

（5）在国有产权领域增加标的数据项，解决国有产权未考虑项目包含多个标的导致无法填写标的交易信息的问题。

（6）调整某些数据项的数据格式，解决与业务实际不符的情况，如标段（包）分类代码，当一个标段（包）属于多个分类时，代码长度无法满足要求，数据规范2.0调整为变长C..30，并约束填入多个分类代码时，以半角分号隔开，并按重要程度排序，最重要的分类排在最前面。这种设计考虑到录入者未按约束填入隔开符导致难以识别时，至少可以提取出最重要的类别。

（7）删除不符合实际业务的数据项，有些交易领域的数据项，多个地方交易平台并无实际数据，无法向国家级平台报数据。

（8）明确不同领域价格和面积等数据项的单位，解决单位不清晰导致统计值差异较大的问题。

（9）修改部分数据项名称不准确的情况，符合业务说法，如"价款缴纳方式"改为"出让收益缴纳方式"等。

2. 新增3类情况

（1）所有交易领域均增加了价款形式、其他类型中标结果，解决无法区别中标结果是百分比、单价、文字描述等非金额问题，以及对应中标结果无法填入的问题，同时提升统计准确性，起到校验作用。

（2）根据地方实际业务需求调整代码表，一种是新增代码表，一种是扩展代码表，新增价款形式代码如表3-1所示。

表3-1　价款形式代码表

代码	名称	说明
1	金额	以价格数值表示
2	费率/比率/优惠率/合格率等	以百分比表示
3	单价	以单价形式表示
9	其他形式	以文字描述表示

再如扩展处罚类型代码，如表3-2。

表3-2　扩展处罚类型代码表

代码	名称
12	列入不良行为记录名单
13	禁止代理政府采购业务
14	禁止参加政府采购活动
15	禁止参加政府采购评审活动

（3）增加业务交易类型，解决某些特殊类型的业务与地方填写不一致的情况，例如土地使用权出让领域，地方有将招拍挂类型细化增加网上挂牌出让、网上拍卖出让等。

3．数据字典版本更新问题

增加"分类版本代码"，解决同一分类在字典不同版本中表示不同的问题。通过该代码加以区别，方便后期的查询、统计等应用，支持日后更换为其他版本。

4．明确需求问题

在不改变编码规则情况下调整统一交易标识码，突出校验功能。数据规范2.0以规范性附录规定了校验码的统一校验算法，通过对前35位码以算法自动生成不重复的校验码作为末位，地市级、省级、国家级平台一致，用以校验整个标识码填写和传输的正确性。

为了识别在不同交易流程和环节的同一笔交易，数据规范2.0增加了对同一笔交易招标项目编码、标段包编码、统一交易标识码在不同阶段不同表中必须保持前后一致的要求。但后续做数据处理、分析和数据考核时发现，该需求难以约束，只有通过抽查考核才能督促提升。

5．新增统计数据项

在所有交易领域的招标出让信息、中标成交结果增加"项目所在行政区域代码、交易发生地行政区域代码、交易名称、交易机构"数据项，明确项目归属地域、交易所属地域，用于实现省级、市级，以及主体的招标方、中标方、交易机构统计交易额和交易量，进一步分析不同交易领域按行政地域项目招标和交易实际成交的对比差异，开展跨地域流动的市场化融合研究。

第三节　数据规范2.0的设计

好的数据规范不仅要体现出交易业务流程和数据的业务特征，还要能指导技术层面的信息化实施。作为数据规范2.0的撰写者，以及其在全国各省、地市级交易数据向国家级汇聚的实施技术管理者，本人还原其设计思路，并通过对实施后汇聚到国家公共资源交易服务平台的数据进行核查分析，提出问题，为后续修订或优化提供参考。

一、纵横互联的汇聚体系要求数据规范化

（1）公共资源交易数据的汇聚方式

地方来源的交易数据通过政务外网，由地市逐级上行省、国家，呈纵向级联式实时汇聚到国家公共资源交易服务平台。1000多个地方交易系统的数据内容采集标准和具体的数据格式标准各不相同，均在系统中归集当地要求公开的公告公示文本信息，以及统计或分析所需的结构化数据。对于交易数据的采集，地方系统一般按照项目交易流程的不同环节进行，比如项目进场时需要登记项目信息、招标主体信息，招标时发布的招标公告、更正公告，投标时的投标人信息，评标时的专家信息、评标信息，中标时的中标公示信息、中标结果信息，履约时的合同信息等。

中央范围内主管部门的交易数据通过横向直连方式汇聚到国家公共资源交易服务平台。如政府采购的中央预算单位数据来源于财政部、国有产权的国资委监管中央企业数据来源于国资委、机电产品国际招投标数据来源于商务部、工程建设招投标的央企数据来源于中国招投标公共服务平台等。数据通过主管部门的政务外网前置机，利用全国政务信息共享交换平台交换完成库表直连，将数据实时交换到国家公共资源交易服务平台。

（2）多来源数据差异要求数据规范化

数据标准是数据全生命周期质量控制的机制与制度保障，贯穿数据从采集到存储、治理和分析应用的全过程。不同地方交易系统的表结构不同、字段定义不同、数据格式不同、数据采集时间点要求也不同；主管部门的交易数据，多从监管职责角度收集，与地方交易过程收集数据侧重点不一样，数据内容和格式也有区别。因此，国家公共资源交易服务平台进行纵横向数据的汇聚时，应保证在不影响各地交易系统的正常交易业务前提下，提出统一的数据规范，使不同对接单位有据可依，按照统一的标准进行数据内容和数据格式的转换，完成统一格式后的数据提交。只有数据规范化之后，才能更好地管控数据质量，支撑国家层面的数据共享、数据统计、数据分析等应用。地方的数据规范化需求也同样。

二、数据规范的需求分析与范围定义

（1）数据规范的需求分析

数据规范是公共资源交易数据交换共享的依据，也是国家公共资源交易服务平台的工程标准，需要将交易业务有机整合到工程建设中。从公共资源交易的业务角度考虑，数据规范要涵盖较为成熟的交易领域，包括工程建设招投标、政府采购、土地使用权出让、矿业权出让、国有产权交易（实物资产）、国有产权交易（股权），应体现出交易的业务概念，表达出每笔交易的先后环节，并串联整个交易过程；从电子政务工程的数据应用角度考虑，数据规范应支撑国家和地方交易平台的交易数据，可按项目所在地、交易发生地的省级、市级行政区域进行交易量和交易额的统计、分析，以及按主体（招标方、中标方、代理机构）或者主体的不同性质属性（如企业、事业、机关、社团等）进行交易额和交易量的统计、分析等。

从公共资源交易数据的质量管控角度考虑，数据规范应能支撑对汇聚数据的及时性、完整性和准确性的判断。作为数据质量规则建立的参考依据，可通过统一定义字段、类型和长度、特定版本的数据字典等，实现字段内容的质量检验；通过明确数据的归属责任，可追溯源头责任者以便整改。

（2）数据规范的范围确定

数据规范纳入的数据范围，取决于数据交换共享的需要，以及国家、地方对公共资源交易数据的信息公开要求和应用需求。在社会公共服务层面，应满足交易领域基层政务信息公开要求，如交易的招标公告、候选人公示、中标公示为公众和市场主体提供必要的交易信息参考；在政务服务层面，应满足为地方提供主体信息、交易信息的数据共享要求；在决策支持层面，应满足不同维度、不同粒度的交易业务分析支撑和数据统计要求；在监管支撑层面，应满足交易重要环节事中事后的监管要求。因此，数据规范的交易业务数据在选择地方交易平台共有信息的前提下，至少选择招标（更正）公告、中标公示、项目（标段）信息、主体信息、成交结果信息进行统一约束。

数据规范适用于全国公共资源交易平台系统间交换共享交易数据。为体现业务层面的"交易"概念，引入统一交易标识码概念，定义了编码规则，对应到全国公共资源领域的每一笔交易；为了便于对数据的持续应用，明确了公共资源交易的分类原则与类目，规定了工程建设招投标、政府采购、土地使用权出让、矿业权出让、国有产权交易等领域交换共享数据的数据格式要求。

三、数据规范的整体设计

（1）数据规范的结构设计

a.通用部分设计

数据规范通用部分的设计框图如图3-1所示，定义了针对纳入的公共资源交易领域，全国公共资源交易平台之间交换及共享应用数据时，都应遵循的通用性约束，如术语定义、统一交易标识码编码规则、公共资源交易分类类目、通用代码、附录等。通用部分旨在保障所有数据规范的使用者，对业务含义的概念理解达到统一认识，以及对技术层面的数据转换实现统一约束。

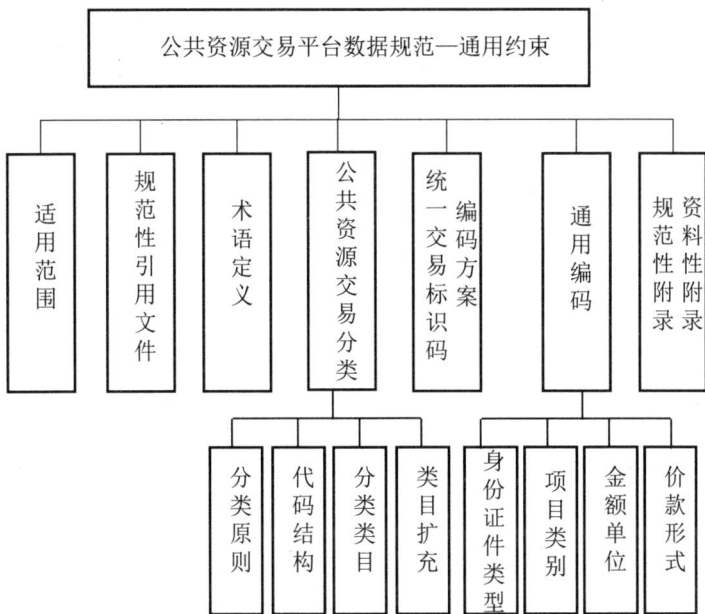

图3-1 数据规范通用部分构成图

b.主体部分设计

主体部分的设计框图如图3-2所示，定义了分交易领域的数据集约束，以及非交易领域的其他数据集约束。不同交易平台间按照数据规范的汇聚和共享交换的数据95%都属于主体部分。

分交易领域纳入工程建设招投标、政府采购、土地使用权出让、矿业权出让、国有产权交易5个领域，每个领域均结合实际按交易流程顺序设计了项目登记、招标公告、投标人、中标公示、中标结果等数据集，每个数据集又根据数据电子化情况和展示、统计、分析的应用需求定义了不同数据项。其他数据集约束纳入主体扩展信息、专家信息、监管信息、信用信息，其中主体扩展信息数据集分别对应不同角色的市场主体扩展了该角色的数据项内容。

（2）数据规范的内容设计

a.分交易领域内容

分交易领域对应公共资源交易的项目登记、招投标、评标、中标、合

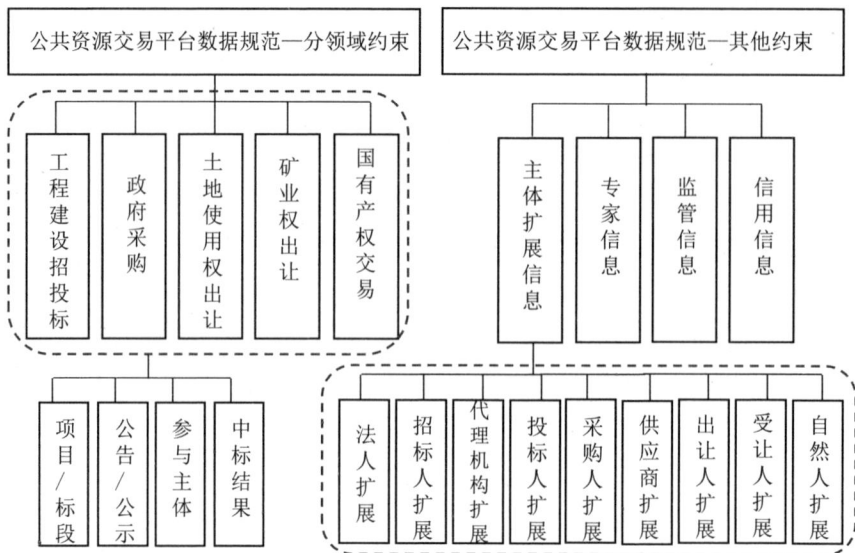

图3-2 数据规范主体部分构成图

同签订的业务流程，按照在交易系统中的重要环节电子化留痕特点，取全国省、地市级交易系统中普遍保存的交易项目/标段、公告/公示、参与主体、中标结果信息作为共享交换的数据，用于保障项目信息和公告/公示面向社会公众公开、接受社会监督的共享服务，市场主体参与交易市场行为分析、营商环境预测的挖掘服务，以及中标结果的统计和其他应用服务。数据规范定义了分交易领域共享和交换的数据集、数据项、数据格式、值域、公开范围、数据字典等，共计74个数据表的约束。

除上述交易领域外，2019年底，国家发展改革委印发《全国公共资源交易目录指引》，将机电产品国际招投标、海洋资源交易、林权交易、农村集体产权交易、无形资产交易、排污权交易、碳排放权交易、用能权交易纳入公共资源交易平台体系。随着国家对目录指引中交易数据应进必进的要求，相关电子化交易数据在相对成熟的条件下也将纳入到共享交换内容中。

b.非交易领域的其他内容

在非交易领域，考虑到市场主体在营商环境中的重要作用和大数据分析的需求，纳入不同性质、不同角色的全国各类市场主体扩展信息；考虑到招标时的资格预审、评标时的评分需求，纳入市场主体在交易过程中的信用信息提供参考；同时，纳入交易过程中相关部门的监管信息与评价，辅助对市场主体市场行为的判断。数据规范定义了其他约束的数据集、数据项、数据格式、值域、公开范围、数据字典，共计52个数据表的约束。其中，专家和自然人主体的身份证号信息在传输过程和存储时都需要进行脱密处理。

四、统一交易标识码应用分析与改进

统一交易标识码的标识对象是公共资源的交易行为，作用是把一个公共资源交易的全生命周期信息串联起来。每一个交易应仅有唯一标识码，此码在该笔交易相关的所有表中应该一致。2017年全国公共资源交易平台上线，开始按数据规范1.0汇集四大板块交易数据，也包括统一交易标识码的信息。但所汇集的统一交易标识码错误较多，无法发挥标识交易的作用。鉴于此种情况，2018年3月在保证不影响并且兼容历史数据的基础上，对地方各省做了一系列与编码有关的调研，汇总各地反馈的基础上，提出数据规范2.0中的统一交易标识码的调整。

（1）部分交易领域编码情况

地方在工程建设项目招投标和国有产权交易领域涉及的编码主要有交易平台编码、项目编码、招标项目编码、标段包编码，按地方交易平台和中国招投标公共服务平台分为两大类不同情况，但两大类均没有自己专用的统一交易标识码。

当时地方交易平台情况如下，汇总成三类情况：

a.多数省（70%-75%）的交易平台编码规则为省内编码、地市对接或者是省内编码、市县各自编码，如北京、河南、辽宁、山东、重庆、新疆生产建设兵团等。

该类省没有在中国招投标公共服务平台登记，项目编号均采用自己编码规则。如湖北的工程建设招投标项目编号由4位字母（HBSJ）、6位年月

代码+2位行业代码、3位数字流水号三部分组成，各部分之间用字符"–"隔开，共17位；国有产权项目编码由两位字母（HB）、4位年份代码、三位产权类别代码、5位数字流水号四部分组成，共14位。

在向国家级平台交换数据过程中，由省所用的项目编号对应转换出符合数据规范格式的数据，如北京的工程建设招投标项目编号：S（公共管理、社会保障和社会组织）+110000（北京市）+A001 [北京市公共资源交易服务平台（北京市依法必须招标项目发布媒介）] +6位项目序列号；北京的国有产权交易（股权类）项目编号：S（公共管理、社会保障和社会组织）+110000（北京市）+D011（北京市产权交易系统）+9位 [02（股权）+7位序列号]。该类省认为统一交易标识码、项目编号的约束都不应与业务联系密切，否则省里底层改动工作量太大，普遍认可数据规范1.0的统一交易标识码编码方法。

b.有6个省（约19%）的交易平台编码规则采用运营机构的统一社会信用代码，该类省没有在中国招投标公共服务平台登记，在向国家级平台交换数据过程中，项目编号都是自行约定的，也普遍认可统一交易标识码编码方法，认为统一交易标识码和项目编号不应与业务联系密切，避免导致大量的系统改造工作。

c.有2个省在中国招投标公共服务平台登记过。浙江有约10%的交易平台在中国招投标公共服务平台登记过，山西的工程建设招投标项目编码由11位交易平台标识代码（中国招投标公共服务平台分配）+6位流水号共17位；国有产权项目编码部门/地域首字母大写+CQ+年度+3位流水号组成，或者机构代码后两位+类别简写+年份+4位流水号组成。两省也认可统一交易标识码、项目编号不应与业务联系密切。

中国招投标公共服务平台给出的编码规则如下，交易平台标识码：1位行业门类字母码（交易平台类型）+ 6位行政区域代码 + 4位交易平台的全国序列号（0000～9999）。其中，4位序列号由中国招投标公共服务平台分配。

项目编码规则：采用组合码，编码长度为17位。排列顺序从左至右依次为：前11位由交易平台标识代码组成，后6位由项目序列号组成，项目序列号的取值从000001～999999。

招标项目编码规则：采用组合码，编码长度为20位。排列顺序从左至右依次为：前17位由项目编号组成，后3位由招标项目在项目中的序列号组成，招标项目序列号的取值从001～999。

标段（包）编码规则：采用组合码，编码长度为23位。排列顺序从左至右依次为：前20位由招标项目编号组成，后3位由标段（包）在招标项目中的序列号组成，标段（包）序列号的取值从001～999。

从以上编码规则知，中国招投标公共服务平台的项目编号、招标项目编号、标段（包）编号都是基于交易平台标识码，必须从中国招投标公共服务平台获取4位序列号。这与有些省内对交易平台和项目自行编码的情况存在矛盾。

（2）数据规范1.0统一交易标识码使用现状

理论上，对照统一交易标识码的作用及定义，在业务上应能起到标识某笔交易的作用，在技术上应起到串起交易的标识作用；可能存在同一个机构运维两个或更多同一交易类的交易平台，并且有极小概率日期流水号相同情况，此时统一交易标识码是否唯一取决于最后一位不重复的字母和数字。对于以上两种情况，我们进行了重点跟踪和排查，国家级平台汇集的数据存在仅满足长度的情况，无法查验和核实省份填报的统一交易标识码信息内容是否正确。需要加强对各组成部分的校验，才能够提高统一交易标识码的数据质量和可用性；不存在不同交易的统一交易标识码重复现象。说明该码编制规则是可行的，需要加强唯一性限制。在地方和国家级平台，均没有将统一交易标识码作为主键关联码，不同数据集之间通过项目编号、招标项目编号、标段项目编号等主键信息关联。换言之，如果没有统一交易标识码，招投标数据集之间的关系仍可以表达清楚。

（3）统一交易标识码的改进

因数据规范1.0的统一交易标识码编码规则可行，则统一交易标识码的完善应以数据规范1.0为基础，在不改变组成部分及主要规则的情况下进行微调。数据规范1.0中将统一交易标识码中最后一位校验码定义为任意一位字母和数字，无法起到限制唯一的作用，更无法达到验证该串码本身的正确性，以及在过程传输中是否正确的目的，基于此改进最后1位校验码的检验规则，由算法自动生成唯一的校验码，永不重复。

统一交易标识码中校验码的生成，调整为依据以下校验规则和步骤：

a.从左起将前35位字符的所有奇数位（忽略隔开的"-"）取字符的ASCII码值相加得出结果a；

b.将所有偶数位（忽略隔开用的字符"-"）取字符的ASCII码值相加得出结果b；

c.将数b乘以3再与a相加得到结果c；

d.用10减去数c的个位数，如不为10则校验码为结果本身，如果为10则检验码为0。

校验算法程序由数据提供方根据算法结合系统编程语言自行编制完成，数据接收方通过相同的校验规则进行正确性验证。如果接收方验证错误，则退回数据提供方并提示，确保统一交易标识码传输过程中的正确性。

五、数据规范的编制难点

1. 公共资源交易分类类目

不同交易领域的数据在收集或应用过程中，通过公共资源交易分类类目编码进行标识区分。分类编码采用两级代码结构，一级大类用1位大写字母"A"至"Z"字母标识，表示业务不同的交易领域；二级小类用2位阿拉伯数字顺序组合码标识，表示某交易领域中不同的子分类。如A代表工程建设招投标领域、A01表示房屋建筑工程招投标、A02表示市政工程招投标、A03表示铁路工程招投标，B01表示土地使用权出让等。

分类类目可依据业务领域的实际发展需要和关注热点进行扩充。在数据业务层面，通过分类编码支撑不同领域的交易量和交易额统计、分析、挖掘等应用，以及区分不同领域的公告公示内容。

2. 统一交易标识码的作用

公共资源交易数据都是围绕交易产生的，应用层的统计、分析也都是以交易为基础。统一交易标识码的作用是区分每一笔交易，交易的所属领域、所属单位、所属日期，以及判断每一笔交易标识码信息是否正确传输至关重要。根据交易标识码可以追溯到数据提供方。

统一交易标识码前3位为交易分类类目编码，接着为所属单位的18位统一社会信用代码，以及8位产生交易的日期码、6位从000001～999999不重复的流水号，和1位校验码，共五部分36位组成，各部分之间用字符"–"隔开。校验码用以校验统一交易标识码的前35位数字或字母的正确性，必须通过规范性附录的校验算法自动生成。

3. 特殊情况的处理

（1）市场主体无统一社会信用代码

此种情况下，规范约定其标识代码总长度不超过18位，采用由4位字符GGZY开头，加6位行政区域代码，以及本地该主体类型的唯一编码构成。符合规定的主体标识代码可以通过数据接收方的校验，否则返回报错信息。

（2）项目类型的判断

工程建设招投标、政府采购领域的项目，有标识出是否国家固定资产投资项目的需求，以辅助进行国家固定资产投资情况的分析。该思路可拓展出后期是否科技部项目、其他类型项目的判断需求，基于此，规范增加了项目类型关联代码字段，定义了相关项目类型的数据字典，如为固定资产投资项目，在该字段填入1即可。

第四节　数据规范的实施与反馈

一、数据规范的实施情况

数据规范从2017年在全国实施，开始全国数据的汇聚、共享交换和应用，截至2023年已推行6年，其间经历了从1.0到2.0版本的切换调整，已交换公共资源交易数据超3亿条。从执行角度，数据规范已经在600多个公共资源交易系统与省级、国家级平台共享交换的过程中得到了验证，尤其从数据规范2.0发布后，数据质量有了明显进步，数据及时性得到了保证，准确性也大大提升，支撑了国家级平台对于数据展示、统计、分析的应用，以及地方数据服务的需求。

通过数据编码实现交易业务全流程的前后串联时，无论是统一交易标识码，还是项目/标的编码关联查询同一交易，成功率还不够理想。这说明规范2.0在数据单条记录的约束比较有效，但对于同笔交易串联的校验有待增强。因此，后续版本在响应国家对交易全流程电子化的基础上，增强交易标识码、项目编码的数据格式和串联应用方面，应更突出业务层的含义，强调同一交易在全流程所有环节的唯一标识性；同时，应考虑更加便于对源头数据质量的检验与考核，才能实现数据规范和业务的相互促进。

数据规范2.0于2019年实施完成后，地方交易平台在近几年的执行中也有一些反馈，我们把关键问题梳理出来，以供后续修订参考。

（1）数据规范2.0未涵盖《公共资源交易领域基层政务公开标准目录》要求公开的全部内容和要素的问题，数据规范2.0以外的公开事项及内容要素要求，协调其他部门数据共享难度较大，且需要对系统进行必要的升级、改造。

（2）个别行业（领域）交易项目确实存在没有投资项目统一代码的问题。例如，数据规范2.0中成交宗地信息表中，固定资产投资项目的"投资项目统一代码"为必填项，北京市大多数行业（领域）的市、区两级固定资产投资项目在交易环节已经批准立项并取得投资项目统一代码，同时北京市交易平台已经实现与北京市投资项目在线审批监管平台的互联互通，能够实时获取本市固定资产投资项目的项目审批立项信息并面向市区交易系统提供数据查询服务。根据北京市相关部门的规定，土地使用权出让交易活动完成后，竞得人取得行业监管部门对项目的审批、核准、备案文件时，项目才能获得投资项目统一代码。因此，在土地使用权出让发布成交宗地信息阶段，交易项目属于固定资产投资项目，也确实没有投资项目统一代码。

（3）评定分离形式的项目中标候选人不应排序的问题。数据规范2.0中标候选人数据集表中，"中标候选人排名"为必填项，且要求是数值型。有些地方工程建设项目招标投标活动中由于采用了"评定分离"的方式，按规定评标结果只需要公布中标候选人名单，并无排序要求，因此无法填写中标候选人排序。

（4）境外企业无法填写行政区域代码的问题。数据规范2.0法人基本信息数据集表中，"行政区域代码"为必填项，要求"采用GB/T2260-2007《中华人民共和国行政区划代码》的市级代码"。随着营商环境的不断优化，参与公共资源交易活动的境外企业越来越多，其法人代码和注册地行政区域代码的值域范围与实际不符问题逐渐显现。

（5）政府采购类个别字段长度不够的问题。数据规范2.0政府采购类交易项目采购公告中允许一个采购公告包含多个包件，且采购项目子包编号长度是C..ul（多个包件发一个公告时用半角分号隔开），但是更正事项子包编号长度限制C..50，当出现同时对一个采购项目公告中的多个包件进行更正时，因字段长度超过50导致数据上传失败。

地方省云平台集中建设的模式，在数据规范的调整实施方面有着独特的优势。首先公共资源交易省云平台模式能够快速响应国家级平台对于技术层面的调整和要求。国家级平台从2019年3月份启动各省2.0数据切换，多数省份在6月底完成，实行了云平台的省只需集中调整省平台程序，不涉及地市系统的调整，在4月底就率先上报了2.0数据。其次，云平台模式能够节约电子政务建设投入，一次性投资开发建设云电子平台，避免了各部门和市县分散建设。第三，云平台模式减轻了基层运维压力。电子交易平台的运维保障全部集中到省，由省级组织专业团队统筹保障，地市级交易中心可以把更多人力和物力投入提升公共资源交易服务水平上。

第四，云平台模式降低了市场主体的交易成本，通过统一网上标书免费下载、全省公共资源交易CA锁"全省通"等措施，节省了投标人交易时间，可降低企业交易成本。

虽然云平台模式在技术层面解决了一系列地市技术能力不足的问题，但仍然存在以下问题。首先是省平台运维压力大，省级运维力量要求高，运维团队需及时分析存在的故障，定期安全扫描，保障电子平台的平稳运行，一旦省级云平台出现故障，将导致全省交易业务异常。其次，缺乏地域特色，云平台集中统一建设，交易业务流程按照省级行业主管部门统一制定，虽然实现了全省交易业务的标准化流程，但针对地市提出的个性化业务需求，无法做到有的放矢。第三，地市积极性减弱，云平台的模式使地市交易中心从平台的建设方变成了使用方，导致地市针对电子平台的管理力量逐步减弱，运维技术人员缺失，不利于省市县沟通联动，交易服务能力下降，沟通渠道容易受阻。

二、数据规范2.0实施的常见问题解答

（1）"交易"的粒度是招标项目还是标段（包）？

以工程建设项目招投标为例，招标项目含有多个标段（包）时，交易的粒度是标段（包），应有参与交易的招标人、投标人角色，正常情况下在交易完成时能够形成交易双方合同，故统一交易标识码对应的也是标段（包）。当招标项目只有一个标段（包）时，两者一致。

（2）按照交易流程数据实时交换的要求（将数据产生24小时内看作实时），工程建设项目招投标领域应先推送项目数据集，此时如何判断项目是否只含有一个标段，进而判断统一交易标识码为必填项？

统一交易标识码编码规则是确定的，如果招标项目不再划分标段（包）的话，标段（包）对应的就填招标项目的信息，此时统一交易标识码与招标项目数据集中填写一致。

（3）不具备统一社会信用代码的特殊单位，怎样填写才能符合校验

要求？

统一以公共资源大写开头字母标识，即GGZY+省内唯一编码，总长度符合C..18，后续数据交换涉及该单位编码务必保持一致。

（4）数据规范中多处以半角分号隔开，如多个中标人、多个统一交易标识码，是否必须按此要求？

需要在一个数据项中填入多个同类信息时，应严格按要求用半角分号隔开，便于各方通过半角规则对多个同类信息的分别提取使用。

（5）政府采购领域，假如同一个采购子包对应三个中标商，每个中标商一个中标金额，每个中标商一个合同。此种业务情况，如何交换数据？

交换数据时，政府采购领域的交易粒度以采购子包为最小单位，中标结果要把三个中标商的中标金额相加，填入采购子包的总交易额作为交换项，但每个中标商的合同需要单独交换。

（6）标段包所在行政区域代码和交易发生行政区域代码的区别？

标段包所在行政区域代码指招标方或出让方所在行政区域的代码；交易发生行政区域代码指交易发生所在地的行政区域代码。当交易所在地与招标方为异地时，会出现交易发生地行政区域代码与标段包所在行政区域代码不一致现象。

（7）国有产权领域项目名称、标的名称有什么关系？

一个项目可能会含有多个标的。

（8）其他交易结果信息数据集中，无成交金额的单位？

其他交易结果数据集，统一约定成交金额单位为元。

（9）关于招标代理机构代码，非自行招标填相应的招标代理机构代码，自行招标怎么填？

自行招标的填写招标人代码即可。

（10）工程建设招投标领域，项目数据集的"项目法人"、招标项目数据集的"项目业主名称"和"招标人名称"，有何区别？

表3-3　项目法人、业主名称和招标人名称区分表

数据集	类似名称	含义
项目	项目法人	根据20号令，项目所属的法人名称，是对工程项目负有法定责任的企业或事业单位，是项目建设的责任主体。数据规范中项目法人与项目业主为同一组织
招标项目	项目业主名称	项目业主，指工程项目"建设单位"，泛指建设项目的投资人，也是建设项目管理的主体。数据规范中项目业主与项目法人为同一组织
招标项目	招标人名称	招标人指依据招投标相关规定提出招标、进行招标的法人或其他组织。通常招标人为项目投资人即项目业主，但有些项目如高速公路建设项目，存在招标人不一定是项目业主的现象
三者概念使用范围不同，项目法人是按照国家工程项目"四制"（即项目法人制、项目监管制、项目招投标制及项目合同管理制）的管理制定，项目业主一般存在于项目建设全过程，招标人是从招投标角度的概念。业主可以委托招标人		

（11）工程建设招投标领域，招标文件/招标文件澄清与修改数据集的"招标文件生成时间"，具体指哪个时间？

指招标文件/澄清与修改文件的发出之日。

（12）加入分类版本代码后，历史数据有无影响？

数据规范2.0加入"分类版本代码"，来解决数据字典版本不同的问题，如国民经济行业分类、评标专家分类标准等，通过"分类版本代码"判断是哪个数据字典版本，保障按新版本接收数据同时兼容前期旧版本历史数据。

（13）如何通过交易数据展示同笔交易的全流程？

必须保证同一个招标项目编号、同一标段（包）编号、同一交易标识码在该交易的不同阶段（不同表）保持一致，以保障数据关联统计时的准确性，以及全流程的展示与查询。

（14）如何理解工程建设项目招投标领域公告性质、公示性质分类的业务含义？

依据数据规范2.0，工程建设项目招标公告、中标公示性质分类标识见表3-4。

表3-4　工程建设项目公告公示分类标识

数据集名称	数据项名称	分类标识
招标公告和资格预审公告	公告性质	四种标识：正常公告、更正公告、重发公告、其他
中标候选人公示	公示类型	三种标识：正常、更正、其他
中标结果公示	公示性质	四种标识：正常、更正、重发、其他

公告、公示性质分类标识的业务含义见表3-5。

表3-5　公告公示分类标识的业务含义

分类标识	业务含义	备注
正常公告（示）	指第一次发出的招标公告、中标候选人公告、中标结果公示	
更正公告（示）	因项目变更发出的公告、公示，或延期、澄清、补充等情况	非正常、重发、其他的情况为此类
重发公告	重发公告指项目流标或废标后，重新招标发出的公告	
其他	指因项目终止暂停发出的公告、公示；部分省控制价单发公告的特例情况	

三、数据规范2.0的修订思考

自2019年数据规范2.0实施以来，已4年多时间，公共资源交易需求和应用都有了新的发展，数据规范2.0的修订也急需考虑，其修订原则应如下：

（1）以全流程电子化为导向，促进公共资源交易电子系统建设和数据分析应用；

（2）以强化数据应用为导向；

（3）以数据共享共用为导向，数据项的公开共享属性；

（4）考虑与历史数据的兼容性。

我们重点说明某些交易领域数据集无法收集到全流程数据应如何修订，需更多考虑统计、分析、监管需求，满足登记—发起—交易留痕—执行结果；应考虑将各领域同一交易的出让公告与成交公示串联起来，同一项目不同阶段的表数据串联起来。

以土地使用权出让数据规范修订为例，截至2022年依然没有省采集到全流程电子化数据，比如安徽、贵州、青海、河北、广西等基本都纳入项目信息、公告公示、成交信息；河北、青海、贵州等采集了潜在竞买人信息；河北、青海等采集了出让结果通知书，青海仅有挂牌出让方式等。从以上原则考虑土地使用权出让规范2.0修订应纳入的数据集应至少包括交易头尾和公开公示信息：项目表、宗地表、出让公告、潜在竞买人信息、公告调整、成交公示、成交结果，保障主体信息、基本属性（交易行为信息）的完整串联并可分析，见图3-3土地使用权出让流程框架图所示，项目活动由项目编号统一标识，宗地交易由项目编号和宗地编号共同标识。

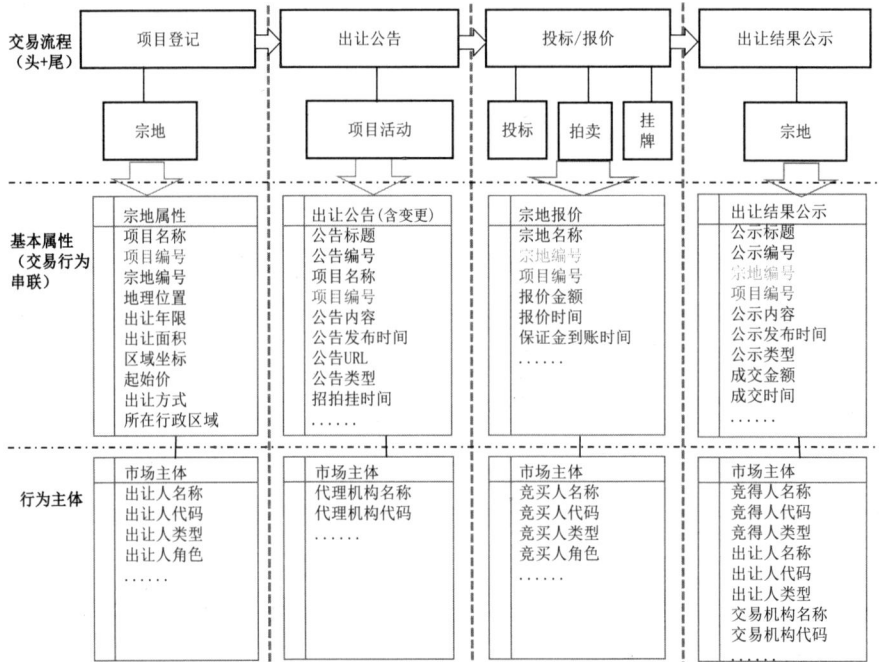

图3-3　土地使用权出让流程框架图

我们认为，土地使用权出让项目指一个出让公告对应的出让活动。土地使用权的出让活动从入场登记开始，到成交公示发布完成。宗地交易定义为土地使用权出让领域中以宗地成交的交易行为。土地使用权出让领域的交易粒度为宗地，统一交易标识码应与宗地一一对应，前3位交易分类码为B01，以标明交易行为所属类型为土地使用权出让。

由于土地划拨并不涉及交易金额，所以土地使用权出让数据规范修订时，土地出让方式应包括招拍挂出让、协议出让类型，不包括土地划拨；应纳入土地项目登记信息、宗地登记信息、出让公告信息、公告调整、报价记录、成交公示信息数据集。

为了保证土地项目编号的唯一并全国通用，从地市、省到国家宜统一使用地方交易系统内所用的唯一土地项目编号，同样（成交）宗地标识应使用宗地所在地市系统内的唯一宗地标识。项目编号和（成交）宗地标识用于串联宗地交易登记、公告、报价、成交公示的全流程。目前虽然统一交易标识码的数据质量还不足以支持标识每笔交易，但是每个宗地应按要求认真填写统一交易标识码，并可通过统一交易标识码串联交易过程，逐步过渡到统一交易标识码作为识别唯一交易的本质定义。

土地项目信息应包含土地出让项目的入场登记信息，以及土地出让活动中的项目状态。当项目状态字段发生变化时，应上传一条新的项目数据，同一个项目的不同项目状态数据，项目名称、项目编号等内容应一致。项目状态用来追踪一个土地使用权出让活动的状态，包含项目登记、项目进行中、项目暂停、项目成交、项目终止等状态。项目进行中状态指项目正常出让中或恢复出让；项目成交状态指项目所含宗地全部成交，或部分成交部分终止完成，以成交公示发布为准；项目终止状态指项目异常，所含宗地全部终止。

在土地使用权出让领域，需要进行及时性校验的主要是土地出让公告信息，以及成交宗地公示信息，应在公告发布时间、公示发布时间当天完成交换传输，我们即认为是实时交换，所以通过公告发布时间、公示发布时间两字段作为校验相关两张表及时性的数据项。

在出让活动中，竞买人代码、竞得人代码都是C..18字符型的必填项约束，需要填入相关主体的统一社会信用代码或自然人的身份证号码，若是联合体时只填入牵头方代码。若相关主体无统一社会信用代码时，约束为采用GGZY开头并且符合长度C..18的唯一代码标识：GGZY+6位交易地行政区域代码+1位企业代码（T代表台湾、H代表香港、M代表澳门、F代表境外、O代表其他）+序号，以上编码利于对不同类型不同地域的主体进行参与或成交土地使用权出让活动的统计分析。在进行数据交换传输时，各方程序检测到竞买人代码、竞得人代码符合GGZY开头并且符合长度C..18的约束，便放开限制通行。

公共资源交易行政区域代码最大的业务含义，一方面用于表明交易所属地域，一方面用于支持应用层面的按地域维度实现交易相关指标的统计、分析。常用的地域统计、分析粒度有省级和地市级，我们把行政区域代码后4位为0的情况，认为是省级交易，把行政区域代码后2位为0的情况，认为是地市级交易。土地使用权出让领域的行政区划代码遵循公共资源交易行政区划代码规定，应由6位代码表示，以GBT2260-2007《中华人民共和国行政区划代码》的6位行政区域代码为基础，结合部分省、地市与国家平台沟通的地市级代码、省直辖县代码实际使用的特殊情况而定。

为了保证历史数据的兼容和可用性，土地使用权出让领域后续数据规范的地市级行政区划代码应与数据规范2.0的数据上传所采用的代码保持一致，省本级采用XX0000（即两位省代码XX+0000）表示，地市本级采用XXYY00（即两位省代码XX+两位地市级代码YY+00）表示，县级采用XXYYZZ（即两位省代码XX+两位地市级代码YY+两位县级代码ZZ）表示。统计数据时，省本级按XX0000统计，地市级含管辖县取XXYY00统计，省直辖县按XXYYZZ统计并纳入地市级统计管理。

我们将土地使用权出让数据规范中分省的数据指标梳理出来，如表3-6所示。

表3-6　土地使用权出让分省数据指标

省份	出让宗地数量				成交宗地数量				成交宗地金额				出让宗地面积				成交宗地面积			
	招标	拍卖	挂牌	协议出让	招标	拍卖	挂牌	协议出让	招标	拍卖	挂牌	协议出让	招标	拍卖	挂牌	协议出让	招标	拍卖	挂牌	协议出让

表3-6中分省统计指标的计算方法如下。

（1）出让宗地数量（分省、时间段）

从宗地登记信息表取出宗地标识字段记录数即为出让宗地数量，关联土地项目登记信息表的出让方式、供应方式字段，得出招拍挂和协议出让的出让宗地数量。

（2）成交宗地数量（分省、时间段）

从成交宗地公示信息表取出成交宗地标识字段记录数即为成交宗地数量，关联该表中出让方式、供应方式字段，得出招拍挂和协议出让的成交宗地数量。

（3）成交宗地金额（分省、时间段）

从成交宗地公示信息表取出成交金额（万元）字段值的和即为成交宗地金额，关联该表中出让方式、供应方式字段，得出招拍挂和协议出让的成交宗地金额。

（4）出让宗地面积（分省、时间段）

从宗地登记信息表取出宗地总面积字段值的和即为出让宗地面积，关联土地项目登记信息表的出让方式、供应方式字段，得出招拍挂和协议出让的出让宗地面积。

（5）成交宗地面积（分省、时间段）

从成交宗地公示信息表取出土地面积（公顷）字段值的和即为成交宗地面积，关联该表中出让方式、供应方式字段，得出招拍挂和协议出让的成交宗地面积。

除了分省数据指标，土地使用权出让还有按土地用途统计的数据指标，将表3-6中的省份列变为土地用途列即可，土地用途统计指标的计算方法如下。

（1）出让宗地数量（分用途、时间段）

从宗地登记信息表取出土地用途代码（一级类）+宗地标识字段记录数得出分用途出让宗地数量，关联土地项目登记信息表—出让方式、供应方式字段，得出招拍挂和协议出让的分用途出让宗地数量。

（2）成交宗地数量（分用途、时间段）

从成交宗地公示信息表取出土地用途代码（一级类）+成交宗地标识字段记录数即为分用途成交宗地数量，关联该表中出让方式、供应方式字段，得出招拍挂和协议出让的分用途成交宗地数量。

（3）成交宗地金额（分用途、时间段）

从成交宗地公示信息表取出土地用途代码+成交金额（万元）字段值的和即为分用途成交宗地金额，关联该表中出让方式、供应方式字段，得出招拍挂和协议出让的分用途成交宗地金额。

（4）出让宗地面积（分用途、时间段）

从宗地登记信息表取出土地用途代码+宗地总面积字段值的和即为出让宗地面积，关联土地项目登记信息表—出让方式、供应方式字段，得出招拍挂和协议出让的分用途出让宗地面积。

（5）成交宗地面积（分用途、时间段）

从成交宗地公示信息表取出土地用途代码+土地面积（公顷）字段值的和即为成交宗地面积，关联该表中出让方式、供应方式字段，得出招拍挂和协议出让的分用途成交宗地面积。

我们发现按照数据规范2.0交换传输数据时，有些数据集没有考虑招投标过程中信息泄漏的安全性问题，如要求交易数据产生后24小时内上传，而投标人名单、评标过程信息等还不满足可公开的条件，投标人名单应在开标后才可公开，评标过程信息应在评标结果公示后才可公开，因此在类似数据交换过程中，会导致招投标信息的安全隐患。基于以上安全考虑，数据规范的修订应增加交易数据交换时间点的约束，见表3-7所示。

表3-7 交易数据交换时间点

业务流程	业务场景	交换时间点
入场登记	项目	项目创建当天
	招标项目	招标项目创建当天
招标	资格预审/招标/邀请公告	公告发布24小时内
	更正（澄清）公告	公告发布24小时内
	投标邀请书发放	开标24小时内
	最高限价公示	公示发布24小时内
	资格预审结果公示	公示发布24小时内
	场地预约	场地预约生效当天
	招标文件	招标文件生成（修改）24小时内
投标	招标（资审）文件获取（下载）	开标结束24小时内
	投标邀请书接受	开标结束24小时内
	保证金缴纳	开标结束24小时内
	投标文件递交	开标结束24小时内
开标	开标记录	开标结束24小时内
	投标人名单	开标结束24小时内
	文件特征码	开标结束24小时内
评标	专家打分	评标结束24小时内
	评标报告	评标报告提交24小时内
定标	中标候选人公示	公示发布24小时内
	中标结果公告	公告发布24小时内
	结果更正公告	公告发布24小时内
	中标通知书	通知书发出24小时内
	交易证明书	交易证明开具当天
标后	合同	合同签署24小时内
	合同公示	公示发布24小时内
	保证金退还	保证金退还当天
	归档	项目归档结束当天

业务流程	业务场景	交换时间点
专家抽取	专家抽取申请	评标结束当天
	专家名单	评标结束当天
异常处理	交易异常公告	公告发布24小时内
	投诉处理	投诉处理完成当天
	异议处理	异议处理完成当天
	违法违规专家	评标结束当天
	招投标情况书面报告争议处置	评标结束当天
	交易环节核验	交易各环节核验当天

四、数据规范的修订依然跟不上业务发展

数据规范是公共资源交易数据交换共享的核心。由于公共资源交易业务的迅速发展，数据规范的修订工作依然跟不上交易业务的发展。

交易业务类型的多样化导致数据规范的大类和子类缺失，例如政府采购中新出现了电子商城等新模式，相关数据如何归集尚无定论；同时，交易业务类型多样化导致个别数据项的规范需要扩充，例如，部分领域存在多个招标人和中标人共存、多个标的共存情况。

交易业务的个性化导致规范不易统一。在数据规范的编制上，无法做到一叶知秋，比如药品采购、二类疫苗采购，不同省份的具体流程不同，难以将其不同的中间过程表达完全，只能抽取多数省份关键的共同数据项来形成数据规范试用稿。

统计口径不定导致数据规范适用范围不定。同一数据项在省级交易平台和部委存在含义不一致情况，使得数据的统计口径不确定，部委提供的数据采用部委标准，并未按照数据规范格式对应转换。比如，矿业权出让的公告（示）发布时间，省平台采用首次在交易服务系统发布的时间，而自然资源部采用管理机关发布到门户网站时间。

对于地方交易平台，技术与业务隔离是造成数据质量问题的主要原因

之一。以典型的云平台模式省份为例，一般由省信息中心作为云平台的技术支撑单位，承担地方数据收集并向国家级平台提交的任务，但并不参与交易业务的流程环节，从技术角度理解业务数据，对于业务数据的理解存在偏差。而数据规范具有强约束性，业务和技术能力强的省份一般都会将转换成符合本省情况的规范，甚至转换成符合某个地市的规范，对应到各地市的具体交易环节来纳入并收集更多的交易数据。但技术和业务隔离的省份，一般不具备把国家统一的规范转化成省或地市规范的能力，所以多数情况下省或地市内交易数据的特殊情况会直接舍弃，只上报符合国家规范的数据。这也是导致数据不完整的一个原因。再进一步，对业务的不理解反映到数据层面，表现为无法针对数据编制正确的校验规则。没有经过严格校验的数据必然会出现各种各样的不准确问题。同样，省、地市也直接面对其他行业部门没有联通、沟通不畅，获取相关交易数据困难以及无法由数据源头方获得数据的问题，比如药品采购等行业，主管单位的生产系统无法与国家发布的数据规范的数据项相匹配，而省、地市交易平台加工能力不足，导致数据接入困难。

作为工程标准，数据规范修订是一项长期的工作，需要随着工程进展和实际应用需求不断完善，而规范版本的切换实施涉及国家、省、地市所有系统功能的变动，牵一发而动全身，规模庞大且不确定性较多。公共资源交易平台数据规范3.0已在研制进程中，如何保障3亿条历史数据在规范调整的前后衔接，以及在全国切换实施的系统评估，应作为规范修订的一项重点工作。

第四章　公共资源交易数据分类分级

公共资源交易是优化营商环境的组成部分，是要素市场化配置的重要内容，也是关联政府和市场的纽带。公共资源交易大数据的安全、合理应用不仅能够助力公共资源交易改革发展，也能够有效地反映我国经济态势。本章以公共资源交易大数据的构成和业务特征为基础，从业务应用维度提出一种用线分类法设计的公共资源交易数据分类目录树，依据数据敏感程度和影响程度结合三级分类目录进行了对应的安全分级，提出公共资源交易数据在生命周期流转的不同阶段应达到的安全防护要求，以促进公共资源交易大数据的充分共享和安全使用。

第一节　公共资源交易数据分类分级的必要性

公共资源交易是涉及公共利益、公众安全的具有公有性、公益性的资源交易活动，是我国政府和市场联系的重要桥梁之一，是现代市场经济体系的重要组成部分，属于政务公开的范畴。公共资源交易数据安全应用正进入一个新的阶段，逐渐和数据价值有机融合在一起，数据资产的识别、盘点、定位需要更加精确。

公共资源交易领域主要包括工程建设项目招标投标、政府采购、土地使用权和矿业权出让、国有产权交易，以及公立医疗机构药品、医用耗材、医用设备集中采购等。2019年12月《全国公共资源交易目录指引》印发，将以市场化方式配置的机电产品国际招标、海洋资源交易、林权交易、农村集体产权交易、无形资产交易、排污权交易、碳排放权交易等9大类16小类公共资源纳入交易平台。公共资源交易大数据来源于全国地方公共资源交易平台的交易业务活动，在国家级交易平台和交易领域主管部门已形成稳定的数据归集机制，但从国家到地方仍缺少有效支撑其流转和应用的数据分类和安全分级约束。按照运用大数据加强公共服务的战略，推动海量公共资源交易数据之间的连接、交互、有序流动，促进多主体、多场景使用，可产生无可限量的经济和社会价值。而在公共资源交易大数据归集、应用、开放、共享的过程中，合理、清晰的数据分类和分级对于指导交易数据的管理、使用和安全保护非常必要，也是目前迫切急需的。

第二节　公共资源交易大数据构成和业务特征分析

一、覆盖交易流程的链条式结构化数据

公共资源交易以分交易领域的项目/标段交易进展为主线，围绕入场登记、招标、投标、评标、定标、合同签订的业务环节，形成链条式结构化数据，海量且实效性强。在所有领域的交易场景中，市场主体不仅是公共资源交易活动的发起者和组织者，也是公共资源交易行为的直接参与者和实现者，如招标人、投标人、评标人、中标人和交易代理机构等。同一交易活动中不同角色的市场主体具有不同的权利和义务，共同完成同笔交易业务；而同一个市场主体也可以不同角色参与多个交易活动。主体的交易行为通过交易流程不同场景的数据得以体现。目前四大板块涉及交易市场主体100多万家。各种角色的市场主体均需要提前办理CA数字证书和电子签章，然后登录公共资源交易系统参与交易活动并留痕。

由上，公共资源交易电子化数据覆盖交易的大部分流程，围绕市场主体和交易场景，表达出交易活动从入场登记到成交的交易周期。交易业务与主体行为关系对应到链条式结构化数据中，同笔交易通过不同领域范围的项目/标段编号唯一标识并按时间先后串联业务环节，主体行为则通过交易活动中的角色标识和统一社会信用代码的身份标识共同串联相关数据表

达出行为记录。

二、支持跨地域跨部门的业务履职和协同办公

公共资源交易数据不仅仅存在于微观的交易活动中，原始交易数据从地市级、省级交易平台产生，并按照相关规范要求格式转换后，级联式实时传输至国家级平台，可按主题重新组织支撑更高层的宏观应用，同时整合治理后开放共享给地方或政务部门，辅助简化标书材料制定、评标业绩判定、成交项目监管等，例如市场主体的成交记录从2021年开始共享，实时支持全国邮储银行进行信易贷中小企业的融资评价。

第三节　公共资源交易大数据分类

一、数据分类要求与步骤

公共资源交易数据分类的一般要求包括：

（1）按照交易数据的多维特征及其相互间存在的逻辑关联关系进行科学、系统的分类；

（2）使用的词语或短语应可以准确表达数据类目的实际内容、内涵和外延，相同概念的用语应保持一致；

（3）应结合实际业务需求，符合社会对交易数据区分和归类的共同认知，保证每个类目下都有数据，不设没有意义的类目；

（4）应保持与国家、地方、行业法律法规关于公共数据分类分级的标准和要求一致，原则上同一分类维度内，同一条数据只分入一个类目。

公共资源交易数据分类过程包括交易数据资产摸底、明确分类对象情况等6个步骤：

（1）交易数据资产梳理摸底；

（2）明确分类对象情况，划定交易数据范围；

（3）梳理交易数据的分类视角；

（4）明确拟采用的分类维度和分类要素；

（5）确定拟采用的数据分类方法；

（6）实施分类，对照交易数据分类结构，按分类要素优先级从高到低的顺序，从对应的类目中选择适用的分类将数据纳入，形成公共资源交易分类目录。

1. 摸底公共资源交易数据资产

（1）梳理交易数据源头产生的情况，包括但不限于数据产生的交易领域、交易场景、市场主体、产生方式、频率、来源平台等；

（2）梳理交易数据存储现状，包括但不限于交易数据内容的格式、存储方式、存储位置、存储量、数据增量等；

（3）梳理交易数据质量情况，包括但不限于交易数据的规范性、完整性、准确性、一致性、时效性、可用性、可访问性等；

（4）梳理交易数据业务类型，如交易过程数据、市场主体数据、组织机构数据、技术开发数据、网络运维数据等；

（5）梳理交易数据敏感程度，包括但不限于交易数据的涉密程度、安全性、保护需求等；

（6）梳理交易数据时效性情况，包括但不限于交易数据处理时效性要求、数据价值时效性等；

（7）梳理交易数据应用情况，包括但不限于交易数据的使用目的、应用领域、使用方式等；

（8）梳理交易数据权属情况，包括但不限于交易数据的所有权、管理权、使用权等。

2. 确定分类对象

确定分类对象过程包括：确定交易数据分类的业务流程和业务场景、确定交易数据产生的起止时间、确定交易数据产生来源、确定交易数据产生频率、确定交易数据量及空间大小、确定交易数据存储方式、确定交易数据处理时效性、确定交易数据传输交换方式、确定交易数据流通范围、确定交易数据质量、确定交易数据敏感程度。

3. 梳理分类视角的数据特征

分类视角分为公共资源交易业务应用视角、技术选型视角和安全隐私保护视角。其中公共资源交易业务应用视角包括但不限于：

（1）理清交易数据产生来源，明确交易数据权属和访问权限，方便数据的追踪溯源；

（2）明确交易数据应用场景，确定交易数据业务主题，判断交易数据应用价值等；

（3）明确交易数据分发场景，确定数据应用行业，明确可用交易数据的各类和范围；

（4）理清交易数据质量情况，明确交易数据应用需求。

技术选型视角包括但不限于：

（1）理清交易数据产生频率，明确交易数据产生规律，确定交易数据更新周期和存储策略，确定交易数据存储平台配型等存储资源分配方案；

（2）理清交易数据产生方式，分析交易数据来源和质量，确定在整个交易数据处理流程中数据的所处位置，及数据处理及存储技术；

（3）分析交易数据的结构化特征，确定交易数据存储和处理方案；

（4）明确交易数据的存储方式，确定数据建模模型与数据的访问方式，支撑各类交易数据应用场景；

（5）确定交易数据存储策略和分析方法，选择交易数据存储方案和分析方案；

（6）明确交易数据处理时效性要求，明确交易数据处理时机，确定交易数据处理策略，选择包括计算平台和资源匹配等的数据处理方案；

（7）理清交易数据传输交换方式，确定交易数据共享方式及策略。

安全隐私保护视角包括但不限于：

（1）明确不同敏感程度的交易数据在存储、传输、访问、分发时的安全要求；

（2）明确不同敏感程度的交易数据的隐私保护要求；

（3）指导分类主体制定隐私保护方案；

（4）指导分类主体制定安全管理方案。

基于公共资源交易大数据服务于应用的出发点，公共资源交易大数据的分类视角宜选择业务应用，同时考虑其他视角的影响，应考虑的交易数据分类特征为交易数据对象内容、交易数据结构化特征、交易数据使用频率、交易数据产生来源、交易数据业务应用场景、交易数据流通类型、交易数据敏感程度、交易数据安全保护要求。

4．选择分类维度

和分类视角相对应，从交易业务应用、技术选型和安全隐私保护三种视角给出不同的分类维度，以及用于描述每种分类维度的分类要素、数据类别和适用场景。

交易业务应用维度可以按交易业务归属分类、按数据来源平台分类、按数据流通类型分类、按数据质量分类。按照交易业务归属分类是指根据交易数据所属的业务类型进行分类，分类要素包括具体业务、业务职能、业务类型等，可划分为交易领域数据、交易流程数据、交易场景数据、管理类数据、技术开发类数据等，适用于按交易业务属性评价数据应用价值等场景。按数据来源平台指根据交易数据产生的实际情景对数据进行分类，分类要素包括数据产生的交易平台或主体、数据权属，如交易系统、应用软件等，可划分为交易来源平台数据、运营机构自身数据等，适用于根据数据来源确定数据归集策略、预测服务提供和数据交易定价等场景。按数据流通类型分类是数据在流通过程中的交易类型进行分类，分类要素包括数据权责、交付内容、敏感程度等，划分为直接交易数据、间接交易数据、不可交易数据等，一般适用于以大数据分析和大数据交易为经营内容的组织机构。按数据质量分类是指根据交易数据的质量差异对数据进行分类，分类要素包括数据的准确性、数据的完整性、数据的一致性、数据的及时性、数据的重复性，划分为高质量数据、普通质量数据、低质量数据，一般按数据质量分类适用于根据不同质量的比例确定数据利用价值和数据质量管理工作难易程度等。

技术选型维度可以按交易数据产生频率、数据产生方式、数据结构化特征、数据存储方式、数据交换方式等进行分类。按交易数据产生频率分类的要素包括数据产生周期，如年、季、月、周、天、时、分、秒等，单位周期中数据的产生量，可以以记录条数表示或者以数据占用空间表示，如TB级数据、GB级数据、千万条记录等，数据类别可以分为每年数据更新数据、每月更新数据、每日更新数据、每小时更新数据、每分钟更新数据、每秒更新数据、无更新数据等，适用于根据数据产生频率判断资源分配合理性和数据分析价值等。按数据产生方式或来源平台分类的要素包括数据被获取或被采集的方式，如交易系统采集、人工采集等，数据被加工的程度，如原始数据、二次加工数据等，适用于确定数据采集方案、数据保护方案和数据处理方案等。按结构化特征分类是根据数据的结构化程度对数据进行分类，分类要素包括是否有预定义的数据模型、数据结构是否规则、数据长度是否规范、数据类型是否固定，划分为结构化数据、半结构化数据，适用于根据数据结构规划数据处理和存储架构。按数据存储方式分类是根据数据适合采用的数据存储方式对数据进行分类，分类要素包括数据建模适合采用的数据模型，数据访问使用的查询语言如SQL、图查询语言Cypher等，划分为选择数据存储采用的数据库系统、确定应用系统与数据存储系统之间的数据访问方式等。按数据交换方式分类指数据在提供方和接收方之间交换的方式对数据进行分类，分类要素包括数据交换双方之间的网络状况、数据在交换双方之间的同步实时性要求、单次交换的数据量、数据交换的频次，划分为ETL方式、接口方式、FTP方式，移动介质复制方式等，适用于根据不同交换方式对大数据共享便利程度的影响，规划信息交换系统架构等场景。

安全隐私保护维度是根据数据内容敏感程度对数据进行分类，分类要素包括数据敏感性（数据本身或其衍生数据是否涉及国家秘密、组织秘密或个人隐私）、数据保密性（数据可被知悉的范围）、数据重要性（数据未经授权披露、丢失、滥用、篡改或销毁后对国家安全、社会秩序、个人、法人或其他组织权益的损害程度），划分为公开数据、内部数据、较敏感数据、敏感数据等，适用于根据数据内容敏感程度确定大数据应用边界、数据保护策略、数据脱敏方案等。

公共资源交易大数据的分类维度选择业务应用维度，以主要业务特征为主，优先考虑使用频率较高的应用场景，根据数据对象内容、产生场景、产生主体、产生方式、使用目的、应用领域、使用方式和使用范围等对数据进行分类。同时考虑安全隐私保护维度，不同敏感程度数据的安全要求和不同敏感程度数据的隐私保护要求的影响，以及技术角度的产生频率、存储空间与增量、交换方式等。数据分类要有利于管理效率的提高，同一主题的数据应隶属于同一类。

公共资源交易大数据业务应用维度的数据分类主要要素包括：

（1）交易数据对象内容，及对象内容之间的逻辑关系；

（2）交易数据业务类型，如交易数据、开发数据、管理数据等；

（3）交易数据具体业务，如交易流程环节；

（4）交易数据分发范围，如同步数据库、跨网交换等。

5．选择分类方法

选择分类方法的前提是明确分类维度的排列顺序和组合方式，并结合信息分类方法的特点。根据GB/T10113-2003《分类与编码通用术语》和GB/T38667-2020《信息技术 大数据 数据分类指南》，均提到三种数据分类方法：线分类法、面分类法、混合分类法。

（1）线分类法

线分类法：线分类法也称层次分类法，见图4-1所示。

线分类法将分类对象按选定的若干属性或特征，按最稳定本质属性逐次地分为相应的若干层类目，每个层级又分为若干类目，排列成一个逐级展开的分类体系。在线分类法的分类体系中，同层级类目之间构成并列关系，不同层级类目之间构成隶属关系。同层级类目互不重复、互不交叉。

线分类法最简单的应用实例是代表我国行政区划的6位数字编码，第1、2位表示省（自治区、直辖市），第3、4位表示地区（市、州、盟），第5、6位表示县（市、旗、镇、区）的名称。

线分类法的特点是信息容量大，层次清楚，逻辑性较强，符合传统应用的习惯，既适用于手工操作习惯，也便于计算机处理。

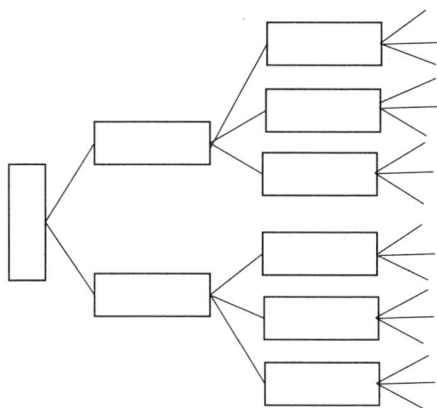

图4-1 线分类法示意图

采用线分类法确定分类类别之间关系的过程包括：

（a）确定一个分类维度；

（b）确定该分类维度的分类类别；

（c）针对每一个分类类别：如果该分类类别不需要再进一步划分子类，则转（d），否则确定该分类类别进行子类划分的分类维度，转（b）；

（d）所有分类类别均不需要进一步划分，则分类类别之间的关系确定；

（e）最终形成一棵分类目录树，树的叶节点为最终的分类项，其余节点为中间类别。

（2）面分类法

面分类法也称平行分类法，将所选定的分类对象的若干标志视为若干个面，每个面划分为相互独立的若干个类目，排列成一个由若干个面组成的平行分类体系。不同面之间没有隶属关系，每个面都包含一组类目，某个面中的一种类目与另一个面的一种类目组合在一起，即组成一个复合类目，如图4-2所示。

面分类法将整形码分为多个码段，每个码段定义事物的一重含义，需

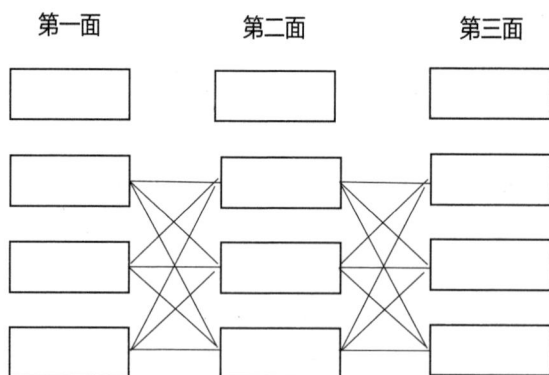

图4-2 面分类法示意图

要定义几重含义就采用几个码段，身份证号码就是面分类法的典型应用。面分类法编码虽然增加了代码的复杂性，却可以处理线分类法无法解决的描述对象多重意义的问题。

面分类法的主要优点是分类结构上具有较大柔性，分类体系中任何一个面内类目的变动，不影响其他面，而且可以对面进行删减。面的分类结构可依照任意面的组合方式进行检索，有利计算机的处理，但也存在组配结构复杂、不便于手工处理等缺点。

采用面分类法确定分类类别之间关系的过程包括：

（1）确定分类对象的若干个特征面，即分类维度，每一个分类维度构成一个分类面；

（2）确定分类面的排列顺序，按照分类维度的重要性或使用频率的高低由左向右排列；

（3）划分每一个分类维度的分类类别，为每一个分类维度确定一个分类规则，并按此规则划分各个分类维度的分类类别；

（4）通过上述步骤所得到的各个面的类别将分类对象划分成若干个对象类。

面分类是若干个线分类的合成。基于这一理解，线分类法应该属于1维分类法，面分类法则为2维或多维的分类法。

（3）混合分类法

将线分类法和面分类法混合使用，以其中一种分类法为主，另一种做补充的信息分类法，适用于以一个分类维度划分大类，另一个分类维度划分小类的场景。

综合三种分类法，公共资源交易大数据业务逻辑包含层次清晰，互不交叉，宜采用线分类法。

二、公共资源交易大数据分类实施原则

1. 基于业务应用和数据逻辑关系指导分类

公共资源交易大数据复杂多样、影响面广，分类的目的是梳理交易数据资产进行更好的管理和业务使用，并以该类别为基础支撑后续安全定级，所以分类应从业务应用维度出发，按照业务视角普遍认知的交易领域共同属性或特征，以及交易流程相互间存在的逻辑关联进行科学系统的分类，保持与国家、地方和行业法律法规关于数据分类分级的标准相一致。在同一分类维度内，同一条交易数据只能分入一个类目，避免造成后续复杂定级难以执行，也不宜将所有数据集中划分到某个或若干个类别中，导致业务特征不够清晰无法定位。

2. 采用线分类法结合多方认知设计分类体系

从交易业务的层次包含与逻辑关系上，链条式结构的公共资源交易大数据是逐级展开并细化的，同层之间不交叉不重复，不同层级类之间构成业务隶属关系，符合GB/T10113-2003《分类与编码通用术语》中的线分类法。

从国家政策制定层面，分交易领域有不同主管部门，制定各自领域的规定和交易约束，如工程建设招投标的主管部门国家发改委发布《电子招标投标办法》（国家发展改革委第20号令），政府采购的主管部门财政部发布《政府采购货物和服务招标投标管理办法》（财政部令第87号），土地使用权出让主管部门自然资源部发布《招标拍卖挂牌出让国有建设用地使用权规定》（国土资源部令第39号）等；从地方交易平台履职层面，不

同交易领域提供的交易服务也不尽相同，在信息公开环节也是分交易领域发布招标公告和成交公示；从市场主体和公众认知层面，参与交易活动或查询交易信息时，默认先选择交易领域再判断所属流程环节，最后精准定位具体信息。多方面综合考虑，宜采用线分类法形成由交易领域和交易流程组成的若干稳定类目，排列成自第一层逐级展开的分类体系。

3. 层级清晰和业务完整的数据分类目录树

数据分类目录树应清晰地表达交易业务领域、交易业务流程、交易业务场景之间的逻辑关系。我们将交易领域设置为第一层数据大类，同层的不同领域为并列关系；交易领域下按交易流程设置第二层数据子类，该层的不同交易流程环节为并列关系；交易流程下按具体交易场景设置第三层数据子类，为最小数据类。所有数据大类和子类共同构成公共资源交易数据资源分类目录树。

三、分交易领域数据分类目录树

1. 工程建设项目招投标数据分类

工程建设项目招投标领域数据分类目录树参见图4-3所示，第一层即为工程建设项目招投标交易领域。我们列出该领域普遍共存的流程和场景，展开为三层数据分类。由于地方交易系统建设并没有统一要求，录入数据项也没有统一要求，各省或地市在规定要求公开的信息外，对交易过程数据的采集并不一样，如部分省在入场登记前，还会有招标计划、招标计划明细等数据集，还有的省份会有场地预约数据集等，可以在第二层交易流程的相应阶段增加或删减；如果第三层有不同场景，如招标文件下载记录、投标文件上传记录、上报批次信息等，在第三层根据实际情况做扩展即可，但是《公共资源交易领域基层政务公开标准目录》中的二级事项和公开内容应在数据分类目录树中体现。

数据资源分类目录树的一、二层子节点和三层叶节点横向表达出交易领域到交易场景的业务包含关系，整个分类体系清晰汇聚了所有交易领域在不同交易流程环节的所有交易场景数据。第三层的每个叶子节点均对应一个数据集，关联到数据库结构中，即为数据表信息，其多个数据项即字段在类目归属上均依附该表。纵向的叶子节点从项目开始，通过唯一编号按时间顺序串联至合同，形成一笔完整的交易描述。如交易活动出现流标、投诉等异常，则从项目开始依次串联至招标异常报告或投诉意见处理时流程结束，即为该次异常招标的完整描述。

图4-3第二层的交易流程，每个流程环节都应覆盖该环节所有的交易场景，如入场登记阶段的流程包括了项目信息登记、招标项目信息登记、标段/包信息登记；招标阶段的流程包括了招标公告、招标文件、招标文件澄清与修改、招标邀请书、场地预约；定标阶段的流程包括了中标候选人信息、中标候选人公示、中标结果公示。第三层数据分类的交易场景覆盖并对应数据规范中的数据集，按照时间早晚组合起来形成标段/包从入场到完成的招投标交易全部过程。

2. 政府采购数据分类

政府采购领域的交易类型与工程建设招投标领域出入较大，第二、三层的交易流程、交易场景所对应的数据集和数据项也有不同。采购单位对标采购需求和采购实施计划，在指定媒体发布采购公告，进行咨询、论证、问卷调查、了解市场供给等方式，就是我们常说的"采购意向需求公开"环节；在采购项目事项清晰的状态下，也可跳过采购意向需求公开环节，直接进入采购项目入场登记环节。一般地，政府采购分为集中采购、分散采购、电子商超，电子商超单笔交易金额较小，相关数据并不采集到交易系统中，集中采购和分散采购超过100万元的项目数据必须归入交易平台的电子交易系统。政府采购领域分类目录树见图4-4所示。

在政府采购领域，与工程建设项目招投标相比多了采购意向需求公开、少了资格预审的交易流程。谈判/询价流程包括了成立评标委员会，获取评标委员会成员信息，以及评标委员会成员进行谈判/询价的过程信息场景；对于邀请供应商的流程，只需获取邀请供应商信息即可。图4-4中，在第二层交易流程将开标和评标分开作为两个流程进行较详细说明，如开标流程中，有包含开标时间、地点、采购子包名称等开标记录信息，和包含投标

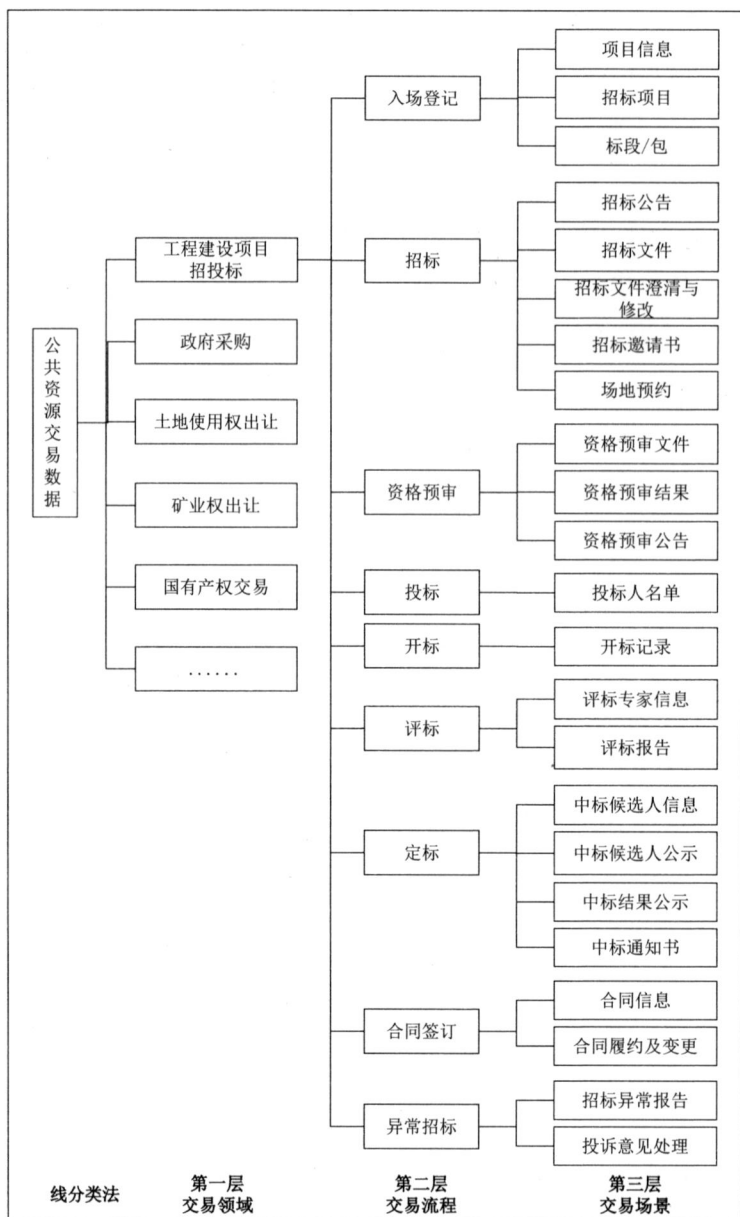

图4-3 工程建设项目招投标领域数据分类目录树

人、投标价格、采购子包名称的开标明细信息，还有供应商投标响应场景的情况；评标流程包括供应商得分信息，以及评标专家委形成的评标报告。后续定标、合同签订、异常招标的流程与工程建设项目招投标差异不大。

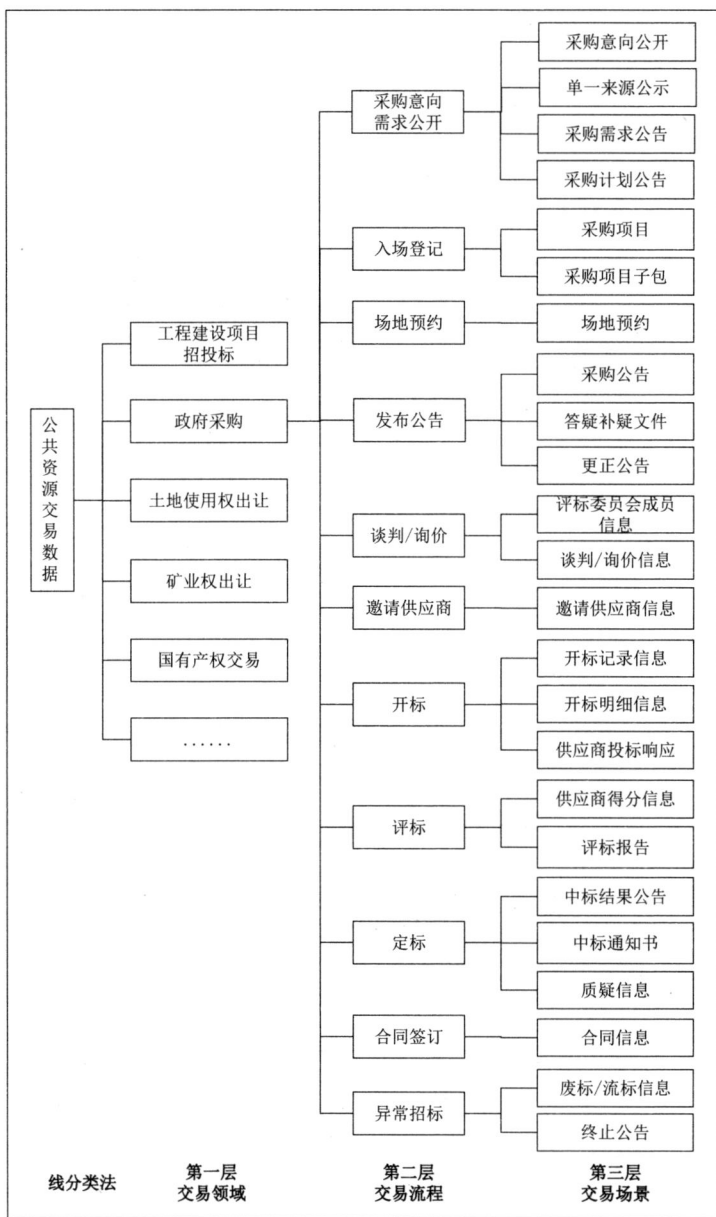

图4-4 政府采购领域数据分类目录树

3. 土地使用权出让数据分类

我们已经知道，土地使用权出让项目是指国有建设用地使用权在一级市场，一个出让公告对应的出让活动。宗地交易指土地使用权出让领域中以宗地成交的交易行为，出让活动从入场登记开始，到成交公示发布完成，每笔交易形成一个交易合同。土地使用权出让领域的数据分类目录见图4-5。

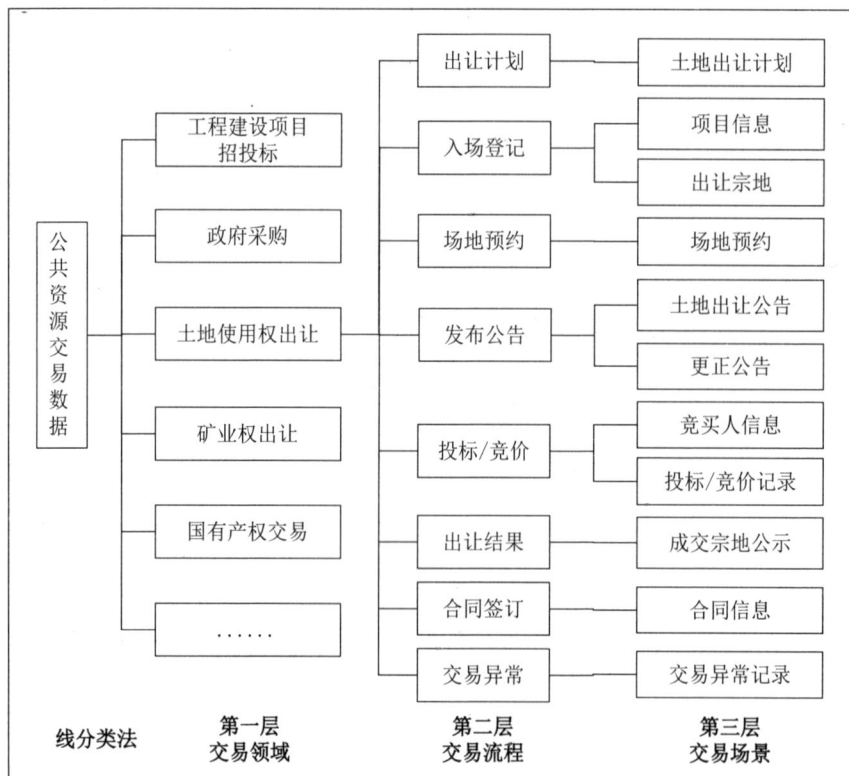

图4-5　土地使用权出让领域数据分类目录

在土地使用权出让领域，第一个交易流程是土地出让计划，按基层政务信息公开要求需要公示，由出让方在每年3月31日前在各级自然资源部门网站完成，很多地方交易系统从入场登记流程开始获取交易过程数据。在投标/竞价的流程中，将获取竞买人信息、竞买人报价/竞价记录分成了两个场景，对应两个数据集。合同签订的实际业务，多省线下签订，合同信息并未纳入交易系统中。

4. 矿业权出让数据分类

矿业权出让项目指在公共资源交易矿业权（仅含探矿权、采矿权）

出让领域一个出让公告对应的出让活动。矿业权的出让活动从入场登记开始，到成交公示发布完成。矿业权出让领域的数据分类目录见图4-6。

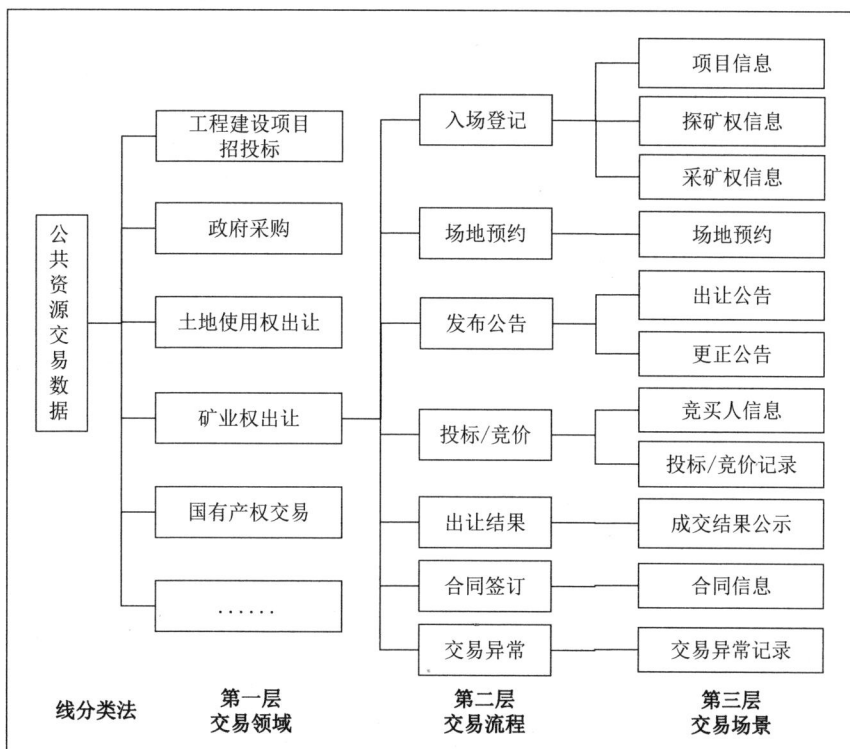

图4-6 矿业权出让领域数据分类目录树

矿业权出让的入场登记需要对探矿权和采矿权做登记，交易流程和交易场景除无出让计划外，与土地使用权出让基本一致。

5. 国有产权交易（实物资产类）数据分类

国有产权交易（实物资产类）数据分类目录树见图4-7所示，由挂牌披露、入场登记、竞价、交易结果、合同签订、异常处理组成一个完整的流程。其中，入场登记流程应纳入项目信息、标的信息的登记并加以关联，竞价流程需要收集竞买人信息、竞价记录（在拍卖方式中，经常会发生200多轮的报价，此时中间的报价记录会简化，有可能只记录关键报价），交易结果流程需要把成交结果信息进行公开，但没有规定必须和其他领域一样的公示文本的方式。

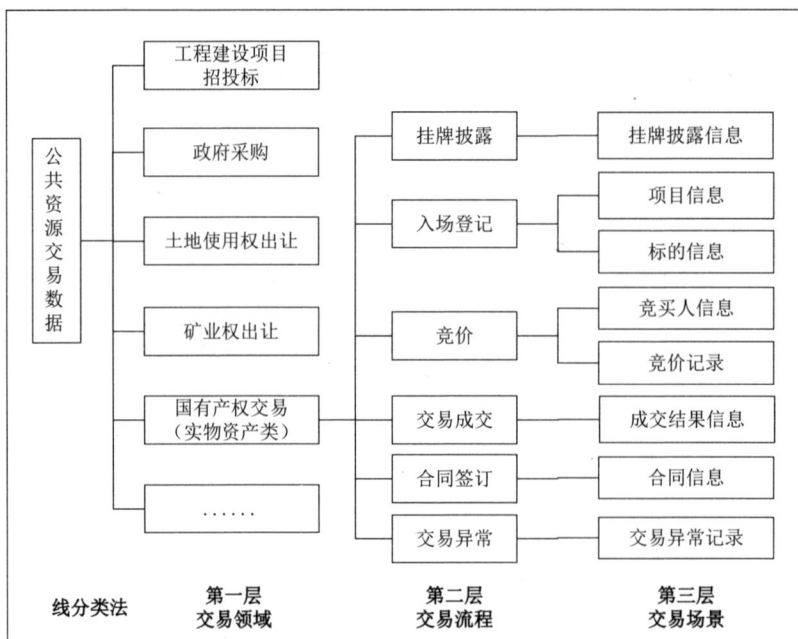

图4-7 国有产权交易（实物资产类）领域数据分类目录树

6. 国有产权交易（股权类）数据分类

国有产权交易（股权类）数据分类目录树如图4-8所示。

股权类和实物资产类的交易流程相同，但在入场登记流程中，需要登记项目信息、标的信息、转让标的企业信息、转让标的企业股东信息等股权类特征数据。

7. 林权交易数据分类

2020年7月国家发展改革委、国家林草局联合印发《公共资源交易平台系统林权交易数据规范》。根据该规范和地方采集的林权交易信息，设计林权交易领域数据分类目录树如图4-9所示。

林权交易由挂牌登记、信息披露、交易报名、交易结果、异常处理组成完整的交易流程，其中挂牌登记包含登记挂牌项目信息、标的信息；交易报名流程分为意向竞买人报名和意向竞买人竞价两个场景，对应意向竞买人信息和竞价记录两个数据集，交易结果阶段产生成交结果信息并发布林权成交公示。

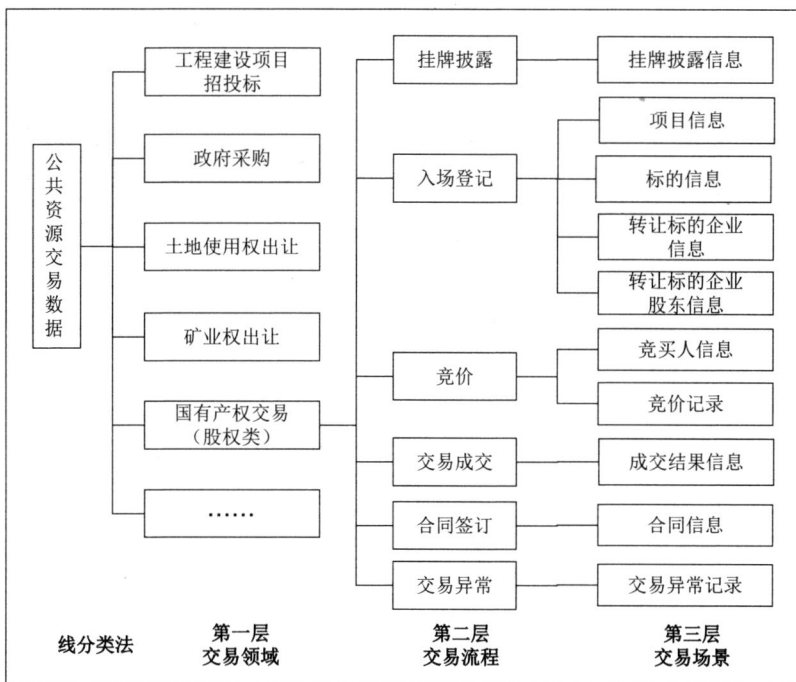

图4-8 国有产权交易（股权类）数据分类目录树

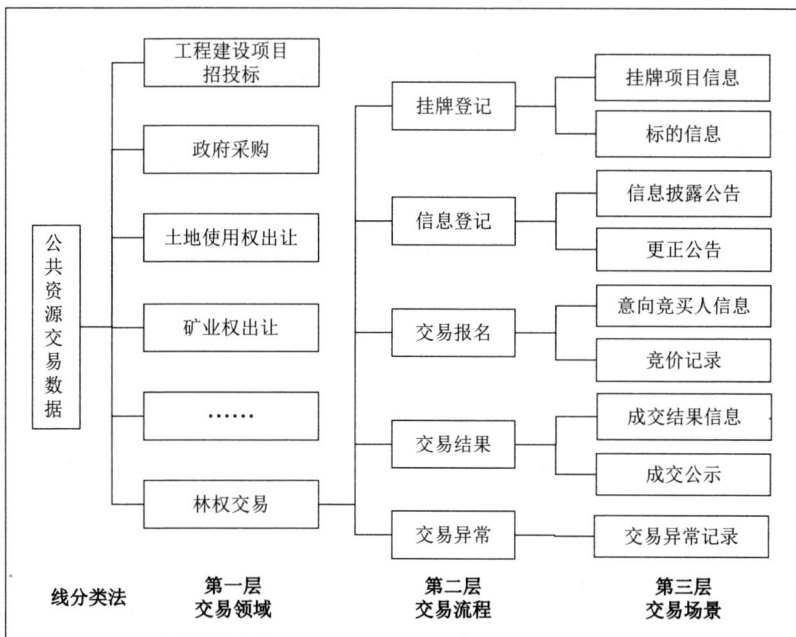

图4-9 林权交易领域数据分类目录树

第四节　公共资源交易大数据分级

公共资源交易数据分级是按照交易数据遭到破坏（包括攻击、泄漏、篡改、非法使用等）后对国家安全、社会秩序、公共利益以及个人、法人、其他组织等的合法权益（受侵害客体）的危害程度进行定级，为交易数据安全生命周期的安全策略制定提供支撑。

一、公共资源交易大数据分级要求和要素

公共资源交易大数据分级的一般要求如下：

（1）应客观并且可被校验，通过交易数据自身的属性和分级规则可以明确判定其分级；

（2）交易数据的分级应与其使用范围、共享和开放范围、管理和审批要求直接相关；

（3）应充分考虑交易数据汇集、数据统计、数据时效、数据体量、数据脱敏处理等因素；

（4）数据集的级别应根据下属数据项的最高级来定级；

（5）在多类交易数据中均出现的通用数据，根据实际内容独立定级；

（6）应用场景数据应结合具体使用场景定级；

（7）特殊数据要特殊定级。

公共资源交易数据分级要素包括影响对象和影响程度，即将交易数据遭到攻击、泄漏、篡改、非法使用后，可能带来的潜在的影响对象和影响程度进行安全分级。影响对象包括：

（1）国家安全；

（2）社会秩序和公共利益；

（3）个人、法人和其他组织合法权益。

影响程度的确定要综合考虑交易数据类型、特征与规模等因素，结合

业务属性确定数据安全性遭到破坏后的影响程度，从高到低划分为特别严重损害、严重损害、一般损害、轻微损害、无损害。

安全影响评估除综合考虑交易数据的类型、特征、规模、业务特征等因素，也要从保密性、完整性、可用性进行评估。在评估过程中，要根据实际情况，综合考虑保密性、完整性和可用性的评估结果，以及在影响评定中的优先级，形成最终数据安全影响评估。

公共资源交易数据分级要素识别至少应满足：

（1）不同交易数据在保密性、完整性、可用性方面均有不同侧重，应以所侧重的安全性评估结果，作为分级要素识别的主要依据；

（2）如果交易数据的保密性、完整性和可用性要求基本一致的，应重点以保密性评估识别分级要素。

公共资源交易数据安全级别划分的通用规则包括但不限于如下：

（1）分级时需要对影响对象的影响程度进行综合判定，按照"国家安全""社会秩序和公共利益""个人、法人和其他组织合法权益"的顺序，从高判定影响程度；

（2）分级时需综合考虑规模程度、数据内容的敏感程度、数据的提供方式对分级要素带来的整体影响；

（3）对于敏感程度高的交易数据分级过程中无法准确判定影响程度的，应从高判定。

二、公共资源交易数据定级过程

公共资源交易数据定级过程需要在组织保障、制度保障的基础上，完成数据定级的系列步骤。

1．组织保障

制定公共资源交易数据管理的最高决策组织，设立并明确相关的部门或组织及其职责包括但不限于：

（1）本机构公共资源交易数据分级工作的领导组织及负责人，主要负责统筹、规划公共资源交易数据安全分级工作；

（2）本机构公共资源交易数据分级工作的管理部门或组织及其负责人，主要负责公共资源交易数据分级相关工作的组织、协调、管理、审核、评审等工作；

（3）本机构信息技术部门及其负责人在公共资源交易数据安全分级工作中的角色，主要负责落实公共资源交易数据安全分级有关要求，并主导数据安全分级实施工作；

（4）本机构业务部门或数据主管部门及其负责人在公共资源交易数据安全分级工作中的角色，主要负责落实公共资源交易数据安全分级有关要求，并协同开展数据安全分级实施工作；

（5）本机构其他相关部门在公共资源交易数据安全分级工作中的角色、职责及负责人。

2．制度保障

应建立公共资源交易数据分级工作的相关制度，明确并落实相关工作要求，包括但不限于：

（1）公共资源交易数据分级的目标和原则；

（2）公共资源交易数据分级的方法和具体要求；

（3）公共资源交易数据分级的日常管理流程和操作规程，以及分级结果的确定、评审、批准、发布和变更机制；

（4）公共资源交易数据分级管理相关绩效和评价机制；

（5）公共资源交易数据分级结果的发布、备案和管理的相关规定；

（6）公共资源交易数据分级清单审核与修订的原则和周期。

3．公共资源交易数据定级流程

公共资源交易数据的分级工作流程包括数据资产梳理、数据分级准备、数据安全级别判定、数据安全级别审核及数据安全级别批准，定级流程的基本步骤如下：

（1）公共资源交易数据资产梳理

摸底公共资源交易数据进行盘点、梳理与分类，形成统一的公共资源交易数据资产清单，并进行数据安全定级的合规性相关准备工作。

（2）公共资源交易数据定级准备

a）明确数据定级的颗粒度，如库文件、表、字段等；

b）识别数据安全定级的关键要素。

（3）公共资源交易数据安全级别判定

a）数据安全级别初步判定，按照交易数据分级规则，结合国家及行业有关法律法规、部门规章完成；

b）数据安全级别复核，综合考虑数据规模、数据处理形态（如是否经过加工、统计、汇总、脱敏或匿名化处理等）、数据时效性等因素，对数据级别进行复核，调整形成数据级别评定结果；

c）根据定级形成不同安全级别的公共资源交易数据清单。

（4）公共资源交易数据级别审核

审核数据安全级别评定过程及结果，必要时重复第三步及后续工作，直到级别的判定与本部门数据安全保护目标一致；

（5）公共资源交易数据安全级别批准

部门数据安全管理最高决策组织对最终的公共资源交易数据安全级别评定结果审议和批准。

三、公共资源交易大数据分级原则与标准

1.可落地易执行且安全至上的分级原则

字段标识可校对原则，按照公共资源交易数据资源分类目录树对数据进行分级标识，所加标记应细化至数据库表的字段且支持技术校对，具体的标识操作可由人工或工具通过数据自身属性和分级规则加以实现。

安全与稳定原则，应从利于数据安全管控的角度进行公共资源交易数据的分级，并且在相当长时期内能够保持稳定，对各类目数据涵盖面广、包容性强，保证数据分级使用的可行性，支持后续的安全防护要求。

时效性原则，公共资源交易业务过程有一些特殊安全要求，如开标前不能查询投标人和保证金名单，评标结果公示前不能查询评标专家打分，投诉结果出来前不能查询投诉各方及相关信息等，相关数据安全级别具有

一定的时效期限，可因时间变化按照一些预定的安全策略发生改变。

就高不就低原则，不同级别的数据被同时处理、应用且无法精细化管控时，应按照其中级别最高的要求实施保护，如评标专家表的身份证号码比该表其他字段级别高，可将该表按身份证号码的高级别定级；或者该字段与其他低级别字段同时被用于同一场景时，按高级别定级。

关联叠加效应原则，充分考虑多数据关联、聚合等因素，非敏感数据关联或聚合后可能产生敏感数据，后者的数据级别应高于原始数据，如政府采购单笔交易的成交金额在公示期满后为低级别的公开数据，但汇总统计出的年度总成交量和年度成交总金额安全级别应高于公开数据。

2. 依数据敏感程度和对要素影响定级标准

我们知道，数据的安全性（含保密性、完整性、可用性）是安全风险评估的重要参考属性。在数据分类基础上，根据公共资源交易数据敏感程度和数据安全性遭到破坏后对国家安全、社会秩序、公共利益、组织和个人合法权益可能带来的潜在影响程度，确定数据安全级别，分为L1级、L2级、L3级、L4级，定级标准参见表4-1和表4-2。

表4-1　依据数据敏感程度定级标准

数据级别	敏感程度	判断标准	备注
L1级	公开数据	依法公开和披露的数据	如《公共资源交易领域基层政务公开标准目录》要求公开的信息
L2级	内部数据	不宜公开的数据，但在公民、法人和其他组织授权下可以在一定范围内共享的数据	如项目信息、标段包信息
L3级	较敏感数据	不能公开的数据，但在公民、法人和其他组织授权下可以在小范围共享的数据	如评标专家信息、时效性交易场景数据
L4级	敏感数据	涉及公民、法人和其他组织核心利益的数据，不得公开、不宜共享	如整合后的统计数据

表4-2 依据影响程度定级标准

数据级别	影响程度	判断标准	备注
L1级	无	数据被破坏后，对国家安全、社会秩序、公共利益、组织和个人合法权益均无影响	如交易违规记录信息
L2级	轻微	数据被破坏后，对组织或个人合法权益造成较轻损害，但不损害国家安全、社会秩序和公共利益	如企业基本信息，交易平台规划建设类（发布后）、管理类、办公自动化等自身数据
L3级	中等	数据被破坏后，对组织或个人合法权益造成严重损害，或对社会秩序和公共利益造成一定损害，但不损害国家安全	如时效性交易场景数据提前泄漏，会导致招投标违法现象发生； 如产权交易竞买人信息，泄露可能造成竞价外严重纠纷甚至人身攻击 如交易平台技术研发类、网络与系统运维类、网络安全类等自身数据
L4级	严重	数据被破坏后，对社会秩序和公共利益造成严重损害，或对国家安全造成损害	如市场主体的账号和密码信息

3. 特殊交易数据需要特殊定级和变更

特殊数据定级：

（1）法律法规明确保护的数据，应定为L3级或以上；

（2）在多交易领域数据中均出现的"通用数据"，如身份证件类型、中标金额单位代码等可按内部数据设置为L2级；

（3）涉及个人隐私和商业秘密的数据如项目经理资质证书、社保缴纳记录等设为L3级；

（4）如出现没有任何分级标识的数据，默认安全级别为最高L4级；

（5）未经脱敏处理的数据不可以降级使用，若确有需求，需执行严格的内部审批流程，并对降级使用的数据全过程审计；

（6）数据使用完毕后，恢复至原有安全级别。

安全级别变更：

（1）当涉及到安全级别变更时，直接从原始数据复制出来的新数据级别设为与原有数据相同，如从基础库同步至共享库的交易数据；

（2）从多个原始数据合并得出的新数据级别不应低于原有数据，如统计数据；

（3）对不同数据选取部分合并形成的新数据，如主题分析数据，应根据定级标准重新判定；

（4）经汇总、分析、加工后产生的数据，若与原始数据之间存在较大差异，应对新产生的数据重新定级，定级结果可高于、等于原始数据；

（5）汇聚数据的安全级别应由数据使用方和数据管理方联合评估判定确认；

（6）当评标和定标过程等数据公开或披露后，以及脱敏或删除关键字段后，可降低安全级别。

4．以交易数据分类目录树为基础安全定级

按照分交易领域的数据分类目录树，对应各交易领域的数据集、数据项，与数据规范2.0的格式相结合，将不同层级的分类、对应内容列出，根据本章的定级原则、要求、要素、标准划分安全级别。

四、分交易领域数据定级

根据分级原则、方法与定级要素，公共资源交易大数据即可分领域进行定级，一级、二级、三级子类分别对应数据分类目录树的一、二、三层，对应内容指数据集的数据项，即数据结构中库表的所含字段。

1．工程建设项目招投标数据定级

工程建设项目招投标领域数据定级参考见表4-3。

表4-3 工程建设项目招投标数据定级参考示例

一级子类	二级子类	三类子类	对应内容	安全级别参考	备注
工程建设项目招投标	入场登记	项目	项目编号、项目名称、项目地址、项目所在行政区域、项目行业分类、项目法人、项目规模、资金来源、出资比例、立项批文名称、批准文号、项目审批单位、项目建立时间、联系人、联系方式等	L2	若为政府专项工作不能公开背景的升为L3
		招标项目	项目编号、招标项目编号、招标项目名称、招标人代码、招标人名称、交易方式、行业类别、来源平台、招标组织方式、招标内容与范围及招标方案说明、是否省重点、招标代理机构名称、代理机构编码、招标项目类型、受理登记时间登记、监管部门名称等	L2	
		标段/包	招标项目编号、标段编号、统一交易标识码、标段招标次数、标段名称、标段内容、标段分类代码、标段交易方式、合同估算价、合同估算价单位、投标人资格条件、保证金缴纳方式、保证金金额、保证金金额单位、保证金比率或其他、控制价、标段建立时间等	L2	
	招标	招标公告	招标项目编号、公告标识码、公告性质、公告类型、开标时间、开标方式、评审办法、招标文件获取办法、招标文件获取开始时间、投标文件能力要求、投标文件递交截止时间、投标文件递交方法、是否允许联合体投标、公告标题、公告内容等	L1	依法应公开数据
		……			

一级子类	二级子类	三类子类	对应内容	安全级别参考	备注
工程建设项目招投标	资格预审	资格预审申请文件	招标项目编号、标段包编号、项目行业分类、申请人名称、申请人代码、投标资格条件、投标单位项目负责人、申请递交时间等	L2、L3	资格预审结果公告前为L3，公告后为L2
	投标	投标人名单	标段编号、投标人名单标识码、投标人名称、投标人代码、投标单位项目负责人、标书下载时间、投标保证金缴纳方式、投标保证金金额、投标报价金额、投标工期、投标文件递交时间、投标联系人、投标联系电话等	L2、L3	开标结束前L3，不得向任何单位或个人泄露，防止串标；开标后降为L2
	评标	评标专家	招标项目编号、标段编号、专家唯一标识、专家类别、专家姓名、专家身份证号码、专家身份证类型、专家签到时间、评标时间、是否为评标组长等	L3	受保护数据，专家身份证号码应加密存储
		评标报告	招标项目编号、标段编号、评标报告标识、评标报告标题、评标报告正文、评标报告提交时间、评标结束时间、评标结果等	L2、L3	评标结束前为L3
	定标	中标候选人	招标项目编号、标段编号、中标候选人标识、中标候选人名称、中标候选人代码、中标候选人类别、中标候选人排名、投标价格、评标情况、项目经理姓名、项目经理身份证号、项目经理证书编号、技术负责人姓名、技术负责人身份证号等	L3	涉及个人隐私，身份证号加密存储
		中标候选人公示	中标候选人公示编号、招标项目编号、标段编号、公示标题、公示类型、公示开始时间、公示结束时间、公示内容、公示提交时间、公示发布媒体等	L1	依法公开数据

一级子类	二级子类	三类子类	对应内容	安全级别参考	备注
工程建设项目招投标	定标	中标结果公示	中标公示编号、招标项目编号、标段编号、公示标题、公示开始时间、公示结束时间、公示内容、公示提交时间、公示发布媒体、公示性质等	L1	依法公开数据
	合同签订	合同	合同唯一标识、招标项目编号、标段编号、标段名称、合同名称、合同编号、招标人名称、招标人代码、中标人名称、中标人代码、合同金额、金额单位、其他形式合同报价、合同主要内容、合同期限、质量要求、项目负责人、合同完成时间、合同签署时间、中标通知书编号、行政监督机构名称、行政监督机构电话等	L2	需公示的合同为L1
	招标异常	投诉意见处理	投诉处理意见唯一标识、项目名称、项目编号、标段名称、标段编号、投诉人、投诉事项主张、投诉处理机关、投诉处理意见摘要、投诉处理书文号、意见书全文等	L2、L3	投诉结果告知前为L3，告知后为L2
		......			

2. 政府采购数据定级

政府采购领域数据定级参考见表4-4。

表4-4 政府采购领域数据定级参考示例

一级子类	二级子类	三类子类	对应内容	安全级别参考	备注
政府采购	采购意向需求公开	采购意向公开	公告编号、公告标题、公告归属行政区域、发布主体类别、发布主体代码、公告发布时间、公告类型、公告性质、公告发布媒体、公告内容、公告期限	L1	依法应公开数据

一级子类	二级子类	三类子类	对应内容	安全级别参考	备注
政府采购	采购意向需求公开	单一来源公示	采购项目名称、采购项目类型、项目所属行政区域、采购人名称、采购人代码、采购人角色、采购代理机构名称、采购代理机构代码、采购代理机构联系人、拟预算金额、拟预算金额币种、拟预算金额单位、公示期限、拟定供应商名称、拟定供应商代码、拟定供应商地址、其他补充事宜	L1	依法应公开数据
		采购需求公告	公告编号、公告标题、公告归属行政区域、发布主体类别、发布主体代码、公告发布时间、公告类型、公告性质、公告发布媒体、公告内容、公告期限	L1	依法应公开数据
		采购计划公告	公告编号、公告标题、公告归属行政区域、发布主体类别、发布主体代码、公告发布时间、公告类型、公告性质、公告发布媒体、公告内容、公告期限、采购计划编号、采购计划名称、采购人、采购品目名称、采购预算金额、需求时间、采购方式	L1	依法应公开数据
	入场登记	采购项目	采购项目编号、采购项目名称、采购项目类型、采购人名称、采购人代码、采购人角色、价款形式代码、项目预算、预算金额币种、预算金额单位、优惠率或其他类型项目预算、是否 PPP 项目、采购方式、采购内容、采购组织形式、项目所在行政区域、交易发生行政区域、采购代理机构名称、采购代理机构代码、采购代理机构联系人、项目创建时间等	L2	内部数据

一级子类	二级子类	三类子类	对应内容	安全级别参考	备注
政府采购	入场登记	采购项目子包	采购项目编号、采购项目名称、采购计划编号、采购计划名称、采购项目子包编号、采购项目子包名称、采购项目子包预算金额、预算金额币种、预算金额单位	L2	
	场地预约	场地预约	场地预约标识码、场地名称、场地用途、使用起始时间、使用截止时间、视频监控URL	L2	
	发布公告	采购公告信息	公告编号、公告标题、发布主体类别、发布主体代码、公告发布时间、公告类型、公告性质、公告发布媒体、公告内容、公告期限、采购计划编号、采购计划名称、采购项目编号、采购项目名称、采购预算金额、预算金额单位、预算年度、采购方式、采购组织形式、采购品目名称、投标（提交响应文件）截止时间、采购主体代码、采购代理机构编码、供应商产生方式等	L1	
		答疑补疑文件	答疑补遗标识码、补遗公告标题、补遗公告内容、是否修改时间安排、公告发布时间、公告结束时间、投标截止时间、质疑截止时间、答疑截止时间等	L1	
		更正公告	公告编号、公告标题、发布主体类别、发布主体代码、公告发布时间、公告类型、公告性质、公告发布媒体、公告内容、公告期限、采购计划编号、采购计划名称、采购项目编号、采购项目名称、更正事项、更正原因、更正内容等	L1	

一级子类	二级子类	三类子类	对应内容	安全级别参考	备注
政府采购	谈判/询价	评标委员会成员信息	专家编号、专家姓名、是否评委组长、专家类型、通知方式、通知时间	L3	
		谈判/询价情况	采购子包编号、供应商编号、供应商名称、最终报价、价款形式代码、优惠率或其他类型报价、排名	L2	谈判/询价结束前为L3，结束后为L2
	邀请供应商	邀请供应商信息	采购子包编号、供应商编号、供应商名称、邀请时间、邀请人、应答时间	L2	
	开标	开标记录	采购子包编号、开标参与人、开标内容记录、开标地点、开标时间	L2、L3	开标结束前为L3
		开标明细	采购子包编号、是否联合体、联合体编码、联合体名称、供应商名称、供应商代码、工期（交货期）、投标报价金额、金额单位、价款形式代码、费率或其他类型报价	L2、L3	开标结束前为L3
		供应商投标响应	采购子包编号、供应商编号、供应商名称、供应商投标时间、供应商撤标时间、保证金缴纳方式、保证金递交时间、保证金金额、保证金单位、收取保证金账号、是否为中小型企业、机器MAC地址、机器IP地址	L2、L3	开标结束前为L3
	评标	供应商得分	采购子包编号、供应商编号、供应商名称、总得分、评标办法	L2、L3	评标结束前为L3
		评标报告	采购子包编号、评标报告正文、评标报告提交时间、评标结束时间、评标结果	L2、L3	评标结束前为L3

一级子类	二级子类	三类子类	对应内容	安全级别参考	备注
政府采购	定标	中标结果公告	公告编号、公告标题、采购项目类型、发布主体代码、首次公告时间、公告类型、公告性质、公告发布媒体、公告内容、公告期限、中标供应商名称、中标供应商代码、价款形式代码、中标（成交）代码、价格单位、中标优惠率或其他类型价格、创建人、采购计划编号、采购计划名称、采购项目编号、采购项目名称、采购项目子包编号、采购项目子包名称、采购项目子包所在行政区域代码、交易发生行政区域代码、采购代理机构名称、采购代理机构代码等	L1	公开数据
		质疑信息	质疑标题、质疑内容、质疑时间、质疑人代码、质疑人名称、答复内容、答复时间	L1	
		中标通知书	中标通知书编号、通知书发布时间、中标供应商代码、中标供应商名称、中标价格、价格单位、价款形式代码、费率或其他类型结果等	L1	
	合同签订	合同信息	合同唯一标识、合同编号、合同名称、合同金额、金额单位、价款形式代码、优惠率或其他类型合同价格、合同期限、合同签署地址、合同签署时间、合同类型、合同开始时间、合同截止时间、采购计划编号、采购项目编号、采购项目子包编号、中标（成交）供应商名称、中标（成交）供应商代码、采购人名称、采购人代码	L1	政采合同需公告，但涉及国家秘密、商业秘密的为L3
	招标异常	废标流标信息	废标/流标编号、采购项目子包编号、状态、审批或核准结果、审批或核准时间、废标/流标原因、招标异常情况类型	L1	

一级子类	二级子类	三类子类	对应内容	安全级别参考	备注
政府采购	招标异常	终止公告	公告编号、公告标题、采购项目类型、发布主体代码、发布公告时间、公告类型、公告性质、公告发布媒体、公告内容、公告期限、采购计划编号、采购项目编号、采购项目子包编号、终止环节、终止理由	L1	

3．土地使用权出让数据定级

土地使用权出让领域数据定级参见表4-5。

表4-5 土地使用权出让数据定级参考示例

一级子类	二级子类	三类子类	对应内容	安全级别参考	备注
土地使用权出让	出让计划	土地出让计划	出让计划编号、公告标题、公告内容、项目所在行政区划代码、计划出让宗地数量、计划出让土地面积、计划供应开始时间、计划供应结束时间、公告单位等	L1	依法应公开数据
	入场登记	项目信息	项目名称、项目编号、出让人名称、出让人代码、出让（交易）方式、供应方式、行业类别、进场登记时间、项目所属行政区划	L2	
		出让宗地信息	宗地编号、土地用途、地理位置、坐标系类型、坐标、总用地面积、净用地面积、计容建筑总面积、容积率、绿地率、建筑密度、使用条件、使用年限、起拍价、保证金、加价幅度等	L2	

一级子类	二级子类	三类子类	对应内容	安全级别参考	备注
土地使用权出让	发布公告	土地出让公告	公告编号、项目编号、公告标题、公告发布时间、截止日期、创建时间、供应方式、公告开始时间、公告结束时间、宗地数量、招拍挂开始时间、招拍挂结束时间、保证金截止时间、出让方式/招拍挂类型、公告类型、出让单位、单位地址、联系单位、单位地址、联系人、联系电话、交易机构名称、交易机构代码等	L1	
		更正公告	公告编号、项目编号、公告标题、公告发布时间、截止日期、创建时间、供应方式、修改日期、撤回时间、公告开始时间、公告结束时间、更正内容、出让单位、单位地址、联系单位、单位地址、联系人、联系电话、交易机构名称、交易机构代码、撤销原因、变更原因等	L1	
	投标/竞价	竞买人信息	项目编号、宗地编号、竞买人类别、竞买人代码、竞买人名称、申请时间、是否交保证金、缴纳保证金方式、竞买编号、资格确认时间、资格确认人等	L2、L3	评标/竞价结束前L3；结束后降为L2
		报价/竞价记录	宗地编号、项目编号、竞买人类别、竞买人代码、竞买人名称、联合体名称、联合体代码、报价单位、报价金额、报价时间、保证金到账时间、交易机构名称、交易机构代码、确定竞得人方式等	L2、L3	评标/竞价结束前L3；结束后降为L2

一级子类	二级子类	三类子类	对应内容	安全级别参考	备注
土地使用权出让	出让结果	成交宗地公示	成交结果编号、成交宗地标识、宗地编号、项目编号、项目名称、项目所在行政区域、土地面积、土地用途、出让年限、地块位置、成交金额、成交时间、受让人名称、受让人类别、受让人代码、出让人名称、出让人代码、出让方式、供应方式、成交公示标题、公示内容、公示发布时间、公示期始、公示期末、交易机构名称、交易机构代码等	L1	
	合同签订	合同	合同唯一标识、合同名称、合同编号、出让人名称、出让人代码、受让人名称、受让人代码、合同金额、金额单位、其他形式合同报价、合同主要内容、合同期限、质量要求、项目负责人、合同完成时间、合同签署时间等	L2	
	交易异常	交易异常记录	交易异常标识、宗地编号、竞得人代码、异常情况描述等	L2、L3	投诉结果告知前为L3

4．矿业权出让数据定级

矿业权出让领域数据定级参见表4-6。

表4-6　矿业权出让数据定级参考示例

一级子类	二级子类	三类子类	对应内容	安全级别参考	备注
矿业权出让	入场登记	项目信息	项目编号、项目名称、出让方式、交易类型、是否油气项目、进场登记时间、出让人名称、出让人代码、出让探（采）矿权数量、行业类别、项目所在行政区域代码	L2	依法应公开数据

一级子类	二级子类	三类子类	对应内容	安全级别参考	备注
矿业权出让	入场登记	探矿权信息	探矿权编号、项目编号、探矿权名称、出让方式、矿种、出让年限、面积、地理位置、坐标系类型、区域坐标、起始价、底价、保证金、保证金单位、加价幅度、出让人名称、出让人代码、交易机构名称、交易机构代码	L2	内部数据
		采矿权信息	采矿权编号、项目编号、采矿权名称、出让方式、开采主矿种、出让年限、面积、地理位置、坐标系类型、区域坐标、开采标高、出让人名称、出让人代码、设计规模、规模单位、资源储量、起始价、底价、保证金、保证金单位、加价幅度、交易机构名称、交易机构代码	L2	
	发布公告	出让公告	出让公告编号、项目编号、交易分类、公告标题、公告内容、公告发布时间、项目所在行政区划代码、公告单位、出让方式、含探（采）矿权数量、报名开始时间、报名截止时间、招拍挂开始时间、招拍挂结束时间、公告类型、交易机构名称、交易机构代码	L1	
		更正公告	同上，更正内容		
	投标/竞价	竞买人信息	项目编号、矿权编号、竞买人类别、竞买人代码、竞买人名称、申请时间、是否交保证金、缴纳保证金方式、竞买编号、资格确认时间、资格确认人等	L2、L3	评标/竞价结束前L3；结束后降为L2
		报价/竞价记录	探/采矿权编号、探/采矿权名称、竞买人类别、竞买人代码、竞买人名称、联合体名称（如有）、联合体代码、保证金到账时间、报价金额、报价金额单位、报价时间、交易机构名称、交易机构代码等	L2、L3	评标/竞价结束前L3；结束后降为L2

一级子类	二级子类	三类子类	对应内容	安全级别参考	备注
矿业权出让	出让结果	成交结果公示	探/采矿权（成交）编号、探/采矿权（成交）名称、项目编号、交易分类、出让方式、公示类型、公示标题、公示内容、所在行政区划代码、公示发布时间、公示期始、公示期至、出让人名称、出让人代码、竞得人名称、竞得人代码、成交金额、成交时间、成交地点、价款缴纳方式、价款缴纳时间、交易机构名称、交易机构代码等	L1	
	合同签订	合同	合同唯一标识、合同名称、合同编号、出让人名称、出让人代码、受让人名称、受让人代码、合同金额、金额单位、其他形式合同报价、合同主要内容、合同期限、质量要求、项目负责人、合同完成时间、合同签署时间等	L2	
	交易异常	交易异常记录	交易异常标识、矿权编号、竞得人代码、异常情况描述等	L2、L3	结果告知前为L3

5．国有产权交易数据定级

国有产权交易（实物资产类）领域数据定级参见表4-7。

表4-7　国有产权交易（实物资产）领域数据定级参考示例

一级子类	二级子类	三类子类	对应内容	安全级别参考	备注
国有产权交易（实物资产类）	挂牌披露	挂牌披露信息	标的物标识码、公告标题、挂牌开始日期、挂牌截止日期、是否自动延牌、交易方式、转让说明事项、在交易机构网站挂牌信息披露的链接等	L1	依法应公开数据

一级子类	二级子类	三类子类	对应内容	安全级别参考	备注
国有产权交易（实物资产类）	入场登记	项目信息	项目编号、项目名称、项目分类代码、资产类型、转让人名称、转让人代码、转让人类别、交易方式、行业类别、进场登记时间、项目所属行政区划、是否企业国有产权	L2	内部数据
		标的信息	标的编号、标的名称、转让标的评估值或账面净值、挂牌价格、保证金类型、保证金金额、保证金缴纳形式	L2	
	竞价	竞买人信息	标的编号、竞买人类别、竞买人代码、竞买人名称、申请时间、是否交保证金、缴纳保证金方式、竞买编号、资格确认时间、资格确认人等	L2、L3	竞价结束前L3；结束后降为L2
		竞价记录	标的编号、标的名称、竞买人类别、竞买人代码、竞买人名称、联合体名称（如有）、联合体代码、保证金到账时间、报价金额、报价金额单位、报价时间、交易机构名称、交易机构代码等	L2、L3	竞价结束前L3；结束后降为L2
	交易结果	成交结果信息	项目编号、项目名称、标的编号、标的名称、交易方式、受让方名称、受让人代码、受让方类别、转让标的评估值或账面净值、成交金额、成交金额币种代码、成交金额单位、其他类型成交结果、成交日期、标的所在行政区域代码、交易发生行政区域代码、交易机构名称、交易机构代码、价款形式代码	L1	成交结果为公开数据
	合同签订	合同	合同唯一标识、项目编号、标的编号、标的名称、合同名称、合同编号、转让人名称、转让人代码、受让人名称、受让人代码、合同金额、金额单位、其他形式报价、合同主要内容、合同期限、质量要求、项目负责人、完成时间、合同签署时间等	L2	

一级子类	二级子类	三类子类	对应内容	安全级别参考	备注
国有产权交易（实物资产类）	交易异常	交易异常记录	投诉处理意见唯一标识、项目名称、项目编号、标的名称、标的编号、投诉人、投诉事项主张、投诉处理机关、投诉处理意见摘要、投诉处理书文号、意见书全文等	L2、L3	投诉结果告知前为L3

国有产权交易（股权类）领域数据定级参见表4-8。

表4-8 国有产权交易（股权类）数据定级参考示例

一级子类	二级子类	三类子类	对应内容	安全级别参考	备注
国有产权交易（股权）	挂牌披露	挂牌披露信息	标的物标识码、公告标题、挂牌开始日期、挂牌截止日期、是否自动延牌、交易方式、转让说明事项、在交易机构网站挂牌信息披露的链接等	L1	依法应公开数据
	入场登记	项目信息	项目编号、项目名称、项目分类代码、资产类型、转让人名称、转让人代码、转让人类别、交易方式、行业类别、进场登记时间、项目所属行政区划、是否企业国有产权	L2	
		标的信息	标的编号、标的名称、转让标的评估值或账面净值、挂牌价格、保证金类型、保证金金额、保证金缴纳形式	L2	
		转让标的企业信息	项目编号、标的编号、标的企业代码、标的企业名称、本次拟转让产（股）权比例（%）、转让标的企业所在地区、转让标的企业所属行业、转让标的企业经济类型、转让标的企业职工人数、转让标的企业是否含有国有划拨土地、审计年度（上年度）、审计机构（上年度）、资产总额（上年度）、负债总额（上年度）、净资产（所有者权益）（上年度）、营业收入（上年度）、利润总额（上年度）、净利润（上年度）、报表日期、资产总额、负债总额净资产（所有者权益）、营业收入、利润总额、净利润	L3	

一级子类	二级子类	三类子类	对应内容	安全级别参考	备注
国有产权交易（股权）	竞价	入场登记	转让标的企业股东信息	项目编号、标的编号、标的企业代码、标的企业名称、股东名称、持股数量、股东持股比例	L3	
		竞买人信息	标的编号、竞买人类别、竞买人代码、竞买人名称、申请时间、是否交保证金、缴纳保证金方式、竞买编号、资格确认时间、资格确认人等	L2、L3	竞价结束前L3；结束后降为L2
		竞价记录	标的编号、标的名称、竞买人类别、竞买人代码、竞买人名称、联合体名称（如有）、联合体代码、保证金到账时间、报价金额、报价金额单位、报价时间、交易机构名称、交易机构代码等	L2、L3	竞价结束前L3；结束后降为L2
	交易结果	成交结果信息	项目编号、项目名称、标的编号、标的名称、交易方式、受让方名称、受让人代码、受让方类别、转让标的评估值或账面净值、成交金额、成交金额币种代码、成交金额单位、其他类型成交结果、成交日期、标的所在行政区域代码、交易发生行政区域代码、交易机构名称、交易机构代码、价款形式代码	L1	成交结果应公开
	合同签订	合同	合同唯一标识、项目编号、标的编号、标的名称、合同名称、合同编号、转让人名称、转让人代码、受让人名称、受让人代码、合同金额、金额单位、其他形式报价、合同主要内容、合同期限、质量要求、项目负责人、合同完成时间、签署时间等	L2	
	交易异常	交易异常记录	投诉处理意见唯一标识、项目名称、项目编号、标的名称、标的编号、投诉人、投诉事项主张、投诉处理机关、投诉处理意见摘要、投诉处理书文号、意见书全文等	L2、L3	投诉结果告知前为L3

6．林权交易数据定级

林权交易领域数据定级参见表4-9。

表4-9　林权交易数据定级参考示例

一级子类	二级子类	三类子类	对应内容	安全级别参考	备注
林权交易	挂牌登记	挂牌项目信息	项目编号、项目名称、项目所在行政区域、计价方式、项目评估价、项目挂牌价、项目基本情况、转让批准单位、项目地址、转出方主体名称、转出方主体类别、转出方代码、法定代表人、项目行业分类、权益类型、交易方式、权属性质、出让方式、持有比例、拟转出比例、挂牌期间、项目审批文号等	L2	
		标的信息	项目编号、项目名称、标的编号、标的名称、项目类型、项目法人、法人类型、法人代码、评估价、挂牌价、保证金、权属证明类型、权证编号、权属性质、证件有效日期、林地使用年限、终止日期、拟流转期限、林班号、小班号、小地名、林种、主要树种、树种结构、龄组、树龄、平均胸径、持有面积、拟出让面积、亩平株树、亩平蓄积量、出让方式、林权证号、林权共有人、权益类型、评估基准日、评估备案（核准）单位、账面资产总额、账面负债总额、账面净资产、评估资产总额、评估负债总额、评估净资产等	L2	
	信息披露	信息披露公告	项目编号、标的编号、公告编号、公告发布时间、信息披露首日、信息披露期满日、披露内容、公告标题、公告内容、发布媒介、报名地址、发布主体代码、报名地址URL、项目所属行政区划、交易机构名称、交易机构代码等	L1	
		更正公告	同上，变更类型、变更次数	L2	

一级子类	二级子类	三类子类	对应内容	安全级别参考	备注
林权交易	交易报名	意向竞买人信息	项目编号、标的编号、竞买人名称、竞买人代码报、竞买人序号、是否联合体、报名日期、交易方式、申请是否有效、无效原因、交易机构名称、交易机构代码等	L2、L3	竞价结束前L3；结束后降为L2
		竞价记录	受让方代码、报价序号、报价金额、价格币种代码、价格单位、项目编号、标的编号	L2、L3	竞价结束前L3；结束后降为L2
	交易结果	成交公示	项目编号、项目名称、公示编号、公示标题、公示内容、公示发布时间、公示结束时间、出让方名称、出让方代码、受让方名称、受让方代码、交易方式、成交时间、成交总额、成交总面积、交易机构名称、交易机构代码	L1	
		成交结果信息	标的编号、标的名称、所属项目编号、所属项目名称、出让方名称、出让方代码、受让方名称、受让方代码、起始价、评估价、计价方式、成交总额、成交面积、标的所在行政区域、权益类型、权属性质、出让方式、森林类别、林种、龄组、交易方式、交易机构名称、交易机构代码	L2	
	交易异常	交易异常记录	投诉处理意见唯一标识、项目名称、项目编号、标的名称、标的编号、投诉人、投诉事项主张、投诉处理机关、投诉处理意见摘要、投诉处理书文号、意见书全文等	L2、L3	投诉结果告知前为L3

第五节　公共资源交易大数据分级保护要求

1. 安全贯穿数据在所有网络中的流转与使用

从数据来源层到数据应用层，数据安全贯穿始终。一般情况下，公共资源交易的入场登记、招投标流程环节大多部署在互联网，面向市场主体和社会公众提供投标、查询等相关功能，但评标系统多部署在本地内网或政务外网，评标专家可直接现场评标，也可通过VPN利用交易中心的评标机位完成远程异地评标。交易数据的存储和统计分析等应用功能在互联网和政务外网都存在，而与省级、国家级交易平台进行数据传输、共享的功能均通过政务外网完成。因此，从公共资源交易数据产生到应用的整体架构角度，结合多网络部署情况，将交易数据在生命周期内的流转分为数据采集、传输、存储、访问、共享、开放、销毁几个阶段。

2. 分级保护要求随安全级别升高更加严格

公共资源交易数据分级的目的是为了进行不同策略的安全保护。不同安全级别的数据，应结合数据流转的不同阶段制定相应的保护要求。L1级交易数据的安全要求最低，采集时遵循合理、必要、正当的原则，采集方式符合交易平台要求，采集设备要符合安全认证；该级别的数据传输不需要加密，存储时建立数据备份机制并定期执行增量、全量备份即可。L1级数据的互联网公开访问不需要身份标识，但政务外网访问则需要，可经数据主管部门审批后无条件共享、无条件开放，但为防止爬取大批量数据关联时产生较大业务价值，应采用日访问量限制、IP地址限制或者每分钟访问次数限制等反爬策略；如需销毁应建立数据销毁审批机制，采用删除、覆写等方式销毁。

L2级交易数据保护要求高于L1，采集应在L1基础上增加对数据完整性的校验；L2级数据若涉及从互联网到政务外网的访问，应通过VPN建立安全通道；数据存储应满足L1级要求并且增加对存储数据的访问进行日志审计。L2级数据访问应设置身份标识与鉴别机制，采用口令、密码、生物识别等鉴别技术进行身份鉴别，同时增加对数据访问行为的审计与分析。L2级数据的共享和开放应在数据主管部门审批后受限或无条件进行，数据销毁要求同L1级数据。

L3级交易数据保护要求高于L2，采集和存储均应在L2基础上增加用国密算法加密；传输时除采用VPN安全通道和数据加密，还需对较敏感数据进行检测。在数据访问时，L3级数据应采用口令、密码、生物识别等两种或两种以上组合的鉴别技术进行身份鉴别，除对数据访问行为审计分析外，还应对访问内容、访问频率等情况进行审核和分析。L3级数据共享应由数据主管部门审批和数据提供单位授权后受限共享、开放，并完成技术层面的脱敏；数据销毁时应当采用无法还原的不可逆方式。

L4级交易数据保护要求高于L3，采集和传输均应在L3基础上增加水印溯源等技术，对数据泄漏风险及行为进行追踪，可定位到责任人；数据存储同L3。数据访问时，L4级在L3基础上应增加对相关账号进行持续的风险监测，并采用账号动态授权。L4级数据不允许共享，禁止开放，数据销毁时采用L3的不可逆方式。

截至2023年上半年，公共资源交易数据的信息公开、传输交换等均已在全国形成稳定的动态更新和同步机制，但从国家到地方对交易数据的安全认识、应用深度迥乎不同。多个省份正在加快推动构建交易数据一网共享、交易一网通办、服务一网集成、监管一网协同的"全省一张网"新格局，对交易平台的交互贯通、交易业务的全面协同提出了明确需求和更高要求，合理的公共资源交易数据分类分级将协助规范化梳理数据，提升对数据的安全意识，促进交易数据的充分共享和安全使用，对于不同行业构建政务大数据的流通共享体系也具有一定参考价值。

第五章　公共资源交易数据资源体系

构建开放共享的数据资源体系是公共资源交易大数据共享、流动和应用的基础，促进交易大数据价值的更大化，推动营造公开透明、竞争有序的公共资源交易市场环境。本章基于对公共资源交易业务与主体行为关系、交易数据特征的分析，提出公共资源交易数据资源体系的框架和构建难点。

第一节　公共资源交易大数据的现状分析

2022年6月国务院印发《关于加强数字政府建设的指导意见》，明确把构建开放共享的数据资源体系作为我国数字政府建设的重要任务。同年10月，《全国一体化政务大数据体系建设指南》出台，提出2023年底前，初步形成全国一体化政务大数据体系；到2025年，政务数据资源实现有序流通、高效配置。随着交易目录扩展，以市场化方式配置的公共资源如农村集体产权、无形资产、海洋资源等也纳入了交易平台范围，交易大数据的潜在价值有待深入挖掘，作为基础的交易大数据资源体系急需先行。

一、公共资源交易业务和主体行为关系

公共资源交易活动的一边是政府，另一边是市场，既属基层政务公开范畴，又有明显的市场化特征。公共资源交易数据资源体系既是全国一体化政务大数据体系建设的组成部分，对交易数据资源生命周期的统筹规

划，利于数据流通共享和高质量应用，又促使主体交易行为隐含的规律通过数据逐渐清晰。公共资源交易业务与主体行为关系见图5-1。

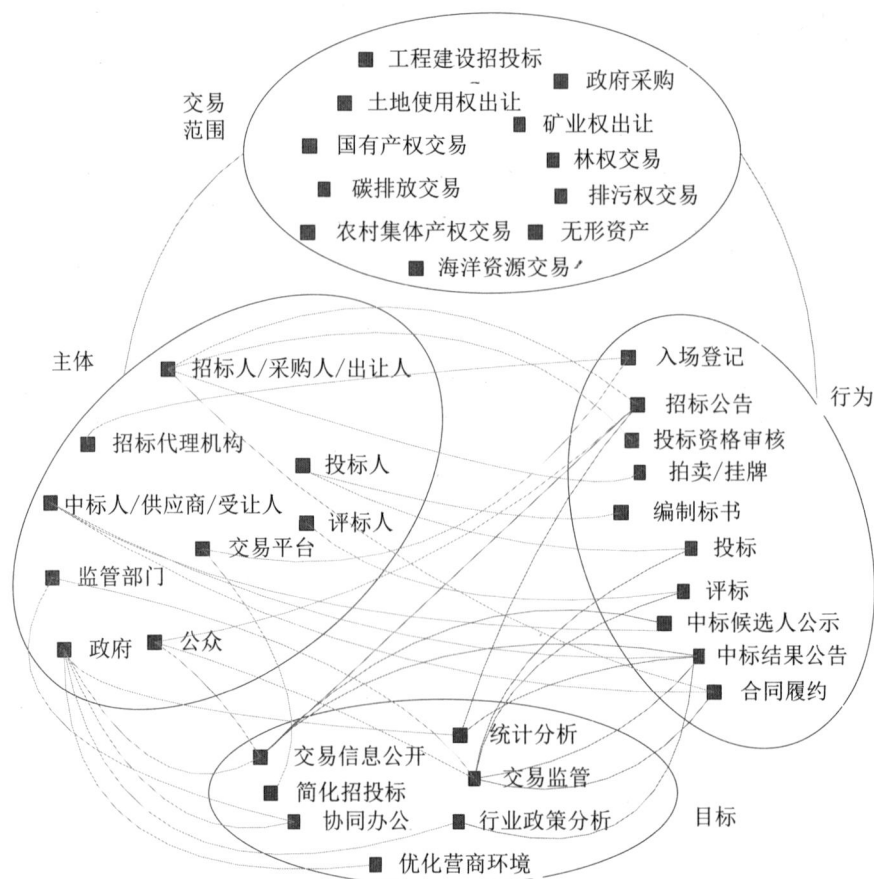

图5-1　公共资源交易业务与主体行为关系图

　　公共资源交易以项目/标段交易进展为主线，在不同领域围绕交易流程的业务环节，形成链条式结构化数据，记录交易全过程。市场主体不仅是交易活动的组织者、发起者，也是交易行为的参与者、实现者。交易业务与主体行为关系由交易范围、主体、行为、目标组成，主体在交易领域范围内的业务环节交易行为，促成了信息公开、统计分析、交易监管、协同办公、优化营商环境等目标的实现。

　　公共资源交易领域众多，数据海量且实效性强，源自全国地市或省级交易平台，涉及交易市场主体100多万家，仅工程建设招投标和政府采购领域进入平台的年度成交项目就超120万个。3亿条异构多源交易数据清洗重组，由应用需求牵引流动，揭示交易行为隐含的资源配置规律，反映出交易市场的区域化融合程度。

二、公共资源交易大数据的现状与问题

地方的公共资源交易电子化数据源结构千差万别，质量参差不齐，向国家级平台提交时按照公共资源交易台数据规范2.0进行转换和一定程度的治理。目前，工程建设招投标、政府采购、土地使用权出让、矿业权出让、国有产权交易5个领域的关键数据已完成从地方到国家的实时归集、治理和初步整合，在国家公共资源交易服务平台表现为统一格式的库表和整合的交易市场主体成交记录接口，但还没有形成统一对外的分类和目录，资源体系规划尚未形成。

理论上，随着交易全流程电子化要求和纳入领域的不断扩充，作为依据的数据规范应根据政策和业务进行修订，并反馈到交易平台软硬件系统，指导数据处理和流转。但是由于制度、资金、技术等因素，配套的规范修订和落地机制均未纳入体系，规范修订后在地方的及时切换难以实现，现有交易数据应用时需统筹考虑应进未进的完整性误差。

数据变成资源是流通共享并发挥应用价值的前提条件。公共资源交易数据资源体系与数据质量、规范、软硬件、应用等因素紧密相关，并和市场主体、市场环境等构成动态发展的有机整体。近三年来，学者们对于公共资源交易数据的研究主要集中在交易数据仓库构建和可视化、交易数据交换共享等归集治理与建模、共享与应用，以及区块链用于交易数据的整合共享与传统级联模式的对比、数据规范设计等研究。截至目前，仍主要保持在独立环节的设计研究，缺少全周期的将业务分析结合技术处理形成资源，并统一分类编目支撑共享应用的交易数据资源体系的整体框架研究。

在公共资源交易数据质量方面，不少省份数据在全面性、准确性、及时性方面存在或多或少的问题，从地方到国家均难以对数据质量进行充分

校验。

从公共资源交易数据的全面性考虑，主要指所有交易数据的"应传必传"。部分省级平台并没有将本省范围内全部公共资源交易数据交换到国家级平台，一方面原因是，省内归集数据时可能就是不全的，例如：部分地区信息化水平不高、建设进度不一致，导致部分项目在场外或线下交易，未将相关交易上传至省级平台；部分地区市场化交易系统特别多，服务平台与交易系统对接和故障排查工作量的太大，导致收不上数据等。另一方面，在省平台向国家级平台前置机上传数据环节，由于技术问题，偶尔也会存在数据漏传情况。为了提高数据全面性，国家级平台每月在各省公共资源交易服务平台进行人工数据抽查，将抽查到的数据与国家平台接收数据进行比对，核实该条数据是否交换到国家级平台。但是由于各省数据量实在很多，采取人工数据抽查方式只能在一定程度上督促省平台。对于省内自身归集不全的情况，只抽查省平台网站无法发现缺失。

从公共资源交易数据的准确性考虑，部分省级平台上传数据存在交易金额、单位、时间、面积、统一交易标识码、统一社会信用代码等关键字段有误的情况，也存在数据重复上传的情况。在数据源头，由于招标代理机构、交易平台操作人员录入问题，导致个别交易金额等信息填错，导致省服务平台汇聚信息有误，并将错误信息上传到国家平台；在数据上传阶段，部分平台没有按照数据规范进行数据采集，对一些无法填上的数据随意赋值。对于不符合数据规范的错误数据，国家平台对各省启动数据交换时进行了字段长度、数据类型等技术校验，基于统一交易标识码、统一社会信用代码、投资项目统一代码的编码规则，对其进行了编码校验。但对符合数据规范却不准确的数据排查存在一定困难，例如合理但却与实际交易情况不符的金额、格式正确但错误的时间字段、符合编码要求但非真实的代码等，很难利用技术手段进行校验。

从公共资源交易数据的及时性考虑，国家级平台需要及时发布最新的交易信息，保障对社会公众提供最及时交易情况。目前，各省平台应在数据发布的业务时间（例如对于招标公告，业务时间为公告发布时间）当天交换相关数据,并对数据的及时性进行考核,数据及时性尚可。但是,仍有部分省份无法做到当天发布的信息当天上传,存在不同程度数据上传滞后的情况,这些情况多数是省级平台收集数据时已经出现延迟,例如一些地区的土地出让部门成交数据在其内网,数据上传到省级平台就有几天的延迟。为了应对考核,部分省平台、地市平台将历史数据的发布时间字段修改为最新日期上传到国家平台,这就更增大了问题发现的难度,只能通过人工抽查手段发现问题。

第二节　公共资源交易数据资源体系框架

开放、共享的公共资源交易数据资源体系框架如图5-2所示,包括数据规范体系、数据归集体系、数据资源化体系、数据资源分类体系、数据资源目录体系、数据资源共享体系、数据资源应用体系、数据安全体系,每个组成部分均可动态扩展。

数据资源应用体系	地方简化招投标流程		部委协同行业中标信息办公		交易信息公开与监督		统计与分析	数据规范体系	数据安全体系
	接口形式、库表形式、文件夹形式、网站形式								
数据资源共享体系	全国一体化政务服务平台		全国政务信息共享平台			国家公共资源交易服务平台			
	数据资源共享机制								
数据资源目录体系	交易领域目录树		交易流程目录树			资源来源目录树			
	资源名称	资源描述	资源属性	资源格式	资源类型	资源更新频率	资源容量		
数据资源分类体系	交易领域	交易流程	交易属地	来源平台	主体类型	主体性质	交易主题		
数据资源化体系	库表资源、　接口资源								
	数据考核	反馈调整	清洗处理	整合补全	资源存储	元数据管理	资源化监测		
数据归集体系	国家公共资源交易服务平台								
	工程建设招投标	政府采购	土地使用权出让	矿权出让	国有产权交易		林权交易		
	碳排放交易	药品采购	二类疫苗采购	排污权交易	海洋资源交易		……		
	数据交换系统								
	地方交易平台数据(省级、地市级)、中央范围交易数据(各领域主管部门)								

图5-2　公共资源交易数据资源体系框架

数据规范体系、数据安全体系贯穿所有组成,指导并约束资源从归集到应用始终;每一层体系内容均为上层实现的基础和前提条件,存在依附关系。

1. 数据规范体系

作为数据生命周期质量控制的机制和保障，数据规范体系包括三部分：一是规范数据内容和格式，明确不同领域数据所含的交易业务关系、技术约束和数据所有权，应达到技术层面易实施、业务层面可跟随政策和实际做扩展；二是规范内容在全国落地的流程和对接人能力要求，保障顺利切换；三是规范修订版本的管理制度，明示不同版本间的继承和更新内容，以及各版本实施时间、问题处理备案，减少地方运维人员频繁变动交接缺失的风险。目前规范2.0版本正在修订，后两者指南和管理制度暂未成文。

2. 数据归集和资源化体系

目前多领域交易数据从地市经省级到国家级的级联式归集体系已形成。地方交易平台和中央范围的异构交易数据，按数据规范转换，经格式、必填项、及时性校验，归集到国家公共资源交易服务平台政务云存储。归集体系应开放、兼容，接纳多种技术实现方式。

国家级平台实施按省考核数据的机制，对所收到的数据打标签，识别所属领域、主体性质、交易类型、交易时间等业务特征，对疑似异常的大额中标值核查治理、整合补全，形成质量较好的库表资源和接口资源。目前，国家级平台有已140个基础库表，涉及3000多个字段，生成了元数据及稳定的数据监测机制，但库表数据未对外开放。

3. 数据资源分类体系

数据资源分类从支撑公共资源业务应用角度考虑。最常用的报表、统计分析、交易平台电子化都是按交易领域分类；而按交易流程分类能够精准定位招投标的重要环节，对于过程查询或监管必不可少。交易属地、来源平台是分析不同省份和地市交易主题、数据质量的必选维度；而主体类型、主体性质定位于全国市场主体参与交易程度、交易市场一体化、区域营商环境等研究。

4. 数据资源目录体系

数据资源目录从方便资源使用人检索角度编目，表达出库表数据之间的业务依赖、包含关系。表现层采用交易领域、交易流程、资源来源树状结构逻辑对外，一并提供资源名称、资源描述等属性；支撑底层为统一的物理库表和接口资源。例如，交易流程目录树划分为入场登记信息、招标公告信息、成交公示信息、交易合同信息四个一级子节点，同笔交易的一级子节点纵向跨越交易时间主线，从入场登记到交易合同，表达出一个交易周期；横向的一级、二级子节点、三级叶节点之间为从招标项目到标段的业务包含关系。

5．数据资源共享体系

公共资源交易数据在政务系统内开放共享为非货币媒介交易，以辅助政务单位的履职应用为目的。国家电子政务外网承担着全国交易数据的归集，也必然地成为面向政务部门资源共享的主要渠道。全国一体化政务服务平台、全国政务信息共享平台、国家公共资源交易服务平台都是国家级数据开放平台，采用统一的资源共享机制面向全国开放，以实名认证申请资源的方式，强化资源提供方与需求方的有机连接。

6．数据资源应用体系

公共资源交易数据资源的流通，推动跨部门、跨地域的业务协同，破除省际招投标的垄断分割，推动了竞争有序的全国统一大市场建设。目前，接口资源的主体信息、交易成交记录已用于实时支持南京、云南、海南等60多个地方交易系统的投标文件制作、评标业绩审核、机器管招投标、主体库等环节，简化了招投标原有流程。部委业务协同上，为信易贷实时提供全国邮储银行中小企业融资评价服务，支撑住建部、国税等单位行业中标项目的核查监管；现有面向社会的交易公告公示日访问量600多万次，新的应用场景需要不断发掘。

7．数据安全体系

安全和可信贯穿交易数据的归集、资源化、共享和应用全过程。作为政务数据资源，安全可信流通应反馈在"管的安全、查的精准、用的便捷"。网络层面充分利用政务外网安全设备和策略做保障。数据层面需要考虑专家身份等敏感信息的脱密处理，也需要考虑系统支撑能力以及爬取大批量数据关联时的业务价值，采用日访问量限制、IP地址限制、每分钟访问次数限制等反爬策略，保障正常业务访问，并防止数据批量外泄。

在数据的备份方面，需要有完善的备份机制。公共资源交易数据一般存在于政务外网、互联网，甚至地方内网，不同区域的数据备份策略不同，比如，物理数据库资源主要备份数据库配置文件、主机配置文件、集群配置文件、日志文件等，在政务外网物理机、虚拟机上的数据库，需要双重备份机制，既要备份到数据库服务器的数据磁盘，也要使用备份软件统一备份到存储，均进行全量备份，保留最近7天备份数据的策略；应用区和交换区、数据区的数据每日增量备份、每周全量备份1次。互联网多采用备份一体机直接备份各服务器中的目录及文件（包含数据库服务器），每日增量，每周全量1次；集群数据库可用备份软件直接备份数据库文件。附件类的数据可直接存放在政务外网NAS中，无需备份。

第三节　公共资源交易数据资源体系构建难点

一、资源化体系决定数据质量

数据资源应用成效关键在于数据的高质量，而数据的及时性、准确性、完整性是数据资源化体系的根本目的。资源化的过程中，数据治理任重道远，如原始数据的金额单位元与万元不清、金额填成手机号码、行政区域代码填成邮编，虽有监督和考核手段，各种错误依然层出不穷，技术处理需要结构化金额数值与公告公示大文本作比对校正，以及人工核查。

当然，数据质量管理本身就是一套独立完整的闭环流程，包括从提出数据质量要求，到依据要求进行数据质量考评，根据考评结果进行数据质量提升，再反馈形成更高的数据质量要求，见图5-3。

其中，数据质量要求环节需对交易业务规则、数据一致性和完整性要求、数据唯一性和数据准确性要求等数据治理规则进行验证，依据为公共资源交易数据质量标准、数据质量验证规则、数据质量考核指标；根据数据质量考核指标、数据质量标准，数据质量考评环节对公共资源交易数据

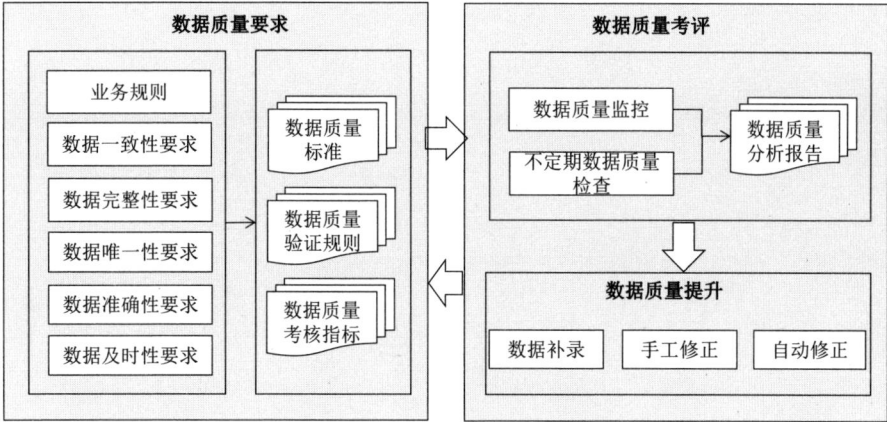

图5-3 数据质量管理流程图

进行数据质量监控和不定期数据质量检查，形成数据质量分析报告，并提供数据质量问题管理，便于问题数据的修正；根据数据质量分析报告，有针对性地进行数据补录、手工修正或自动修正提升数据质量。数据修正后再重新考核。

二、数据规范体系决定数据易用程度

同笔交易在不同资源的前后串联，在不同交易环节的定位，以及分维度统计分析，是业务最频繁应用的场景。数据规范对于交易链条的串联约束，若采用完全依赖主键的第三范式，在海量数据且需要大量表多次深度关联的复杂依赖关系应用中，速度与效率非常低下。因此，数据规范的设计应"既保持函数依赖"又具有"无损连接性"，考虑将关键数据项复用到不同表，适当增加冗余换取时间效率。再者，数据规范对数据权属的约束除对满足数据生产者的追踪外，需实现流转周期对数据使用者的标识。

在大数据上升为国家战略的背景下，公共资源交易数据资源体系以服务政府和市场主体为本，打破省际物理疆界，渗透到跨部委跨省跨域的政务应用和社会应用中，利于交易数据的价值发现和价值变现，促进资源配置不断优化。

第六章　公共资源交易数据的治理与加工

公共资源交易的源头数据存在各种质量问题，需要经过治理和适当加工，才能有效支撑后续应用。本章结合多来源数据的交换，说明公共资源交易数据技术层面的治理手段与加工过程，以及主体数据价值层面的治理过程。

第一节　数据治理的手段

公共资源交易数据的复杂度越来越高，交易业务对数据准确性要求也越来越高，数据治理手段更是多种多样，从人工抽查、核对到技术治理，从数据质量、安全合规到隐私管理，从数据某方面治理到全生命周期治理等。我们重点对有交换共享需求的交易数据治理手段进行说明。

一、多来源数据交换的统一控制

对于多来源数据的归集与传输，必须简单便捷，实现多源异构数据的同步整合是治理最重要的一步。所以，公共资源交易的多来源数据，按照统一的数据规范2.0格式的交换内容、数据项格式等方面的要求，由国家级平台提供标准API程序包、WebService接口服务二种技术方案，提供对接程序供各地方交易平台集成调用并完成省平台侧的数据校验检测服务，支撑多异地同时部署。各地方交易平台根据自身技术架构选择，快速完成数据的对接和实时汇集，从数据源头做好统一控制，降低人力物力成本。

（1）部分地方交易平台应用系统软件采用基于J2EE技术的B/S架构建设，由于J2EE架构跨Unix/Linux/Windows平台的技术特点，已成为业界企业级应用建设的主流架构，地方交易平台可通过集成"标准API接口"实现数据校验、上传、异常信息实时反馈、数据核验、数据获取等功能完成。

（2）各地方交易平台采用的技术架构可能存在差异性，包括J2EE、.NET技术平台，为了更方便、快速的满足异构技术平台与国家级平台无缝技术对接，可通过调用"Web Service服务接口"实现数据校验、上传、异常信息实时反馈、数据核验、数据获取等功能完成。

公共资源交易数据从地方到国家级平台的前提是先完成从省内数据源到省前置机，省交易平台接口程序调用多来源数据对接程序的接口，上传省内数据；多来源数据对接程序接收省内上传的数据后，进行数据校验检测，校验开关状态和校验结果决定数据是否保存到省前置机并交换到国家级平台。

多来源数据对接的主要功能包括：

（1）实现提供方业务数据的校验、上传，以及接收方数据的核验、获取等功能；

（2）数据编码及规则的校验；

（3）数据对接的异常反馈、实时传输反馈，及对接情况查询等功能。

技术特点需满足多重校验、数据定位、多通道识别、实时反馈、精准查询，交换任务与调度一体化，发现数据问题立即反馈处理，实现即时交换即时处理。由于交换的结果供多方参考，所有的交换治理过程要可视化，简单易懂。

二、交换与校验规则定制

每条交易数据从录入到进入数据库都有唯一的库表身份标识，同样在数据交换时也需要有唯一的交换身份标识码，我们称为数据交换标识码，由2位区域代码、17位时间码、6位流水号三部分组成，共25位，所有的交换成功与否的信息反馈、报错提示等均由通过该码追踪。

数据交换标识码中的区域代码，用于标明进行数据交换的来源省份。区域代码采用省份的行政区划代码，包含两位数字。数据交换标识码中的时间码指数据交换传输发生时间，精确到毫秒，时间码部分由17位数字组成，格式依次为四位年份、两位月份、两位日、两位小时、两位分钟、两位秒、3位毫秒。数据交换标识码中的流水号部分由6位数字顺序码构成。数据来源平台根据实际情况，采用一定技术和管理保障手段对本单位登记管理的数据交换数据进行不重码的编码。

对于每一个交易领域、每一张表都定义了对应的交换编号。在数据校验异常时，用校验异常代码来表示，比如我们习惯于用100表示交换成功、302表示XML格式错误、用402表示字段不符合长度要求、409表示主键冲突。数据校验项的校验规则见表6-1所示。

表6-1　数据校验规则表

校验项	校验定义	校验范围
字段类型校验	dataType	定长字符型、变长字符型、数值型、日期时间型
字段长度校验	length	dataType配合使用
必填项校验	required	必填/选填
日期型数据格式校验	dataFormat	检查数据是否符合规定的格式要求
字典匹配校验	dictionary	检查输入内容是否存在于数据字典
金额值校验	amount	>0

调用标准API接口或者WebService服务接口上传数据至省前置机时，接口可以对上报数据做第一次校验，第一次校验在省侧完成，只做长度校验，如果发生异常，可以调用接口中"当前异常数据反馈"获取异常信息。数据通过数据交换平台上传到国家级平台后，系统会做二次校验，二次校验在国家级平台侧，严格按照数据规范的字段类型、必填项非空、主键唯一等约束严格校验，发现的异常信息将交换回省前置机，调用各接口中"所有异常数据反馈"可以获取第一次、第二次的所有异常信息。地方

交易平台应每隔30分钟通过接口获取一次异常信息，以便及时发现上报信息发生的异常。对接平台在异常数据做出相应的处理，比如重新上传数据等。

在字段校验方面，重点校验字段包括首批校验字段、数据及时性计算字段、二批校验字段。首批校验字段是指数据规范1.0时的校验字段，主要是项目编号、项目名称、标段编号、标段名称、招标人、中标人或成交结果等相关字段；数据及时性计算字段指时间期字段，比如公告发布时间字段作为招标公告数据的及时性校验字段，通过校验该字段上传的时间戳与发布时间对比，在当天交换（24小时内）即为正常；由于数据规范版本的调整，二批校验字段与数据规范2.0对应，在兼容首批的基础上，又增加了部分重要字段。重点校验字段是保证公共资源交易数据正常交换的重要手段，除了C..ul字符型长度上不做强制要求，其他完全执行规范要求。

不属于以上三类的字段属于非重点校验字段，校验要求相对宽松一些。字符型字段长度不做强制要求；非必填项字段不做校验；日期型、数值型、有值域要求的数据字典型可以不必填，但如果要填就必须遵守数据规范要求，填写数据规范约定类型的数据。

三、数据交换监测与比对

数据交换监测包括对地方交易数据的交换监测，以及对部委交易数据的交换监测。

地方交易数据的交换监管包括从对数据从地方到国家级平台的数据上行监测，以及从国家级平台到地方交易平台的反馈信息下行监测。我们以上行监测为例说明，如图6-1所示。

对地方省份交换数据的监测，在拟选择的某段时间内，可以区域代码（即数据交换标识码中规定的区域代码）、省份名称、省省前置机上传数量、国家前置机接收数据、差异数、结束时间前1小时内差异数、结束时间前1小时外差异数、原因推测、5分钟至0.5小时延迟数量、0.5小时至1小时延迟数量、1小时到1.5小时延迟数量、大于等于2小时延迟数量来辅助判

区域代码	省份名称	省前置机上传数	国家前置机接收数	差异数	结束时间前1小时内差异数	结束时间前1小时外差异数	原因猜测(参考)	5分钟 < 延迟 < 0.5小时
0011	北京市(前置机1)	844	844	0	0	0	dxp正常	0
0012	天津市(前置机2)	2805	2805	0	0	0	dxp正常	0
0013	河北省(前置机1)	3339	3339	0	0	0	dxp正常	209
0014	山西省(前置机2)	2209	2209	0	0	0	dxp正常	0
0015	内蒙古自治区(前置机2)	0	988	-988	-79	-909	dxp正常	0
0021	辽宁省(前置机2)	0	4811	-4811	-1	-4810	dxp正常	0
0022	吉林省(前置机2)	0	0	0	0	0	dxp正常	0
0023	黑龙江省(前置机1)	0	584	-584	-9	-575	dxp正常	0
0031	上海市(前置机2)	124	124	0	0	0	dxp正常	0
0032	江苏省(前置机1)	14998	14998	0	0	0	dxp正常	1086

图6-1　省数据交换上行监测示意

断数据传输是否正常，以及错误数据传输的具体时间段、原因等，有的放矢地处理数据积压等各种问题。

数据比对主要用于对部委交易数据的交换，部委与国家级平台的分领域数据传输均采用库表交换方式，与地方多来源数据对接方式不同。一种比对方式是交换数据量的比对，根据数据的交换路线，先进行发送源数据量和接收侧数据量的比对，如出现不一致，需从接收侧往前的每个数据落地点的可查报错如网闸日志、交换软件日志等进行核查，直到追踪到部委源头侧。

四、数据质量监控

地方交易平台向国家级交换的数据存在不齐全、不准确、不及时等质量问题，而数据质量是公共资源交易大数据分析、业务决策报表的基础支撑。依靠人工发现、判断、管理数据质量，存在着发现问题不全面、判断不清晰、效率低下等缺陷。基于此，由国家级平台利用数据质量监控平台实现对海量公共资源交易数据质量问题的发现、管理、反馈等流程的自动化，达到大量缩短项目管理人员在人工发现和判断数据问题的事务性时间，提高工作效率的同时进一步提升数据质量的目的。

数据质量监控平台适用于国家级和全国地方交易平台，通过制定数据质量检查规则，对数据进行核查统计，并将检查结果和数据问题反馈相关单位，使国家平台及时发现问题并定位到相关省份，使地方31省和新疆兵团直观可视化数据问题原因，及时进行调整改正数据，并大量减少因数据管理工具缺失造成的数据质量问题，主要发挥了以下作用：

（1）根据时间选择自动快速完成对全国各省数据的长度、类型、格式等的检查与监管，极大地提升了对数据的核查与监管效率；

（2）及时将数据质量问题反馈地方源头单位，方便地方省份从源头提升数据质量；

（3）对数据质量问题分类展示、归类统计，方便国家平台快速查询与定位；

（4）对地方数据质量考核，督促地方主观重视并强化数据质量。

数据质量监控平台主要功能包括：数据质量校验、数据质量分析、数据质量考核、检查规则生成。技术特点有分布式运行、独立引擎任务调度、定制规则、精准定位、自动检查和高可用性。

数据质量校验功能包括基于规范的数据质量校验、三码数据质量校验、其他数据质量校验，是对数据质量进行监管最基础的功能组成。基于规范的数据质量校验，主要基于数据规范2.0字段类型、长度、是否必填等约3000条规则对各省交易平台上传的数据进行校验，并将校验问题反馈给数据提供方。省平台用户可查看获取本省基于这些规则校验后产生的问题数据集，进行下载并修复更新。三码数据质量校验分别对统一社会信用代码、统一交易标识码、投资项目统一代码，进行填写正确与否的校验。其他数据质量校验主要包括标段（包）编号校验、全流程数据校验、公告信息检索校验等功能，该功能结合交易业务流程，具体到各交易领域项目的标包编号唯一性，同一交易招标公告、投标报价、成交公示的关联性，以及成交公示中文本与交易额匹配等环节的数据校验，以及问题数据的修复情况通报。

数据质量分析功能主要对全国地方交易平台上传的数据质量问题进行归集合并，汇总提取出问题类型，可以分析到每类问题的所有省份，每个省份的所有问题类型、上传数据的正确率等，并针对查询结果和分析结果提供导出功能。有助于国家平台数据质量管理人员对全国总体交易数据质量状况、对各省交易数据质量情况，有更清晰掌握，也有助于地方平台数据相关人员快速掌握本省数据质量状况。通过对数据质量问题类型分析，并进行统计，得出各交易领域最主要的数据质量问题类型，对于在检查规则环节没有定义问题类型的问题，统一将这类问题统计为"其他问题"。

数据质量考核功能的地域范围为31省和新疆生产建设兵团，针对存在数据问题的省份，通过获取其数据记录中的行政区域代码进行考核，默认考核到省级；支持各省在每项考核指标的分项得分。考核指标包括三码准确情况，覆盖交易领域范围，数据上传的及时性、准确性、全面性，故障应急情况等。各个数据提供省份在每个考核维度下的得分结合在问题中的占比来计算，以保证考核结果的公正性。

检查规则生成包括规则管理和作业管理功能。规则管理主要提供系统自动识别数据质量问题的规则依据。管理员可以根据公共资源交易业务逻辑及数据规范，创建、单独或批量删除、改动和查询相应的数据质量规则。对于规则的操作需要用户权限的审核和验证，同时设置审批流程，以提高安全性，防止误操作。作业管理是运行数据规则的引擎工具，依据规则管理子系统中定义的数据质量规则，作业管理子系统将自动扫描出的数据质量问题生成问题事件，并提交问题管理流程。作业执行需支持手工运行和系统自动运行两种模式，且运行的时间和频度可灵活设定，要支持每日定期执行，及时发现问题数据的最新状态。当需要定制大量规则时，可利用批量导入规则的功能，定义好的大量规则存放在excel文件中，直接导入。我们以工程建设招投标领域数据表的三码校验规则为例，严格按照数据规范2.0的约束进行规则定义，见表6-2。

表6-2 三码校验规则示例（工程建设招投标部分数据表）

数据表中文名	检查字段	错误类型（检查规则）
项目	投资项目统一代码	项目—投资项目统一代码—长度不等于24
项目	投资项目统一代码	项目—投资项目统一代码—不符合编码规范
招标项目	统一交易标识码	招标项目—统一交易标识码—长度不等于40
招标项目	统一交易标识码	招标项目—统一交易标识码—不符合编码规范

数据表中文名	检查字段	错误类型（检查规则）
招标项目	招标人代码	招标项目—招标人代码—长度大于2000
招标项目	招标人代码	招标项目—招标人代码—为空
招标项目	招标代理机构代码	招标项目—招标代理机构代码—长度大于18
招标项目	招标代理机构代码	招标项目—招标代理机构代码—为空
招标项目	招标代理机构代码	招标项目—招标代理机构代码—不符合编码规范
招标项目	监督部门代码	招标项目—监督部门代码—长度大于18
招标项目	监督部门代码	招标项目—监督部门代码—不符合编码规范
招标项目	审核部门代码	招标项目—审核部门代码—长度大于18
招标项目	审核部门代码	招标项目—审核部门代码—不符合编码规范
标段（包）	统一交易标识码	标段（包）—统一交易标识码—长度不等于40
标段（包）	统一交易标识码	标段（包）—统一交易标识码—为空
标段（包）	统一交易标识码	标段（包）—统一交易标识码—不符合编码规范
投标邀请书	统一交易标识码	投标邀请书—统一交易标识码—长度不等于40
投标邀请书	统一交易标识码	投标邀请书—统一交易标识码—为空
投标邀请书	统一交易标识码	投标邀请书—统一交易标识码—不符合编码规范
开标记录	相关统一交易标识码	开标记录—相关统一交易标识码—长度大于2000
开标记录	相关统一交易标识码	开标记录—相关统一交易标识码—为空
开标明细	统一交易标识码	开标明细—统一交易标识码—长度不等于40
开标明细	统一交易标识码	开标明细—统一交易标识码—为空
开标明细	统一交易标识码	开标明细—统一交易标识码—不符合编码规范
开标明细	投标人代码	开标明细—投标人代码—长度大于200
开标明细	投标人代码	开标明细—投标人代码—为空
开标明细	投标人代码	开标明细—投标人代码—不符合编码规范
评标专家	统一交易标识码	评标专家—统一交易标识码—长度不等于40
评标专家	统一交易标识码	评标专家—统一交易标识码—为空
评标专家	统一交易标识码	评标专家—统一交易标识码—不符合编码规范
评标报告	统一交易标识码	评标报告—统一交易标识码—长度不等于40
评标报告	统一交易标识码	评标报告—统一交易标识码—为空

数据表中文名	检查字段	错误类型（检查规则）
评标报告	统一交易标识码	评标报告—统一交易标识码—不符合编码规范
中标候选人	中标候选人代码	中标候选人—中标候选人代码—长度大于200
……		

从表6-2看出，当地方交易平台所填写的市场主体统一社会信用代码与主体名称不匹配时，会影响考核。如果长度不符合，将无法向国家级平台上传；长度符合情况下，统一社会信用代码与主体名称不匹配，数据质量监控会报出错误。地方用户需要准确定位到问题数据时，可以登录后从数据质量分析页面中看到本省的汇总问题数据，导出后能看到所有问题数据的归类和详细记录；也可以从基于规范的数据质量校验功能中用查询搜索方式进行精确定位。

第二节　数据治理与加工过程

公共资源交易数据在技术层面的治理方法见图6-2所示，本质就是识别数据标签、定制对应规则治理、修订再打标签的过程。

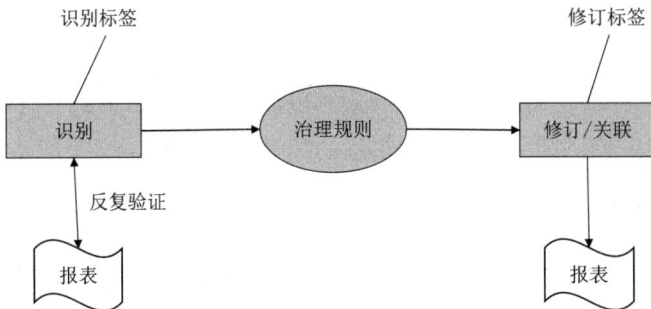

图6-2　数据治理方法示意图

公共资源交易数据的技术治理过程重点有如下6步：

（1）公告去重：根据公告标题，公告正文等组合条件，过滤重复的公告；公告性质纠正：提取中标公告标题的关键字，过滤被错误归类的中标公告；

（2）主体补全：对中标人基本信息、交易信息进行补全，对招标人关联信息补全；

（3）正文解析：对通过关联手段无法获得主体信息的成交记录进行正文解析，补充能匹配上的主体信息；

（4）金额纠错：根据正文，矫正记录中填充错误的金额单位，同时结合人工矫正；

（5）主体关联：矫正记录中填写不规范的主体名称，并用矫正后的主体名称在法人库里进行二次判断，标记完全匹配的记录；

（6）项目关联：通过字段关联，得到成交记录的招标人（采购人、出让方）信息。

我们知道，公共资源交易数据量巨大，在用于做多行业数据分析、市场主体行为数据分析等方面有很高的潜在价值。虽然有3000多项数据项，但大部分数据项不管从数据量考虑还是数据结构角度，都不适合做数据分析，数据量大和多表关联关系都会导致效率低下、难以直接使用。但将原始的基础数据经过加工，重组成为主题数据，具备支撑灵活分析的多维度数据特征，就可以支撑数据应用的可视化分析等需求。

数据加工过程是以数据分析、数据服务来驱动的。以公共资源交易基础数据库或共享库的原始数据为对象，根据分析和服务需求做数据筛选，进行数据对账保证输入输出的一致性，剔除大量无效数据后，做空值处理、验证数据正确性和规范统一数据格式的数据清洗、记名管理即与法人数据关联，补充或核查主体信息的正确性，重新组合筛选后数据的数据结构，根据数据维度拆分基础数据，完成关联映射以便实现数据转换、比对、复制、分析等数据处理；完成数据校核的质量检查后，进行模型运算，变成主题数据，由基础主题库、汇总主题库组成。基础主题库的数据多维度多粒度，并可以动态扩展数据维度，支持多层级的分析。

其中，数据校核是针对数据预处理产生的批次数据进行质量检查，包括总量校核、合规性校核、关联校核等，重点是对公共资源交易数据库中社会信用代码合规性的校核。对数据处理过程中产生的问题数据形成问题库进行统一管理和展现，包括问题数据的接收存储、跟踪、分发、反馈和统计。而建立数据轨迹库，利用轨迹信息，可以更快速、准确定位问题的源头，实现全域模式下数据追溯。基于规则库和自动化的机器学习技术，可以有效提升数据质量，基本消除重复数据。

第三节　主体数据治理的特殊性

如果说公共资源交易数据的治理是技术层面的治理，那么主体数据的治理可以说是价值层面的治理。市场主体是公共资源交易活动的主体，是公共资源配置分析的关键，对于分析市场构成、优化公共服务具有十分重要的作用。主体数据的治理应以业务价值为导向，从需求侧反向推动数据治理落地，达到后续对数据应用的高价值。

在四大板块中，工程建设项目招标体量最大，交易额占比最高，交易量仅次于政府采购；政府采购交易量占比最高，交易额仅次于工程招标。我国的工程建设项目招标市场客观上存在着供求关系失衡的情况，总量上表现为供大于求，投标人竞争十分激烈，企业参与交易活动十分频繁。同时，参与工程招标的市场主体涉及的行业众多，包括房屋建筑、市政、公路、水利、铁路、民航、水运、水利、邮电通信等；工程招标作为公共资源交易的主要领域，涉及的市场主体数量较多，工程招标成交主体占四大板块成交主体总量超30%。政府采购的供应商涉及行业广、规模差别大。政府采购分为货物类、服务类和工程类，相应的，政府采购供应商涉及领域也很广，有专门供应产品的供货商，有提供服务的服务商，也有能承揽工程的承建商或集成商。与其他公共资源交易类型相比，政府采购承担着大量公共政策实施功能，比如优先采购绿色节能产品，对小微企业给予扶持等，因此，政府采购对供应商几乎不设门槛，而是鼓励尽可能多的市场主体参与进来。由于政府采购的门槛低、接纳度高、交易量大，参与政府采购的市场主体数量是各公共资源交易领域中最多的。政府采购成交主体占四大板块成交主体总量的50%以上。

鉴于主体信息的重要性，各地方交易平台及国家级平台均应建立市场主体信息库，支撑业务应用。以国家级平台为例，公共资源交易市场主体数据来源于公共资源交易主体信息、国家法人基础信息库、市场监管总局的企业基本信息接口、商务部的外商投资企业信息接口、住建部全国建筑市场监管公共服务数据库（企业信息）接口。但是直接参与公共资源交易的主体，依然是公共资源交易主体最直接最主要的主体信息来源。

从数据规范2.0中进行梳理，公共资源交易主体基本信息涉及24个字段，见表6-3。

表6-3 公共资源交易主体基本信息项

序号	字段	英文名称	数据类型
1	法人名称	LEGAL_NAME	字符型
2	法人类别	BIDDER_CODE_TYPE	字符型
3	法人代码	LEGAL_CODE	字符型
4	法人角色	LEGAL_ROLE	字符型
5	营业执照号码	LICENSE_NO	字符型
6	营业执照失效日期	LICENSE_END_DATE	日期型
7	国税税务登记证证号	TAX_CERT_NO	字符型
8	国税税务登记证失效日期	TAX_CERT_END_DATE	日期型
9	地税税务登记证证号	LOCAL_TAX_CERT_NO	字符型
10	地税税务登记证失效日期	LOCAL_TAX_CERT_END_DATE	日期型
11	法定代表人姓名	LEGAL_REPRESENT	字符型
12	法人机构类别	LEGAL_TYPE	字符型
13	分类版本代码	CLASS_VER_CODE	字符型
14	法人机构行业代码	LEGAL_INDUSTRY	字符型
15	国别/地区	COUNTRY_REGION	字符型
16	行政区域代码	REGION_CODE	字符型
17	注册资本	REG_CAPITAL	数值型

序号	字段	英文名称	数据类型
18	注册资本币种	REG_CAP_CURRENCY	字符型
19	注册资本单位	REG_UNIT	字符型
20	联系人	LEGAL_CONTACT	字符型
21	联系人电话	LEGAL_CONTACT_PHONE	字符型
22	交易系统标识码	PLATFORM_CODE	字符型
23	交易服务系统标识码	PUB_SERVICE_PLAT_CODE	字符型
24	数据时间戳	DATA_TIMESTAMP	日期时间型

综合多来源信息情况,市场主体信息库的设计理念应为多来源数据项求同存异,以方便灵活地支撑应用为目的。从地方收集的公共资源交易工程建设招投标、政府采购领域数据,均按照数据规范2.0要求提供了中标公示文本和对应的结构化数据,但数据存在少量招标人、中标人、招标机构等主体信息不全或有差异的情况,为了提升交易数据中主体信息正确性,需要进行数据处理,比如去重、补全等处理。

以市场主体基本信息为基础,利用公共资源交易数据对主体进行交易信息的补充,具体应按照招标、代理、中标主体,设定时间范围从1月1日到12月31日的年度时间,分别计算出年度交易额、交易量、招标次数、招标金额、代理次数等统计值,联合体中标的交易额度取排名第一的牵头单位,计算出交易信息,按照统一社会信用代码进行关联,补全主体的交易信息。

对于接口来源的主体信息,为了保障数据的及时更新,应对接口数据进行主动定期全量与不定期增量轮询,如每日参与交易主体当天轮询做接口调用并标识保存结果,全部交易主体每周到部委接口轮询一遍。

第四节 交易数据指标统计口径

每个交易领域都有对应的数据指标,常用的一级数据指标有入场标段数、交易量、交易额、数值型成交额、非数值型成交估算额、预估差额，每个领域细分为不同的二级指标。为了达到对交易数据指标的业务含义相一致的认识，有必要分交易领域对其统计口径进行定义和统一。我们仅以工程建设项目招投标和政府采购领域为例说明，其他领域类似。

1．工程建设项目招投标领域

（1）入场标段数，统计招标公告的标段数量，统计时间点选择招标公告发布时间，单位：个，统计粒度为日、月。

日发布标段量=每日发布的招标公告的标段数量和

月发布标段量=每月发布的招标公告的标段数量和

（2）交易量，统计中标结果公示的标段数量，统计时间点选择中标结果公示发布时间，不考虑变更公告结果，单位：个，统计粒度为日、月。

日交易量=每日发布的中标候选人公示的标段数量和

月交易量=每月发布的中标候选人公示的标段数量和

（3）交易额，统计中标结果公示的标段成交金额，保留小数点后四位，统计时间点选择中标结果公示发布时间，单位：万元，统计粒度为日、月。

日交易额=日数值型成交额+日非数值型成交估算额

月交易额=月数值型成交额+月非数值型成交估算额

（4）数值型成交额，统计中标结果公示按数值报价的标段成交金额，保留小数点后四位，不考虑变更公告，不含以单价、费率/比率/优惠率/合格或其他方式的非数值型成交结果，统计时间点选择中标结果公示发布时间，单位：万元，统计粒度为日、月。

日数值型成交额=每日数值型成交金额的和

月数值型成交额=每月数值型成交金额的和

（5）非数值型成交估算额，统计中标结果公示按非数值报价的标段成交结果换算后的数值金额，如以单价、费率/比率/优惠率/合格或其他方式的非数值型成交形式换算后的数值金额，保留小数点后四位，不考虑变更公告，统计时间点选择中标结果公示发布时间，单位：万元，统计粒度为日、月。

日非数值型成交估算额=每日非数值型成交标段结果换算后的金额

月非数值型成交估算额=每月非数值型成交标段结果换算后的金额

（6）预估差额，统计已发布中标结果公示的标段成交金额与入场预估额或控制价额之差，保留小数点后四位，不考虑变更公告，不含以单价、费率/比率/优惠率/合格率或其他成交方式的非数值型成交结果，统计时间点选择中标结果公示发布时间，单位：万元，统计粒度为日、月。

日预估差额=每日的入场预估额或控制价额－日数值型成交额

月预估差额=每月的入场预估额或控制价额－月数值型成交额

工程建设项目招投标领域的二级指标可分为交易方式、主体性质、交易类别、项目类型等。交易方式包括公开招标、邀请招标，主体性质可分为机关、企事业单位、社团组织等，交易类别可分为工程类、货物类、服务类，项目类型细分为房屋建筑、市政、公路、铁路、民航、水运、水利、能源、邮电通信、其他等。

2. 政府采购领域

（1）入场标包数，统计采购公告的标包数量，统计时间点选择采购公告发布时间，单位：个，统计粒度为日、月。

日发布标段量=每日发布的采购公告的标包数量和

月发布标段量=每月发布的采购公告的标包数量和

（2）交易量，统计成交/中标结果公告的标包数量，统计时间点选择成交/中标结果公告发布时间，不考虑变更公告结果，单位：个，统计粒度为日、月。

日交易量=每日发布的成交/中标结果公告的标包数量和

月交易量=每月发布的成交/中标结果公告的标包数量和

（3）交易额，统计中标结果公告的标包成交金额，保留小数点后四位，统计时间点选择中标结果公包发布时间，单位：万元，统计粒度为日、月。

日交易额=日数值型成交额+日非数值型成交估算额

月交易额=月数值型成交额+月非数值型成交估算额

（4）数值型成交额，统计中标结果公告按数值报价的标包成交金额，保留小数点后四位，不考虑变更公告，不含以单价、费率/比率/优惠率/合格或其他方式的非数值型成交结果，统计时间点选择中标结果公告发布时间，单位：万元，统计粒度为日、月。

日数值型成交额=每日数值型成交金额的和

月数值型成交额=每月数值型成交金额的和

（5）非数值型成交估算额，统计中标结果公告按非数值报价的标包成交结果换算后的数值金额，如以单价、费率/比率/优惠率/合格或其他方式的非数值型成交形式换算后的数值金额，保留小数点后四位，不考虑变更公告，统计时间点选择中标结果公告发布时间，单位：万元，统计粒度为日、月。

日非数值型成交估算额=每日非数值型成交标段结果换算后的金额

月非数值型成交估算额=每月非数值型成交标段结果换算后的金额

（6）预估差额，统计已发布中标结果公告的标包成交金额与预算金额之差，保留小数点后四位，不考虑变更公告，不含以单价、费率/比率/优惠率/合格率或其他成交方式的非数值型成交结果，统计时间点选择中标结果公告发布时间，单位：万元，统计粒度为日、月。

日预估差额=每日的预算金额－日数值型成交额

月预估差额=每月的预算金额－月数值型成交额

政府采购领域的二级指标可分为交易方式、主体性质、交易类别。交易方式包括公开招标、邀请招标、竞争性磋商、竞争性谈判、询价、单一来源采购。

第五节　交易行为主题拓展

"用数据说话，用数据分析"是大数据分析的要求，其中的数据是指治理与加工后的主题数据，与分析技术、场景缺一不可。大数据分析是对加工后数据的应用，理解需求是前提，高质量数据的支撑是基础，只有使用高质量数据才能得出高质量分析报告。本书旨在对交易数据的产生、归集、治理、交换、共享进行业务和技术的梳理，聚焦于形成高质量交易数据并为应用做准备的过程，并不做主题场景具体分析的深入探讨，本节只是对交易行为的一些简单主题稍做拓展，以说明交易数据对数据分析的衔接和支撑作用，并不做真正的数据模型分析。

1. 招投标异常主题

招投标异常主题包括偏离度异常预警、招投标异常预警等应用场景，可以作为对交易主体或项目监管的补充。

招投标异常预警场景中，可纳入中标率过高、中标金额异常、疑似围串标三种招标采购异常，重点是围串标，一般采用聚合算法结合图形表示异常。中标率过高可采用企业两年内的中标次数与投标次数进行比较，中标率超过50%的企业可以显示为中标率过高企业；中标金额异常选择中标金额与合同价格相差30%以上的中标项目，或者合同价格跟中标金额不相符的中标项目；疑似围串标是我们认为某些主体在几个企业一起投标时中标率明显大于单独投标的中标率，而陪标企业历史中标率偏低。比如经常一起投标者，其中某企业在共同投标的中标率比单独投标时大于15%，同时陪标企业历史中标率偏低，并且中标价格低于或者高于合同估算价格30%以上的企业异常数据。

偏离度异常预警可以纳入最低价中标金额和合同估算价格偏离度的预警。其中，偏离度采用（中标价-合同估算价）/合同估算价，偏离度越高，越值得关注。在最低中标金额对10万元以下做不同选择条件，比如选择时间段、1万元以下的相关项目、企业中标价信息，并以百分比显示与合同估算价的偏离度，1元中标的项目就包含其中；也可以按照与合同估算价偏离度的百分比区间进行查询，比如偏离90%-100%应该是最重点关注的。

2．交易主体分析

招标人总体分析是结合主体的地址、注册资金、市场类型、行业等维度信息，展示招标人总体情况、招标人区域分布、招标人列表、招标人类型占比、招标人项目金额分布、招标人项目业务类型分布等。同样，投标人总体分析是针对投标人总体情况、投标人区域分布、投标人列表、投标人注册资金规模等信息进行分析，以及对投标人的投标和中标情况进行对比分析。例如分析外埠中标人中标金额占比分析，反映某地区的对外开放程度判断区域营商环境。

招标人分析、投标人分析是从特定公共资源交易主体的招投标法人角度进行的数据分析，包括基本信息全景、招投标情况分析、趋势分析、招投标方式分析、相关中标人分析、招投标人关联图谱展示等。

对于某类特定主体或重点企业，如中小微企业，跟踪其招投标数据，挖掘其在公共资源交易市场的活动范围、成交情况，结合其在市场监管总局的主体基本信息，可分析该类特定主体或重点企业的成长趋势，制定更优中小微企业扶植政策。利用所有市场主体类型结合交易额、交易量、交易周期、交易区域，可以进行全国市场主体类型分区域的交易情况对比和交易趋势的总体分析。

3．政府投资／产业投资分析

公共资源交易种类多，覆盖多个重要经济方面，覆盖大型基础设施建设、大额政府采购等，数据来自一线实际交易业务，可第一时间捕捉到政府和市场的互动，及时反映投资落地、政策执行等。公共资源的政府资金支出，主要通过工程建设招投标、政府采购两个交易领域反映。将两交易领域的区域投资额、成交额结合项目所在地、交易发生地、行业代码进行统计分析，可以得出区域内政府投资的地域流动方向和行业流动方向，进一步分析区域市场发展情况；若是具体到省，则是省内政府投资的流向分析。政府投资流动一定程度上参与当地经济和国家经济的关联度分析。

选取社会关注的大数据产业作为研究对象，将其关键词从交易数据库中搜索生成项目数据集，能够对项目集不同维度的招标采购数据、中标成交数据进行产业投资和发展状况分析，例如新能源、新基建、公共卫生、新材料等产业，新能源关键词包括风能、太阳能、核能、生物能等；新基建关键词包括5G、特高压、城际高铁、工业互联网、新能源、汽车充电桩、大数据中心、人工智能等；公共卫生以政府采购项目为主，关键词包括传染病防治、职业病防治、卫生机构建设、疾病控制机构建设、社区健康服务、实验机构建设等。大数据产业研究可为宏观决策部门制定新经济新产业的发展政策和宏观调控提供参考。

4．行业发展形势分析/重点板块分析

工程建设项目招标投标等重要板块的交易额与GDP存在显著相关关系。数据规范的相关交易领域要求填入了国民经济行业分类标识，以及公共资源交易分类标识，若将分类标识码关联相关交易数据，结合时间维度、地域维度等可进行行业招投标情况、行业投资情况的分析，并预测行业发展趋势，提前辅助决策。在工程建设项目招投标板块，包含了房屋建筑、市政基础设施、公路、水利、铁路、城市轨道交通、民航等行业；在土地使用权出让板块，包含了住宅用地、工矿仓储用地、商服用地、公共管理与公共服务用地、水域及水利设施用地等宗地用途，均可以利用分类代码抽取交易数据进行行业或板块分析。例如2022年软件行业市场规模结合TOP企业的市场份额、人数占比可得出，软件和信息技术服务业运行态势良好，吸纳就业人数稳步增加；大型软件公司的市场份额和市场地位进一步巩固，小型公司的生存空间越来越小。

第七章 公共资源交易数据仓库的构建

为提升数据服务能力，研判市场活跃程度，分析资源要素的市场化配置情况，需要整合重组全国公共资源交易相关数据。本章基于全国地方交易系统的主体和交易数据，通过与权威来源数据的验证、补全和纠错，及去重、打标签等操作提升数据质量，提出公共资源交易主题分析模型，围绕市场主体和交易角色在工程建设招投标、政府采购、土地和矿业权出让、国有产权交易领域不同维度的交易分析进行了数据表和主题的组织，构建了公共资源交易数据仓库，为支撑公共资源交易的数据共享、统计、分析等应用服务做准备。

第一节 公共资源交易数据仓库概念建模

根据《国务院办公厅关于印发整合建立统一的公共资源交易平台工作方案的通知》（国办发〔2015〕63号文件）要求，全国公共资源交易平台进行了深化整合，各地公共资源交易系统产生的交易数据也初步完成了从地市上行到省、国家公共资源交易服务平台的汇集。但是目前所汇集数据的准确性、全面性等数据质量，以及数据的应用等方面仍不尽如人意，例如因权威数据共享不足，各省、地市评标环节核验投标主体的资质、业绩信息时，仍以投标主体提交的纸介质材料为主，判定材料的真实性无法判定，对于省外投标企业的真实信息更是难以获取；数据分析等应用未达到国家级、省级从宏观层面对于交易领域整体视角的市场化、产业化分析支撑，未真正发挥在公共资源交易监管中的作用。如何从国家层面将汇集到的海量公共资源交易数据提升质量，从业务、技术和使用角度合理整合重组，为最大限度地发挥大数据的作用夯实基础，是迫切需要解决的难题。

一、公共资源交易的业务主线

公共资源交易的业务主线如图7-1。

工程建设招投标	招标人构成分析、投标人构成分析、中标人异地分析、围串标分析 交易规模分析、交易类别分析、交易趋势分析、交易异常分析……
政府采购	采购人构成分析、供应商构成分析、中标供应商异地分析、投资分析 交易规模分析、交易类别分析、交易趋势分析、交易异常分析……
土地使用权出让	受让人构成分析、使用权出让用途分析、使用权出让类型分析 交易规模分析、交易趋势分析、交易异常分析……
矿业权出让	受让人构成分析、矿业权出让类型分析、矿山种类分析 交易规模分析、交易趋势分析、交易异常分析……
国有产权交易	出让人构成分析、竞买人构成分析、产权类型分析 交易规模分析、交易异地分析、交易趋势分析、交易异常分析……

图7-1 公共资源交易的业务主线图

公共资源交易数据以项目进场、招标、投标、评标、中标、合同的业务环节，形成项目的链条式结构化数据，涉及不同角色的市场主体、不同领域的业务流程。公共资源交易数据仓库需要关注不同领域市场主体构成与交易、资源配置的分析，无须具体到每个项目细节。因此，业务主线按工程建设招投标、政府采购、土地使用权出让、矿业权出让、国有产权交易五个交易领域划分，每个业务主线对应分析的业务主题。

二、公共资源交易的概念模型

数据仓库的数据模型设计应支持公共资源交易业务范围的扩展，分离出底层技术的实现和上层业务的展现。当上层业务变化时，底层技术实现可轻松完成业务的变动。

图7-1显示，市场主体是公共资源交易招投标的主力军，相关市场主

体数据和交易数据共同组成公共资源配置分析的关键。将五个业务主线的核心部分抽象处理，用交易事实表存放大量的交易业务度量值，作为历史交易数据的存档，通过获取描述业务过程的度量来表达业务过程；用维度列表给出事实表的粒度定义，并确定出度量值的取值范围。围绕交易事实组合不同粒度的多个维度，形成公共资源交易数据仓库雪花模式的概念模型，如图7-2所示。交易事实表的统一交易标识码，对应每笔交易活动，可提高对交易事实的过滤查询效率，作为退化维提高事实表的易用性和性能。

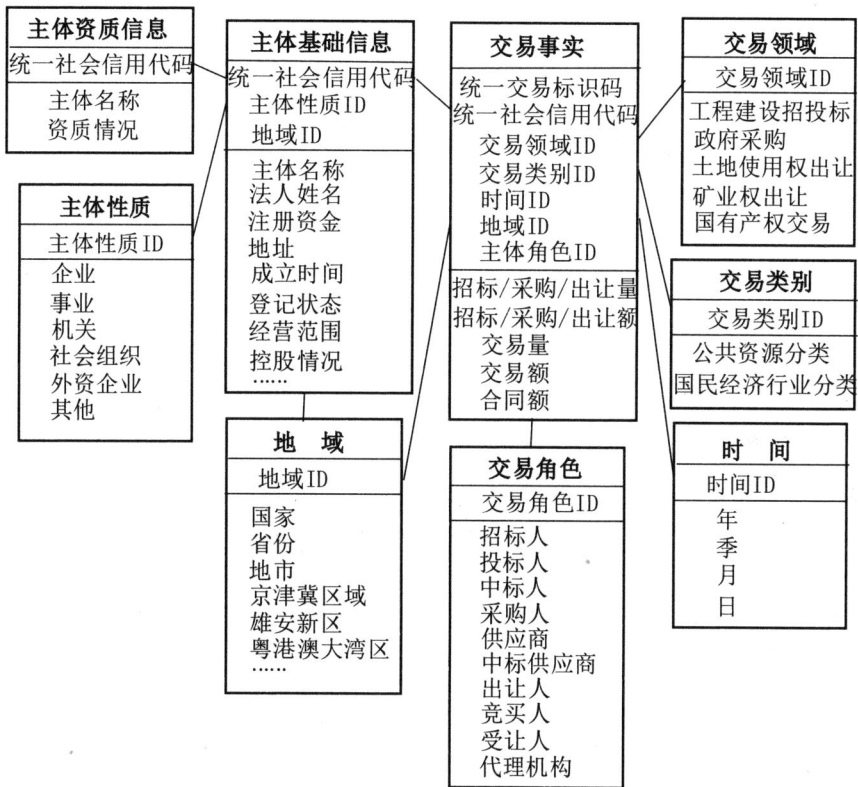

图7-2 公共资源交易数据仓库的概念模型

概念模型中主体基础信息、主体资质信息、交易领域、时间、地域和交易事实组成了主体在不同时间、不同地域、不同交易领域、不同交易类别的招标/采购和成交的系列分析主题，如政府采购领域，某年度在某采购类别的总采购规模、总成交额和总合同额，可支持分析在某国民经济行业分类投资与执行情况；同时与交易角色的关联，又组成了交易角色在交易领域、时间、地域维度的系列交易分析主题，如某年京津冀区域异地中标主体占比，可分析京津冀交易市场融合发展等主题。

第二节　数据的多来源和质量问题

1. 主体数据

地方的市场主体数据来源于全国交易系统，依托国家电子政务外网级联式汇集，由地市级交易平台报送至省级，省级交易服务平台将地市级、省级数据，共同报送到国家公共资源交易服务平台。国家公共资源交易服务平台汇集了近五年的工程建设招投标、政府采购、土地使用权和矿业权出让、国有产权交易等交易领域的市场主体信息，以及主体参与的招投标项目信息、中标（成交）信息等，映射到具体数据表为法人信息表、招标（采购）项目表、中标（成交）结果表。交易主体日增超3000家，成交项目日增超6000个。

来源于有关部门的法人信息主要包括国家市场监管总局的企业基本信息、商务部的外商投资企业信息、住建部的建筑类企业资质信息以及国家法人库信息，作为对全国公共资源交易主体信息的校核与补充，涵盖了企业、事业、机关、社会组织、外资企业等性质。其中，企业基本信息超过7000万条，工商续存信息超4300万条，事业单位信息125万条，机关信息31万条，社会组织信息99万条，建筑工程类企业资质信息45万条。此类数据采集方式为接口实时调用，通过稳定的轮询机制修正更新，均为主管部门发布的权威信息。

2. 交易数据

交易概念为最小粒度的双方成交行为，如标段或子包成交。在全国公共资源交易数据的级联汇集过程中，用标段编号串联交易的前后行为，但标段编号全国范围内并不唯一，故采用统一交易标识码对应每一笔交易。

3. 数据的质量问题

招投标全流程电子化是我国公共资源交易的要求。目前全国只有少数交易系统实现了全流程自动产生交易数据，大多数仍由市场主体（含代理机构）在交易系统中录入，存在较高的误填率或缺失率，如某地所有主体统一社会信用代码均填同一个、中标金额填成手机号等。由系统自动产生的数据质量相对较好，但依然存在金额和单位不一等问题。错误的数据必然导致错误的数据分析结果，有必要对级联式汇集到的数据进行整合治理，提升正确率和全面率，达到数据分析服务的要求。

第三节　数据的整合治理架构

不同来源的数据整合治理架构图如7-3所示，针对主体数据、交易数据的特点不同分别做处理。

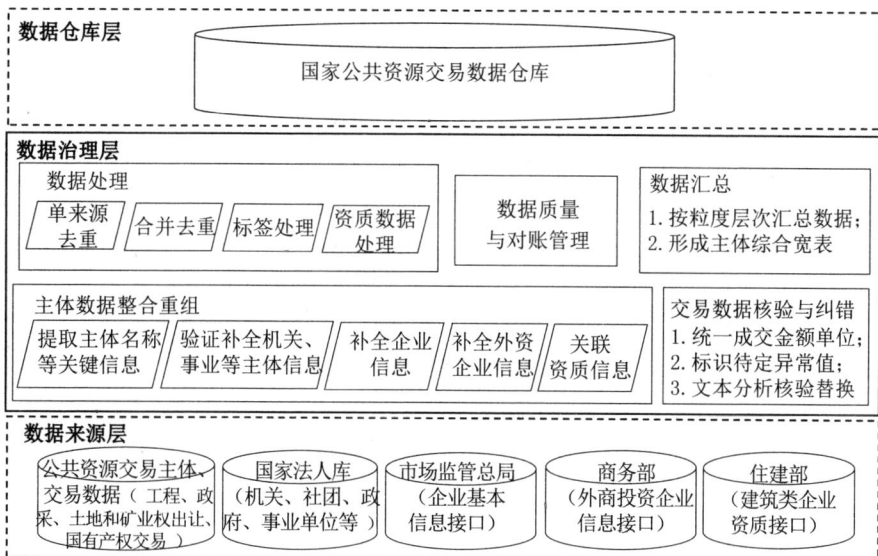

图7-3　数据整合治理架构图

一、主体数据的整合重组

多来源的主体数据整合重组逻辑如7-4所示。数据源需要经过先后三次对主体名称的匹配验证、补全信息的操作，以及一系列的去重、打标签等处理，形成主题层完整、干净、具有一致性的主体基础信息表、主体资质信息表。

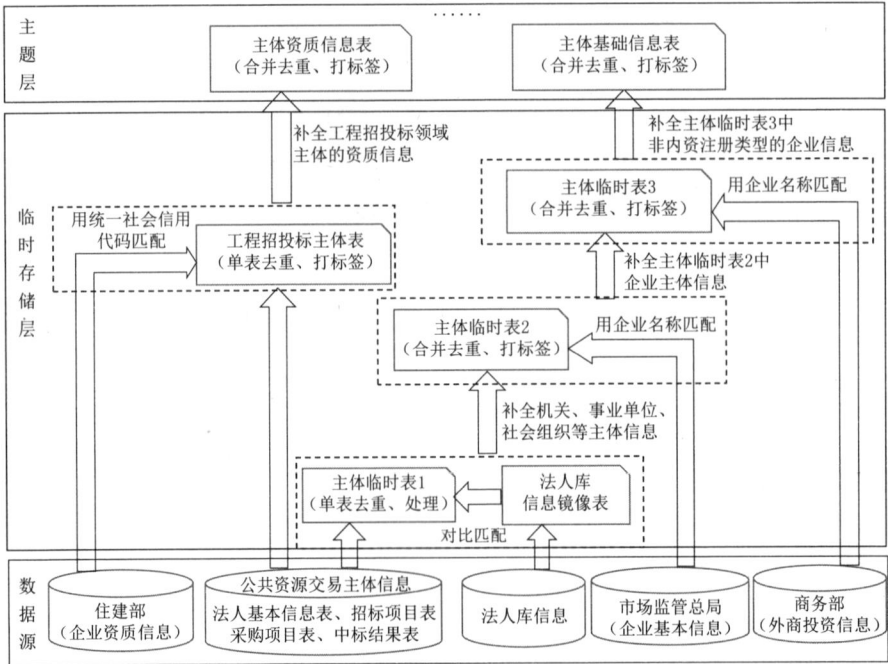

图7-4 多来源主体数据整合重组逻辑图

1. 公共资源交易主体数据的三次验证和补全

从公共资源交易的招标（采购）项目表、中标结果表中提取主体名称和交易领域标识；匹配法人基本信息表中的法人名称，对统一社会信用代码、法人类别、法人角色、法人机构类别、行政区域代码等信息进行初次整合重组；重组后的主体名称去除非法字符、统一括号为全角等规范化处理，形成主体临时表1。

利用国家法人库信息镜像表对不同性质的主体信息进行第一次验证和补全。将主体临时表1的公共资源主体数据，通过主体名称与法人信息镜像表中的信息对比匹配，修正错误属性，补全机关、事业单位、社会组织等不同性质的主体属性，如业务范围、注册资本、登记状态等，形成主体临时表2。

利用有关部门接口数据对企业信息进行第二、三次验证和补全。将主体临时表2中未匹配上法人信息库的企业名称，调用市场监管总局的企业基本信息接口，补全企业信息，形成主体临时表3；将主体临时表3的非内资注册类型的企业名称，调用商务部外商投资企业信息接口，补全非内资企业的投资国别、投资总额、投资机构信息，形成主体基础信息表。

2. 工程建设主体数据关联资质信息

住建部接口的建筑类企业资质，与公共资源交易领域交叉在工程建设。将公共资源交易工程建设招投标领域的招投标人、中标人统一社会信用代码，通过住建部的企业资质接口获取相应匹配的建筑类主体资质数据写入主体资质信息表中，为对应的主体添加资质名称和证书号信息，形成主体资质表。

由于数据的多来源和级联式汇集的不可控性，有必要在整合重组过程中进行主体信息的单来源去重、合并去重。对于单张表去重，按照主体名称对重复数据选择时间戳最新的一条保留；对于单个接口数据去重，按照调用接口的时间取同一主体的最新数据。合并去重的重要操作是统一字段名称，如将主体名称字段统一为furname，将主体统一社会信用代码统一为uniscid等。

标签主要作用在于为后续统计和分析提供标识。主体机构性质是统计分析重点，对应字段机构性质名称jgxz、机构性质代码jgxz_code打标签处理。如企业的jgxz字段代码设置为"00"，"机关"设置为"01"。从数据的追踪和应用考虑，关键字段数值的来源、主体参与交易时的角色等也均需标签处理。

对于接口来源数据，通过主动定期全量与不定期增量轮询机制保证主体信息与来源部门的一致性，全部交易主体信息每周到部门接口轮询一遍，新增交易主体马上到接口调用结果并做标识保存。在质量检查和对账管理机制上，每天自动生成新增、更新主体数和总数，资质新增、更新以及总数等，以周为单位呈现出周期性变化的更新数据可反映出是否异常。

二、交易数据的核验与纠正

交易额是资源配置分析的重要数据，也是需要重点纠错的部分。对照每交易领域成交公示文本，统一成交金额单位；参考上一年单笔成交金额设置上限值，汇集的成交金额数据超出上限时，标识待定异常值；然后启用文本分析，与项目成交公示中金额进行核验，如不一致，则取出文本型成交公示的金额替换结构化的成交金额数值。

交易数据带有成交时间、所属行政区划标识，以表明交易环节的历史时期信息和地域信息，方便对交易规模、交易趋势、资源配置做出分析和预测。交易数据核验与纠正操作在临时存储层完成。

第四节　数据汇总与表归并

1. 按粒度层次汇总数据

按粒度层次汇总数据，可支撑钻取、切片、切块等多维分析操作和多维报表的展现。取公共资源交易数据中的招标、代理、中标主体，计算出年、季、月不同时间粒度的招标次数、招标金额、交易额、交易量、代理次数等统计指标值，形成主体交易统计表。

按招标人、中标人、代理机构不同交易角色，计算出不同交易领域年、季、月不同时间粒度，以及国家、省、市、重点区域不同地域粒度的主体数量、招标/采购/出让次数、招标/采购/出让金额、交易额、交易量、代理次数等统计指标值，形成角色交易统计表。

2. 主体交易综合宽表

在大数据的组织和应用过程中，存储空间和运行时间是一对矛盾，考虑到存储的相对易得和用户的使用体验，可以适当牺牲空间换取时间。主体交易是统计和分析频率非常高的数据集，为了提高多维查询性能和便捷操作，将主体交易分析主题相关的指标、维度、属性关联形成一张特殊的宽表，按主体名称对主体基础信息表与主体交易统计表进行关联，按统一社会信用代码对主体基础信息表与主体资质信息表关联，三表相互补全62个字段组成主题层的主体交易综合宽表。

主体交易综合宽表具备主体性质、主体属性、资质属性、时间属性、地域属性、参与领域、交易成交等不同层次的主题分析特征，是根据主题分析建立的一个逻辑数据体系，极大地方便了多维度多层次数据使用。由于结构简单，避免了跨表关联操作，海量数据的情况下极大地提升了运行效率。综合宽表的应用可大大提高数据挖掘模型迭代训练的效率。

第五节　数据仓库的表构成

数据仓库分为主题层和临时存储层。主题层为参与数据统计、数据分析、数据挖掘、数据共享的表，包括主体综合宽表、主体交易统计表、角色交易统计表、主体基础信息表、主体资质信息表、交易事实表、地域表等；临时存储层为中间处理过程表，数据仓库表构成见图7-5。

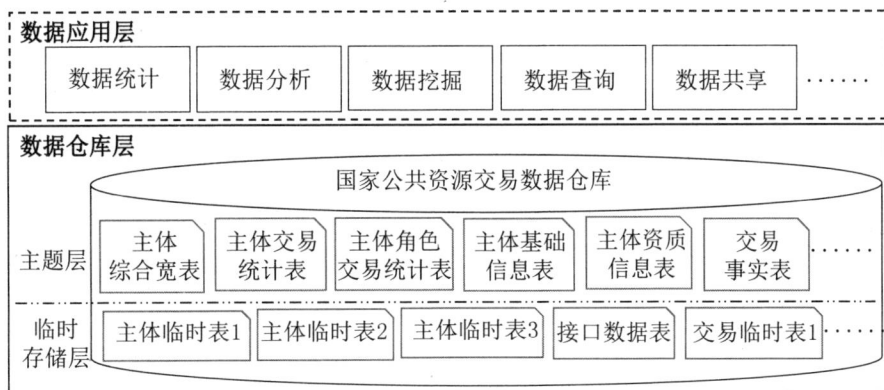

图7-5　数据仓库表构成图

数据仓库的建模方法有多种，如何高效地将大数据按需处理、有序组织和存储，在性能、成本、效率和质量之间取得最佳平衡，进而支撑公共资源交易大数据的分析与挖掘应用，深入的业务理解和建模技术缺一不可。目前，国家公共资源交易数据仓库已重组了1000余万条市场主体的交易信息，其中仅2019年和2020年就有161万条参与了公共资源交易活动，平均每月8万多主体活跃在交易市场，呈持续上升趋势。在实际应用中，基于数据仓库开展了新能源、公共卫生等行业资源分配和京津冀区域经济关联的分析研究，主体交易综合宽表正在支撑着全国公共资源交易业绩查询系统的日常运行和统计分析，其中权威的企业基本信息、资质信息和交易成交信息已通过接口方式向地方交易平台开放，逐步服务于全国各地的全流程电子化交易。

"数据"和"创新"已成为公共资源交易领域促进业务创新增值、提升交易平台核心价值的重要驱动力。"大数据+公共资源交易"必将进一步改善政务办公水平，提高公共服务质量，推动有效构建中国营商新环境，为全球营商环境优化提供良好借鉴。

第八章 公共资源交易数据的交换传输

为推动公共资源交易大数据从资源向要素转化，促进数据在全国范围有序流动，需设计合理的数据交换传输方案。本章结合公共资源交易数据业务特征和交换情况，提出全国公共资源交易数据归集与交换传输的整体架构，以及不同来源数据的交换传输模式，分析了不同模式落地实现的难点，希望对不同行业构建政务大数据的整合共享提供参考。

第一节 公共资源交易数据交换传输内容

数据要素的特殊属性，要求加强数据资源的开放共享；数据越多价值越大，越分享价值越大，越跨行业、区域价值越大。推动海量公共资源交易数据的连接、交互和有序流动，促进多主体、多场景使用，可产生无可限量的经济和社会价值。这些也是笔者在实施国家公共资源交易服务平台一期工程的数据交换任务时的目标。而采用服务思维代替项目思维，以交易数据业务特征为出发点，完成全国各地、各部委公共资源交易数据的完整归集和交换传输，按需同步更新，是发挥公共资源交易数据价值最大化的必要环节。

1. 数据归集领域与交换内容

我们已经知道，在所有应用场景中，市场主体是交易活动的发起者、组织者，也是交易行为的直接参与者、实现者，而交易行为通过不同阶段的数据体现。因此，公共资源交易数据归集与交换内容应围绕市场主体的交易活动进行，表达出从入场登记到成交的全周期，覆盖相对成熟交易领域，如图8-1所示。

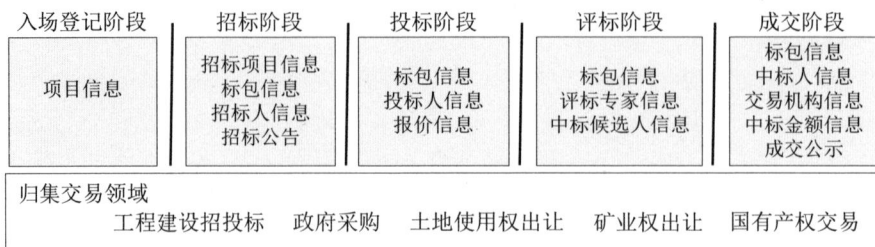

入场登记阶段	招标阶段	投标阶段	评标阶段	成交阶段
项目信息	招标项目信息 标包信息 招标人信息 招标公告	标包信息 投标人信息 报价信息	标包信息 评标专家信息 中标候选人信息	标包信息 中标人信息 交易机构信息 中标金额信息 成交公示

归集交易领域
工程建设招投标　政府采购　土地使用权出让　矿业权出让　国有产权交易

图8-1　公共资源交易数据归集领域与交换内容示意图

目前，国家公共资源交易服务平台正式运行，已完成了工程建设招投标、政府采购、土地使用权出让、矿业权出让、国有产权交易五个领域的不同阶段数据从各省和各领域主管部委向国家级平台的归集，并面向社会提供服务，进一步挖掘交易数据的业务价值，如交易信息公开对市场主体招投标的参考价值、数据流动共享对简化招投标流程的价值、交易市场主体行为动态趋势等。

2. 兼容数据动态扩展和质量提升

公共资源交易大数据的交换传输应考虑并兼容以下明显的业务特征。

一是源头多样业务特征明显，数据海量实时更新；应用驱动数据共享内容，体系结构动态扩展。全国地市级交易系统生产的电子化数据形态各异，招标公告、中标公示等在地市、省、国家各级媒介均要求数据生成当天发布。四大板块汇集的数据，2021年成交项目数量超110万个，2022年成交项目数量已达140多万个，呈现出逐年递增趋势。《公共资源交易目录指引》的印发，以及加强公共资源交易全流程电子化的要求，使得越来越多交易领域纳入电子化范围，要求现有公共资源交易数据体系具有强大的动态扩展能力。

二是数据质量暂不尽如人意，确权与定位困难重重；数据交换双向需求不同，多种时间标识易混难辨。目前源头提供的数据存在各种问题，如金额填成手机号码、万元与元不分、来源平台混乱等，对于后续应用造成很大困扰。数据源头的确权、错误数据的定位、错误信息的反馈都有一定难度，闭环效果不理想。数据在国家层面主要支撑宏观的统计、分析、对比、决策、监督等应用，在地方层面多用于简化微观的交易业务过程；多种时间标识分别代表不同业务含义，如中标时间、发布时间、上传时间，前两者表示业务交易时间和公示时间，后者为校验核对的数据时间戳。

公共资源交易数据的交换传输链条很长，中间经过多个环节，在从地市到省到国家的交换传输过程中，不仅要保障有需求的数据内容应传必传，还要考虑到交换传输过程中的数据校验、反馈、安全等工作。

第二节　公共资源交易数据交换传输的整体架构设计

按照"运用大数据加强公共服务"的战略，设计图8-2所示公共资源交易数据交换传输整体架构。

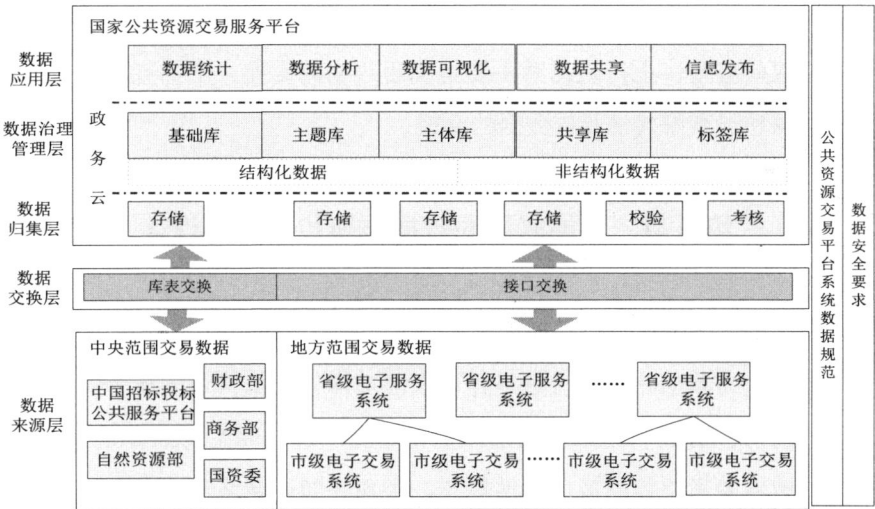

图8-2　全国公共资源交易数据交换传输整体架构图

整体架构由数据来源层、数据交换层、数据归集层、数据治理管理层、数据应用层构成，从来源逐层逼近公共服务应用，各层均遵循统一的公共资源交易平台系统数据规范，以及数据安全要求。

数据来源层包含地方和中央范围的交易数据。地方数据由地市级电子交易系统产生，按数据规范抽取转换后实时推送至省级电子服务系统，省级通过数据交换层的接口交换实时传输至国家公共资源交易服务平台；中央数据由财政部、自然资源部、商务部、国资委等通过库表交换完成。数据归集层完成对国家平台缓存库数据的存储、校验、反馈、考核等事项，并将结果反馈给数据来源；数据治理管理层对原始数据进行质量提升后形成基础库，再结合交易业务需求重新组织数据结构，形成主题库、主体库、共享库、标签库等，支撑最上层的服务应用。

数据交换层有库表交换和接口交换两种交换方式，数据可以双向流动，主要由交换软件完成交换工作。为了方便数据的数量、内容、格式的核验，在交换层的交换过程中，数据保持离开提供方的模样，交换到国家平台侧。在国家平台侧，数据经由缓存库到基础库，再到共享库，不同数据库之间的数据同步均通过交换完成，一般采用网闸或ETL工具完成，并经过存储、治理、整合等一系列步骤才能提供给后续的不同使用。交换层的数据双向流动，上行流动时主要是交易数据的交换，下行流动时主要是反馈信息和国家侧共享开放数据的交换。

第三节　不同来源的数据交换传输模式设计

一、地方范围数据接口交换模式

地方交易数据的明显特点是异地来源多样、数据格式多样、省平台技术架构多样、省侧和国家侧数据库类型多样。针对以上特点，设计图8-3所示的地方多来源数据接口交换模式，实现在同一网络环境中多来源数据的自动采集和校验，支持两侧不同数据库类型，实时交换传输。

该模式包含接口程序、数据交换软件、前置机。接口程序多省复用，根据省平台主流的B/S架构、J2EE和.NET提供标准API接口和WebService接口服务，部署在省平台侧，实现数据校验、上传、异常反馈、数据获取等功能。省平台上传数据时，调用接口程序先启动数据一次校验，将长度异

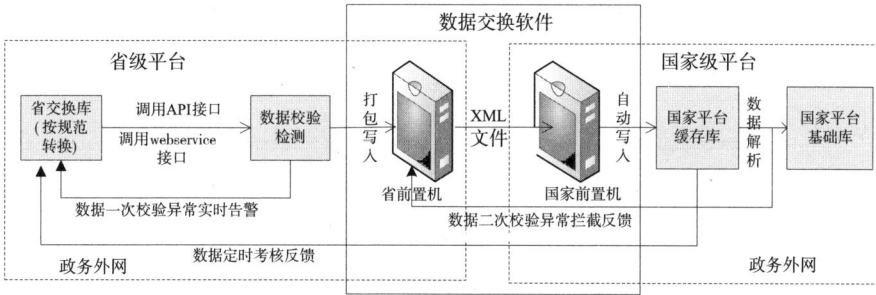

图8-3　地方多来源数据接口交换模式示意图

常反馈省交换库告警，并将数据打包成XML格式自动写入省前置机，触发数据交换软件传输到国家前置机，写入国家平台缓存库，此时完成数据解析执行二次校验，拦截不符合规范的异常数据反馈省前置机，正常数据则写入国家平台基础库。

接口程序充分利用代码字典表达不同信息，如3～4位数字组合表示不同类型的表，其中第1、2位区分交易领域，第3位区分交易阶段，第4位表示该领域为新增；用0、1、2表示数据的新增、修改、删除；用3位数字100～999区分校验异常的不同类型和错误，用0开头的4位数字组合区分来源平台等，所有代码组合均满足扩充设置，支持交易领域的随时增加。接口程序可实时核查省平台某时间段的数据上传量、成功量、失败量、失败原因；数据交换软件可实时核查某时间段省前置机的数据量、国家前置机的数据量，及两侧的交换数据比对。

二、中央范围数据库表交换模式

中央范围交易数据来源于各交易领域主管部委，特点是部委已完成校验治理，数据质量高，无须转换，但均需从互联网摆渡到政务外网，再经前置机交换至国家公共资源交易服务平台，部委侧和国家平台侧数据库类型不同但数据结构一致。针对以上特点，设计图8-4部委来源数据的库表交换模式。这种模式为库表的点对点交换，以数据源侧数据为准，接收方不做校验。

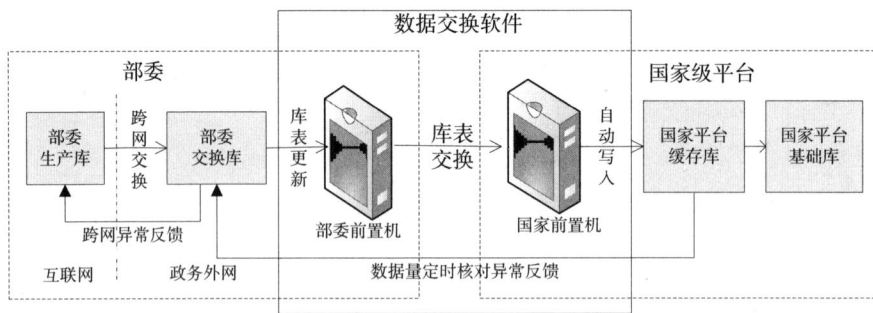

图8-4 部委来源数据库表交换模式示意图

该模式复用每个部委已配备的整合共享前置机和数据交换软件。通过数据交换软件配置库表交换任务，设置部委交换库为数据源、国家平台缓存库为目的，开通数据传输端口，由实时插入部委交换库的数据触发交换任务，进行数据的自动传输。交换软件双侧表结构必须设置主键和交换时间字段。主键标识数据的唯一性，用以监测、定位核查；交换时间应设到秒级，是交换软件判断是否自动传输的标识字段，也是核对数据量的时间参考。

三、国家向地方交换数据的接口模式

数据下行交换时，国家平台向地方提供治理过的主体成交记录数据，质量高且完全符合规范。不同省、地市对数据的需求、用途各不相同，因此国家平台提供rest接口服务模式，地方按需调用或者直接集成在系统中支撑业务。该接口服务支持地市级交易平台直接调用，也支持通过省级交易平台逐级调用，由国家平台控制资源使用方的日调用量和峰值，并监测接口运行情况。

除主体成交记录数据之外，国家平台封装了企业基本信息、建筑类企业资质和个人资格信息的接口，向地方交易平台开放。地方交易平台可以实时调用简化本地交易招投标或评标使用。

第四节　数据交换传输的难点处理

1．交换传输的依据

数据规范是交换传输的依据和约束，适用于全国公共资源交易平台系统间交换共享交易数据。为了保障数据的一致性和可用性，地方来源数据均需在上传前按照规范抽取约定的内容，完成格式的统一，如字段类型、金额单位、交易时间的转换，数值小数点的取舍等，只有通过国家平台按规范设置的校验规则，才能成功交换到国家平台存入基础库。数据规范体现出不同交易领域的业务特性，也具有不同交易领域的通用性和扩展性。

2．地方数据交换标识

为了标识地方数据的唯一性和来源省份、交换时间等特征，接口程序设计了由区域码、时间码、流水号共25位组成的数据交换标识码，其中2位数字组合表示31省和新疆生产建设兵团的区域码，用年、月、日、分、秒、毫秒共17位数字表示数据传输交换的时间码，从000001～999999的6位数字构成不重复交换顺序码。除了交换标识作用，该码对于数据治理管理层、应用层的数据分类、统计、多维分析、分省业务判断等也具有重要参考意义。

3．部委数据异常定位

部委来源数据的库表交换模式中，通过跟踪数据量来判断交换过程正常与否，通过主键定位异常数据。交换异常的反馈集中在两个环节，一是部委侧跨网交换，网闸对于大对象的长文本存在传输失败现象，需要定时跟踪；二是监测环节中数据量不一致时，应从后往前核查，补充丢失数据。

4．数据安全要求

从来源层到应用层，数据安全贯穿始终。网络层面，所有数据的交换传输均通过国家电子政务外网完成，充分利用政务外网安全设备和策略保障。数据层面专家信息、自然人身份信息、交易招投标过程阶段信息都是敏感信息，需要进行加密存储，第4章数据分级中已提到上述数据应按交易阶段划分级别使用或交换传输；交易业务头尾公告数据均属公开范围，但当批量数据相互关联时可产生较大的业务价值，故在数据应用层采用了日访问量限制、每分钟访问量限制等反爬策略，若监测到某IP地址访问次数达到上限，列入黑名单自动封锁3小时。日访问限制次数是根据各地交易平台的每日入场项目数量估算得出的，能满足正常访问需要，并杜绝对数据的恶意爬取。

截至2023年6月份，接口交换和库表交换模式已在全国形成稳定的数据动态更新和同步机制，交换收集公共资源交易数据量超3亿条，按年涉及交易项目超100万个、交易额约20万亿元、主体80万家左右，推动了全国公共资源交易数据枢纽为社会需求服务，以及交易数据要素在全国范围的流动，提升了公共资源交易业务协同效率。强化公共资源交易数据业务特征的交换共享模式，对于不同行业构建政务大数据的整合共享具有一定参考价值。随着区块链等新技术在交易领域的研究，提升源头数据质量的创新交换共享模式将会带来更多碰撞。

第九章　公共资源交易数据的流通共享

公共资源交易大数据的流通共享是促进交易市场一体化的基础环节，与数据质量、数据规范、应用需求、软硬件等因素紧密相连，并和市场主体、市场环境等构成有机整体，是一个动态发展的体系。本章采用服务思维，从交易数据业务特征出发，结合应用需求，构建基于现有归集模式的交易数据资源目录体系，设计了资源流通与服务框架。该体系框架支持交易数据资源跨部门、跨地域的流通、共享和使用，促进交易大数据的价值实现。

第一节　公共资源交易大数据的初步资源化现状

一、交易大数据与流通共享有关的业务特征

公共资源交易大数据的流通共享和数据的敏感程度、安全传输、实时性、准确性、需求程度、重组要求等均有很大关联，我们将其有关的业务特征总结如下。

一是从源头控制敏感数据，降低流通安全隐患。地方交易平台产生交易数据时，L1级数据按要求及时公开并及时交换；L2级数据为内部数据，正常存储并交换，无须专门处理；L3级数据为敏感信息或阶段敏感，专家或自然人身份证号码等敏感信息录入交易系统后，存储或交换的全过程均应采用国密算法加密，阶段敏感信息在L3级时也需加密存储，降低为L2时才可进行交换传输，避免投标评标过程信息的泄漏。

二是领域渐增流程清晰，数据海量实时更新。随着公共资源交易目录范围扩展，海洋资源交易、用能权交易等越来越多交易领域纳入电子化交易平台范围，以及加强全流程电子化的要求，交易数据量会急剧增加，并且将持续增加。在所有公共资源交易领域中，交易流程都比较清晰，阶段性要求明确，如招标公告、中标公示均要求生成当天在规定媒介发布，数据在流通共享范围内的交换传输要求也是当天。

三是主体和交易类型多样，数据重组意义多样。同一市场主体可以是招标人、投标人，也可以是采购人、中标供应商，还可以是出让人或受让人等，拥有多种交易角色；市场主体可以是机关、团体，也可以是企事业单位，不同市场主体的类别性质不同。交易类型除招投标外，还有拍卖、挂牌、协议等多种形式。将链条式结构化数据重新组合为不同主题，可反映出交易市场的区域化融合程度，揭示交易行为隐含的资源配置规律。

四是数据多源质量参差，应用需求驱动流通。公共资源交易电子化数据产自全国1000多个地方交易系统，数据源结构千差万别，数据正确性、完整性有待提高，大量的原始过程数据没有产生价值。有应用需求才有流通可能，应用需求驱动数据流通和共享，多源数据融合产生应用成效。

二、公共资源交易大数据的初步资源化现状

数据变成资源是流通共享并发挥价值的前提条件。地方交易系统的海量数据，表结构不同、数据格式不同、数据采集时间点要求也不同，通过政务外网级联式归集到国家级平台政务云存储。国家级平台对所归集的数据打标签，识别所属领域、主体性质、交易类型、交易时间等业务特征，对疑似异常的大额中标值核查治理后，形成统一格式的库表和接口资源。

数据规范是交易大数据资源化的依据，是数据共享、交换和应用的基础。2018年国家发展改革委联合财政部、自然资源部、国资委印发的数据规范2.0，覆盖五个交易领域的主要业务环节，约束了数据内容、来源平台和格式，为数据交换、流通和溯源做了关键准备，也是数据生命周期质量控制的机制保障。目前，全国公共资源交易数据的交换传输、流通共享

均以数据规范2.0为指导依据。各省根据数据规范2.0结合本省交易业务特点，细化形成本省通用的省级数据规范对应版本，地市级交易平台向省级交换数据时，以省级数据规范为指导依据。

目前，国家级平台形成140个基础库表，涉及3000多个字段，生成了元数据及数据级联式汇聚与反馈机制，但库表之间业务依赖、包含关系并未形成统一对外的资源目录体系，难以高效支持交易数据资源的流通共享。再者，接口对政务部门开放服务，支持省级、地市级交易平台直接与国家级平台扁平式对接，近70家政务单位呈分散的点状管理，尚未形成资源应用指标评价使用成效。

各省按照数据规范内容和格式要求抽取部分交易数据交换给国家级平台，但省与省之间并无交易数据的相互交换。由于地方包括交易管理、交易组织和交易监督职能，省级和地市级交易平台的库表远远多于国家级平台，主要以本省交易项目为主，也有少量跨省交易项目数据。各省都构建了主体信息库，收集在本省交易的市场主体信息，为省内的招投标提供参考。目前已有省份完成或正在进行省内电子交易系统数据、电子服务系统数据、电子监管系统数据和第三方系统数据的互联互通，以大数据底座及全省一张交易网的形式为省内交易业务提供统一服务。

第二节　构建公共资源交易数据资源目录体系

一、交易大数据的资源目录体系

交易大数据的资源目录体系架构如图9-1所示。

数据归集体系、资源化体系是资源目录体系的基础，地市级交易平台将分交易领域的数据交换到国家级平台，在国家级平台完成数据考核、反馈调整、清洗处理、整合补全、重组等系列资源化操作后，形成两种形式的资源：库表和接口。简言之，库表资源是指来自源头数据经清洗处理后的库表数据，接口资源是围绕市场主体重组后交易数据。

数据资源目录体系从不同业务角度对资源逻辑分类，形成层次清晰的

数据资源目录体系	数据应用指标				资源监测指标		
	交易领域目录树			交易流程目录树		资源来源目录树	
	资源名称	资源描述	资源属性	资源格式	资源类型	更新频率	资源容量
数据资源化体系	库表资源、 接口资源						
	数据考核	反馈调整	清洗处理	整合补全	资源存储	元数据	资源化监测
数据归集体系	国家公共资源交易服务平台						
	工程建设招投标	政府采购	土地使用权出让	矿业权出让	国有产权交易		林权交易
	碳排放交易	药品采购	二类疫苗采购	排污权交易	海洋资源交易		……
	数据交换系统						
	地方交易平台数据(省级、地市级)						

图9-1 交易数据资源目录体系架构

资源目录树,支撑从交易领域、流程环节、来源等任意搜索资源,并从交易业务层面定义资源属性等相关项,以及数据应用、资源监测指标。市场主体对交易业务的检索习惯主要有三种,从交易领域、交易流程、数据来源切入,所以公共资源交易的数据资源目录体系可设计为包括三种目录树,即交易领域目录树、交易流程目录树、资源来源目录树,每种目录树都有业务角度的资源名称、描述、格式、类型等属性,及对应的数据指标。

二、构建交易数据资源目录树

1. 数据资源目录树结构

在第4章公共资源交易大数据分类分级中曾阐述,按照业务应用角度从大类交易领域、二级子类交易流程、三级子类交易场景构建的交易领域数据资源目录树。从业务应用角度考虑,还有交易流程目录树和资源来源目录树两种数据资源的分类方法。顾名思义,交易流程目录树通过项目入场后的流程进展构建目录树来挂载所有数据,资源来源目录树从数据来源地域、提供平台来挂载数据,更清晰表达了数据确权的概念。结合数据规范内容范围和约束,我们仅以交易流程目录树为例,设计如图9-2所示的交易数据资源目录树结构。

交易流程目录树按照大类交易流程、二级子类交易领域、三级子类

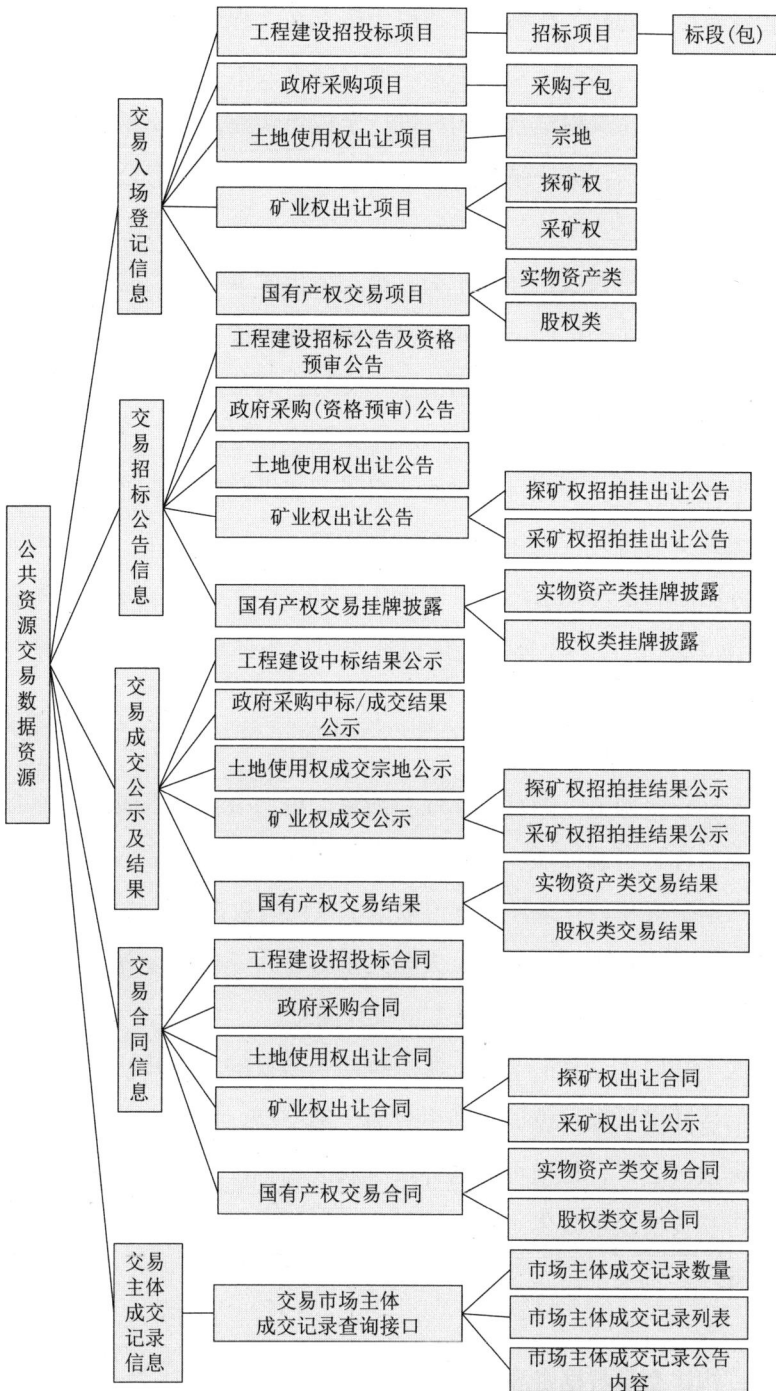

图9-2 公共资源交易流程目录树

交易场景做层次划分，此种方法适用于按交易流程或按交易时间顺序查询数据资源的需求，比如需要检索某条成交结果公示，直接从大类"成交公示及结果"的交易流程结合时间段进行定位更快捷。以交易流程目录树构建应遵循四个原则：第一结合交易流程的重点环节、信息公开要求、业务需求划分大类，覆盖统计、分析和监管必需的交易首尾资源、信息公开资源；第二细分交易领域，标识子类；第三突出大类与子类的包含关系；第四各级节点均可动态扩展。因此，归集的库表资源大类可划分为入场登记信息、招标公告信息、成交公示信息、交易合同信息四大类；整合数据形成主体成交记录信息类。

对于同笔交易，资源目录树的一级子节点纵向跨越交易时间主线，从入场登记到交易合同，表达出一个交易周期；二级子节点、三级叶节点之间为业务层面的包含关系；三级子节点和四级叶节点为1对N包含关系，代表1个招标项目包含多个标段。接口资源围绕主体成交记录，分解为三个子接口，内容粒度纵向细化。

2. 编辑目录树节点属性

首先标识资源节点的基本属性和约束。资源节点基本属性对外公开，包括资源名称、资源描述、更新频率、资源容量、是否敏感等。资源节点约束含数据字典和共享条件设置，数据字典说明数据项名称、类型、非空/必填、主键、联合主键、索引、关联关系等；共享条件设置有条件和无条件共享，有条件共享需资源提供方审批并同意。

其次串联同笔交易的节点资源。将同一项目的不同叶结点资源，按时间顺序衔接并串联项目编码，即组合为一笔交易。例如，工程建设招投标领域的标段（包），往前可串联标段所属的招标项目，往后可串联标段的招标公告和资格预审公告、中标结果公示，及成交合同，为交易全流程监管做准备。

三、构建交易数据资源指标

数据资源指标包括数据应用指标和资源监测指标两大类，见表9-1所示。数据应用指标映射国家政策对全国公共资源交易市场的影响，也是持续优化营商环境、提升交易服务效能的反馈，根据应用层需求而定，深度绑定交易业务，分领域交易趋势分析、主体成交行为分析、跨区域市场融合分析等；资源监测指标一方面评价资源提供方的服务能力和服务质量，另一方面反映资源使用方对资源的需求程度，及利用资源对业务的支撑程度。

表9-1　交易数据资源指标

指标类型		一级指标	二级指标	三级指标	四级指标
数据应用指标	统计指标	招标/出让项目数量	月季年	行业类型	地域省份
		中标/成交项目数量			
		中标/成交金额			
		市场主体数量			
		主体竞争力度			
		交易服务吸纳度			
		交易服务输出度			
		交易收支平衡度			
	及时性指标	公告发布及时性	行业类型	地域省份	
		业务流转及时性			
资源监测指标	资源提供方服务指标	资源支撑阀值			
		资源支撑峰值			
		资源故障次数			
		资源解决时长			
		资源更新频率			
	资源使用方需求指标	资源调用量	日调用量	调用峰值	
		业务提升成效			

表9-1可见，数据应用统计指标由四级组成，包括项目招标、成交相关统计值和主体参与状况、交易服务评价相关统计值，进一步细化时间、行业类型、地域维度；及时性指标由三级组成，包括公告发布及时性和业务流转及时性相关值，细化行业类型和地域。资源提供方的服务指标包括

资源支撑阀值、峰值、故障次数、解决时长、更新频率等量化服务能力的指标，使用方需求指标主要包括资源调用量、业务提升成效等量化需求能力的指标。

第三节　公共资源交易大数据的流通共享体系

一、资源流通与服务框架

交易数据在政务系统内流通不存在货币媒介的交易，以辅助政务单位的履职为目的。国家电子政务外网承担着全国交易数据的归集，也必然地成为面向政务部门资源流通的主要渠道。国家级政务信息共享平台强化了资源提供方与需求方的有机连接，为数据交换、资源流通和跨部门协同提供了条件。同时，非结构化的交易公告公示，通过互联网面向社会和市场主体开放。资源需求方优质的场景需求产生优质的应用效果，优质的服务成效创造更优的需求，正向迭代推进，资源流通与服务框架如图9-3所示。

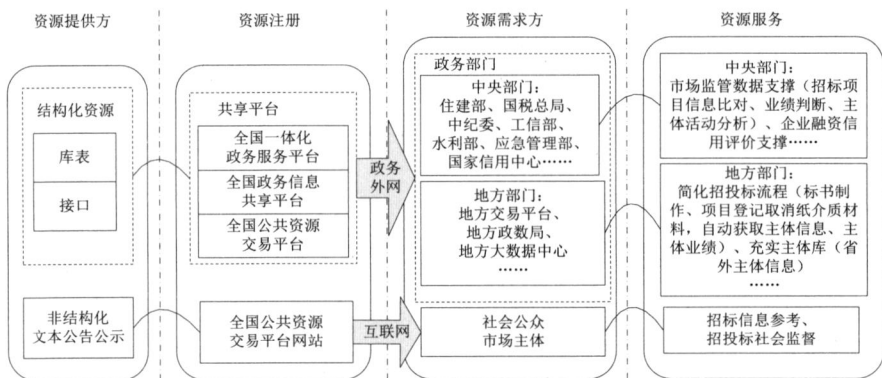

图9-3　资源流通与服务框架

交易数据跨部门、跨地域的共享和业务协同，体现了交易市场的区域化融合发展，破除省际间招投标的垄断分割，推动竞争有序的全国统一大市场的建设。流通时间越短，流通效益越高。目前流通到中央政务部门的数据资源，用于辅助行业市场项目监管，如住建部利用筛选出建筑类项目与住建工程项目比对，核查参建主体与中标主体的一致性、业绩真实性等；再如实时支持银行信易贷中小微企业融资信用评价，2022年实时支撑全国邮储银行业务1万多次，其他银行也正在逐渐接入。流通到地方的数据资源，多用于对招投标业务的简化，如南京简化投标人的标书制作和业绩录入；云南利用资源信息取代市场主体注册，降低人为登记的错误，提高办公效率。在全国类似需求强烈，资源共享服务急需扩展。

二、数据资源流通的难点

无论在公共资源交易数据资源，还是其他数据资源的流通过程中，权属问题是一致的难题。交易数据产生时，会明确标识地方来源交易平台的数据所有权，但资源化过程中，数据持有权、加工权均无任何定义，数据所有权人无法控制或识别数据后续的权属。流通过程中，同一数据资源历经不同机构、不同使用者的不同需求，相关的使用权难以界定。再者，公共资源交易数据资源在政务系统内流通目的是辅助支持政务应用，拟使用者只需申请免费开放共享的资源，通过审核即可使用。

鉴于以上，在公共资源交易数据资源的全生命周期中，应优先保护所有权人的权益，严格约束需求方对数据的使用边界，比如对源头数据质量高的资源所有权人进行激励，要求资源使用方书面承诺不得将数据用于商业行为、不得提供给第三方等；对于资源提供方来讲，要承担所提供资源安全应用的责任，应有一定的技术手段如IP跟踪、黑白名单等判别使用者是正常使用，还是恶意爬取数据的行为，并且及时中止恶意行为。

在大数据上升为国家战略的背景下，数据流通共享拥有政策和市场的双重机遇。公共资源交易数据资源目录体系与流通共享框架相辅相成，以服务主体为本，利于交易数据的价值变现，促进资源配置不断优化。目前区块链技术的应用也在研究中，若进一步推动全国主体信用信息、资质信息整合并流通，可极大地提升全国范围交易业务的招投评标效率，完善公共资源交易政务数据生态环境。

第十章　区块链在交易数据整合共享中的应用研究

　　公共资源交易数据的整合共享是我国深化公共资源交易改革的重要组成部分，也是对我国政务数据资源共享开放的积极响应。本章总结公共资源交易数据整合共享现状和存在的问题，结合区块链技术特点和数据业务特征，提出区块链技术在公共资源交易数据整合共享中的应用思路。

第一节　公共资源交易数据整合共享现状及问题

一、数据整合共享现状

　　政务数据资源的共享开放是我国数字政府建设的基础性工程，也是我国全面实现治理体系和治理能力现代化的重要支撑。2019年底国家公共资源交易服务平台竣工，重要功能之一为依托国家电子政务外网和数据共享交换平台，完成公共资源交易数据每天从全国地市交易平台上行到省、国家级平台的整合汇聚，以及反向从国家级平台到各地市交易平台的共享开放。相关数据包含了全国范围内工程建设招投标、政府采购、土地使用权出让、矿业权出让、国有产权交易等公共资源交易和交易过程的信用、监管等信息，为市场主体、社会公众和监管部门提供公共资源多个领域交易信息服务，依法公开《公共资源交易领域基层政务公开标准指引》规定的信息，为促进市场主体公平竞争、提高公共资源配置效率等提供信息化支撑。

　　不同地方交易系统的表结构不同、字段定义不同、数据格式不同、数据采集时间点要求也不同。多来源的地方交易数据依托国家电子政务外网，呈纵向级联模式逐级向国家平台实时整合汇聚，见图10-1所示。

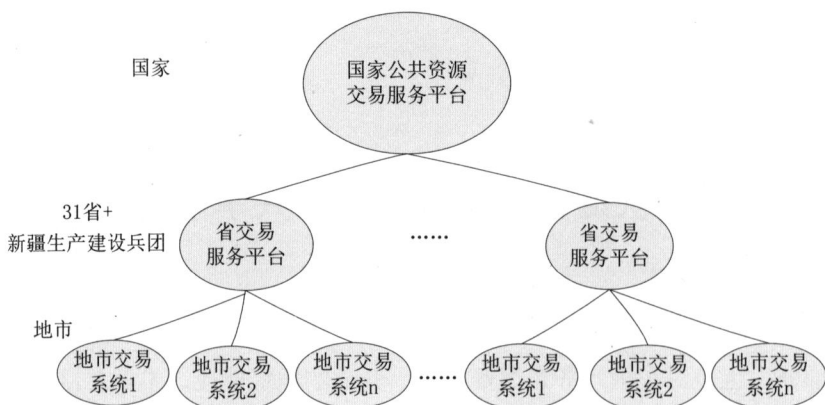

图10-1　多来源地方交易数据整合汇聚模式

地市产生的交易数据向省平台提交时，需依据统一的公共资源交易平台数据规范，抽取数据内容并完成格式转换后上行；31省平台和新疆生产建设兵团将采集到的地市交易数据，统一提交到国家级平台。地市通过数据关注每笔交易，省平台关注该省总体交易业务，国家平台侧重国家层面更宏观的应用，所以国家平台交易数据是所有省平台的子集，省平台则是地市子集。

国家平台从所汇聚的全国公共资源交易数据，将其中的市场主体信息及其成交记录以数据接口的形式，依托国家电子政务外网，面向省平台和地市交易平台共享开放。为了提高效率，地市级可直接对接国家平台，也可通过省平台逐级对接，见图10-2。通过省平台与国家平台对接的，一般由省平台开放给地市。国家平台共享开放的交易数据用于支撑地方简化招、投、评标业务的流程，同时也一并支持地方利用共享数据进行省级主体信息库的补充和完善，以及其他业务。

二、数据整合共享存在的问题

在公共资源交易数据的整合汇聚与共享开放过程中，存在数据权责

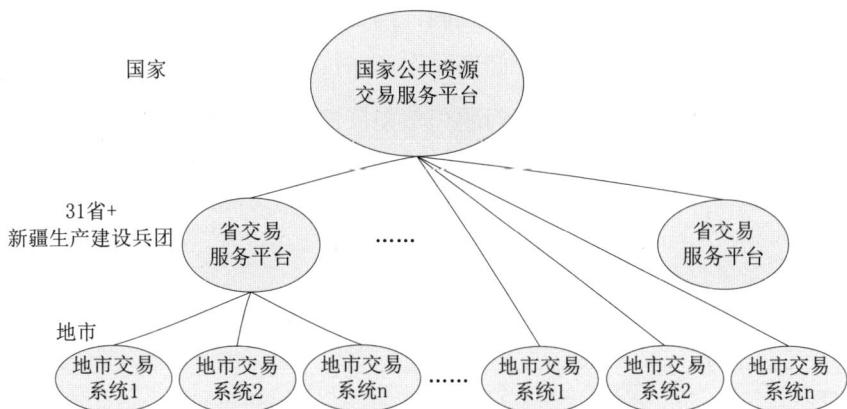

图10-2　国家级平台交易数据共享开放模式

不清问题。产生数据的机构，同时也是数据管理者、数据修正者；整合开放数据的机构，既是数据管理者，也是数据使用者、数据质量监督者，一定程度上还是数据治理者、数据修正者；使用共享数据的机构，也是数据管理者。各机构角色众多，在整合共享过程中，以及共享开放后的数据确权、数据存储、数据安全、数据准确性等权责问题界限划定也不够清晰，同时机构之间又缺乏相互信任，种种因素导致不愿或不敢主动共享核心数据，暂时也无有效手段推动数据自由地跨区域流动，数据要素价值得不到充分发挥。

国家级平台作为交易数据中枢，汇聚了2018年至今工程建设招投标、政采、土地和使用权出让、国有产权交易、碳排放、排污权、林权等多个交易领域的3亿多条交易数据，并持续递增。海量数据的传输速度、应用速度、质量把控在当前及今后几年都是难点，如传输积压延迟、涉及时间的搜索挑战用户耐心，以及交易额、金额单位、面积、面积单位等错填、乱填等低级错误很多，因没有明显规则或特征以致机器识别困难，基本靠人工发现并调整。在错误数据的溯源方面，国家平台综合该数据的来源省份代码标识、产生交易的交易系统标识码进行判断，可追踪到省级，难以直接追踪到源头地市。

交易数据具有业务含义，错误数据的修正应由产生数据的源头完成并重新逐级提交，但因为现有监管机制、沟通机制仍不完善，及交易数据时效性要求，国家平台发现简单问题时主要通过核对招标公告或中标公告文本完成调整；对于复杂或敏感问题仍然先反馈到省，由省通知地市调整并逐级提交到国家平台，溯源、反馈和修正周期较长，对数据的实时性影响较大。

第二节 基于区块链的数据共享研究现状

1. 区块链技术的特点

区块链作为一种去中心化、网络健壮、安全可信的技术，通过建立共识机制来解决参与者间的信任问题，从而帮助参与者在彼此不熟悉的多领域内完成协作。区块链中每个参与者记录的共享交换信息，都可以被共享给整个区块链网络，每个参与维护的节点都有权获得一份完整的数据库拷贝，这就构成了一个去中心化的分布式结算网络，在无须第三方介入情况下，实现点对点的信息交换和共享。

区块链是数字经济的信任基础设施。2009年1月，比特币的第一个区块"创世区块"诞生，至今区块链技术已经经历了十多年的发展，区块链应用也正在从数字货币，拓展到金融领域、供应链管理、IOT物联网、政务与公共服务等众多领域。

区块链技术之所以被如此广泛关注，是基于其在构建交易信任，提高交易效率，降低交易成本有突出优势。区块链技术结合了"分布式数据存储、点对点传输（P2P）、共识机制、加密算法"等多种技术开拓了一种创新应用模式，去中心化同时防篡改、公开账本和成员自治。基于这些特点，区块链技术构建了点对点之间可靠的信任，消除了中间环节的干扰，从而达到构建信任、提高效率，降低成本的效果。

思科预测，到2027年全球GDP的10%可能会存储在区块链中。IDC数据显示区块链行业有望实现越来越大的发展，它奠定了可编程经济时代的基础，预计到2030年可实现超过3万亿美元的经济效率和新业务价值。

2．基于区块链的数据共享研究现状

近年来，学者们将区块链作为新技术代表，研究了各种基于区块链的信息资源共享模型，试图解决异构系统林立、权责不清等数据共享中的问题，但现有文献对于其应用效率、考核等关键问题少有提及。2020年董超等人提出基于联盟链的国家政务数据共享开放模式，核心思想为借助国家电子政务外网，构建国家、省、市三级区块链结构，将区块链作为信任连通器，选择合适数量的节点做盟主，负责审核、管理、广播链上的变动；所有节点的数据请求、数据提供等日志记录上链，资源提供者将有需求的数据逻辑连接到链上。截至目前该模式仍保持在规划层面的提出或试点尝试，暂时还没有在国家级工程得以实际采用。

在试点尝试中，有私有链模式和联盟链模式两种。私有链模式主要用于某交易中心，实现交易过程关键信息存证和本单位相关部门的数据共享，交易数据的管理权限和使用权限限于该交易中心管理，一般是利用公有云提供的BAAS平台，开发智能合约对交易过程进行区块链存证。私有链是可以根据各自交易平台的特点进行量身定制存证节点，且数据安全自主可控，但无法与其他交易中心进行数据共享。联盟链是多个交易中心共同应用，在交易数据共享、打破交易平台之间的信息孤岛方面有优势，利于跨区域跨平台协同交易，为市场主体跨区域跨平台交易提供增信及便利化服务。在可信区块链计划部署安全监督节点，是联盟链模式的典型做法。

区块链技术在全球公共采购行业也有一定的应用尝试。因其防篡改和去中心化的特点，适用于在不同异构系统上交易并需要重复提交证明材料的场景，全球多个国家在公共采购中积极尝试应用区块链技术。2018年1月，美国国务院公开鼓励使用区块链技术提高政府与企业之间的合作效率。美国国务院副秘书长John J. Sullivan表示，"在公私合作中，区块链技术通过提高透明度，能够处理公共采购资金流程本身内的资金腐败、欺诈或挪用以及效率低下问题"。2019年1月，美国政府机构开始正式启动研究政府采购中的区块链解决方案。2019年3月，美国卫生及公共服务部

（HHS）向其采购平台的BUYSMARTER计划投资了700万美元，使用区块链技术对采购平台改造。2018年8月，根据墨西哥商业新闻El Economista报道，墨西哥政府首次在公共采购活动中提出采用区块链技术，以提高公开招标的透明度。2019年3月，韩国采购厅宣布利用120亿韩元建设韩国公共采购市场，通过促进革新和支援，创造更多工作岗位，提高经济活力，并专门提及将运用大数据、人工智能、区块链等尖端智能信息技术，全面改革公共采购市场。

第三节　区块链在公共资源交易数据共享中的应用

一、区块链与交易数据的结合点

结合上述特点和研究现状，如果区块链技术合理运用于公共资源交易数据的整合共享中，其去中心化、防篡改和可信的特点可以解决全国公共资源交易数据在地市级、省级平台的溯源问题，轻松完成源头的数据确权，而交易数据责权信息、需求信息、变动信息的链上广播，有助于对数据全周期的监督管理，从而提升数据提供者的责任意识，也是从源头提升数据质量的一种方法，错误数据的修正问题也将变得容易解决。在对地方的数据共享中，国家平台会降低新增使用者的接口开发工作量，也更容易管理和监督共享数据在全国的使用情况。

应用区块链的技术特点，有益于解决市场主体跨区域交易CA不通用和主体资信数据造假问题。利用区块链的统一共享账本存储企业基本信息、人员身份信息、企业与人员账号关系、CA数字证书公钥信息，各交易系统将本地账号系统统一与区块链账号进行绑定对接，可以解决交易主体跨区域注册重复提交材料、重复办理CA问题，一个主体ID可跨区域参与交易，大幅节约交易成本。通过区块链共享统一账本存储和管理交易主体的业绩、资质、奖励、证书、人员等资信信息，上链存证，并引用链上交易项目信息与行政主管部门的权威信息作为资信校验补充，各地交易系统在评标过程中使用链上资信信息，避免相关资质的造假。区块链防篡改、高度可信的特点，对交易过程中的关键数据和关键信息加密上链存证，通过智能合约对特定权限的授权解密查证，达到有效防范原中心化系统数据后台数据被非法篡改的风险，让交易过程更可信。

在营商环境方面，对于市场主体而言，通过金融机构的中小微企业融资评价可以获得融资，但金融机构与中小微企业之间信息不对称，难以考察企业信用状况。若引入区块链的技术，将市场主体跨区域交易数据提供给金融机构，同时金融服务通过区块链提供给交易中心用户。基于区块链数据可信特点，在金融机构授信，各个交易中心通行的效果，既可免除交易主体到不同的交易中心对接银行申请授信和递交保函的麻烦，也可减少交易系统对接众多金融机构的麻烦。

然而，我们要清醒地认识到，区块链的高资源消耗是客观存在的。作为一种分布式账本技术，区块链在多个节点的本地存储了完整的历史数据，所以区块链上的存储空间宝贵并有限，不能作为传统数据库使用。哪些数据适合上链，哪些数据不适合上链？需要将关系数据库、区块链技术，结合数据业务进行分析，将有价值含义、有共享需求、有协同处理需求、有审计需求的数据格式化处理后上链。大文件、敏感数据并不适合直接上链，可通过结合IPFS分割存储同时计算出哈希值上链或者密文上链；大体量的数据集、冗余重复的数据也不适合直接上链，以避免占用大量带宽，导致真正有价值的数据淹没，影响正常业务运行，同时大量数据内容上链也会导致区块链磁盘占用快速膨胀，造成所有节点的存储问题。同时，数据上链时需签名、哈希计算、加密、打包等处理，被使用前需要对应的解析、解密等恢复原文操作，这些计算开销是必须的。

二、区块链在交易数据整合共享的应用

1. 结合级联式数据汇聚的区块链应用

目前，多来源地方交易数据整合汇聚模式运行平稳，按日频率上行，已形成机制；同时，海量且冗余的交易数据，不宜上链占用大量资源。结合已有模式和整合共享问题，提出区块链技术在交易数据整合共享中的应

用：联盟链上完成数据的确权、追溯、变动、申请、审核，地方数据内容上行仍按原模式链下存储传输并与链上互验，国家平台数据本地存储并根据链上需求下行共享。这种应用可解决现有难题，并将成本、效率和安全取得相对平衡，示意图见图10-3。

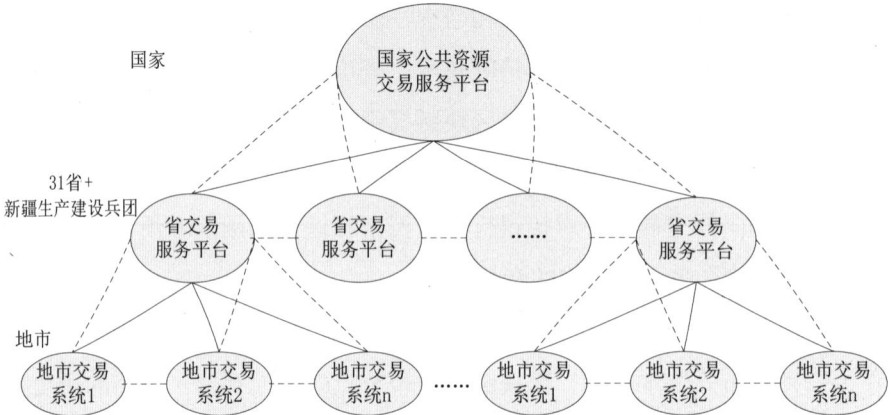

图10-3　结合级联式数据汇聚的区块链应用模式

图10-3中，实线代表地市交易数据上行的级联网络通道，虚线代表地市、省、国家组成的联盟链。数据内容上行时保持原有政务外网级联模式，但同时依托政务外网地市、省、国家三级形成联盟链，31省平台和新疆生产建设兵团可作为地方节点盟主，国家平台作为国家节点盟主，仅选择传输日志和增删改记录，按日批次进行IPFS分割存储，将哈希值结合来源平台、签名打包上链，每个区块不超过8MB。上行时，链上日志点对点广播给对应的省平台、国家平台，并不进行全链广播，以减少网络负荷。数据下行共享时，市场主体和成交信息的哈希值、交换日志，以及日后新增监管或专家等需共享数据的哈希值，由国家平台节点上链并做全链广播，同时地方节点的共享需求与应用情况同步上链，推动数据要素的流动和后期使用跟踪分析。

联盟链属许可链，对各省、地市交易平台设立准入限制，做受限访问，并不是政务外网的任何机构下载了节点运行的区块链程序就能接入链，即使有机构截取了网络包，也不知道区块链网络中的传输内容，从而提升数据安全。

2. 脱离级联式数据汇聚的区块链应用

脱离数据级联式汇聚的区块链应用，就是我们常说的利用区块链技术将有需求的交易数据全部上链，不再考虑现有的地市、省、国家级联提交数据的方式，从执行角度来讲，相当于全新部署实施一个新的数据采集和共享方案，见图10-4所示，仍然依托政务外网地市、省、国家三级形成联盟链，31省平台和新疆生产建设兵团作为地方节点盟主，国家平台作为国家节点盟主，对于基础设施尤其是存储的投入要求更高，对于数据加解密、数据读取的速度要求更高。

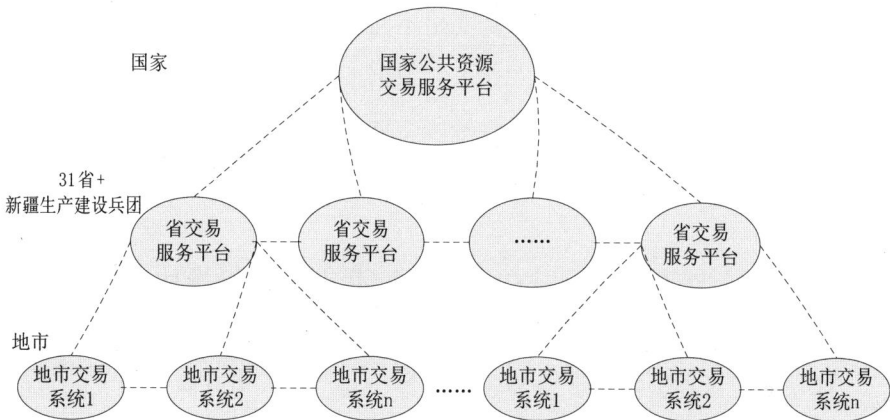

图10-4 全部交易数据上链的区块链应用模式

脱离级联式数据汇聚的区块链应用前提是需要先正确标识数据确权、制定数据上链标准、拓展数据覆盖的业务环节和数据项，建立数据全流程闭环治理机制，以及建立多地交易中心统一共用的联盟链。对于参与联盟链的多交易中心，需要共同建立一套合作机制，共同管理一个区块链平台，共同开发链上的应用，要有更强大的协调保障和更高要求的技术实施保障。目前，已有部分省开展公共资源交易区块链数据共享工作试点，构建交易数据共享链网，形成了数据全面上链、自动互通共享的模式。

我们知道，少部分交易信息和数据（如交易主体的招投标文件，交易过程中的存证信息）是不能共享的，即无共享需求的数据；评标专家信息以及招投标过程信息等是有严格保密、分阶段保密要求的，区块链的应用必须满足这些不同信息的上链要求，保密信息必须加密上链且有不受人为控制的机制保障不会泄露；对外公开的交易信息如中标公告等信息则可以公开上链；对于在受限范围内公开，应经过相关主体确认后有条件的公开，或者针对特定主体（如监督部门查证）的特定场景可以公开，这些机制都需要在区块链应用中作为特殊情况考虑。

对于区块链在交易数据整合共享中的应用，应该有专门的区块链通用字段进行标识。例如数据责任机构、数据生产责任人、数据上传时间、数据责任手机号码等，其中数据责任机构是指数据生产方（录入、共享）或提供方（接口传递、共享等），需要用不同代码标识不同机构的责任；数据生产责任人指数据生产方的责任人；数据上传时间可以防止数据在业务层面的分阶段泄漏；数据责任手机号码是数据生产方的数据负责人手机号码，用以短信通知。

第四节　区块链在交易数据共享应用的挑战

区块链技术在公共资源交易数据采集、共享和应用方面，最大的挑战在于技术层面的性能。公共资源交易领域众多，全国各地每天产生的交易非常多，交易数据量整体庞大。当涉及大文本的数据项时，单条交易数据所占的空间比较大，有时单笔交易还可能携带多个附件，甚至单个附件可能会超过100M。还有一些交易业务对交易过程的数据实时性要求极高，如竞价。解决区块链在公共资源交易应用的性能瓶颈是一个巨大挑战，需要考虑基于区块链底层的分布式数据和文件存储技术、文件的无损压缩或有损压缩技术、多账本技术、高效的共识算法、数据切片分布式传输技术以及通过区块链节点之间建立通信专线解决。

公共资源交易数据在交易过程中的阶段保密性是有要求的，在区块链技术应用中，需要高强度区块链节点分布式解密方案，在部署环节上引入身份鉴别、访问控制、系统安全审计、入侵防控等技术保障措施，但数据的加密解密和一系列的安全举措均需要牺牲时间和速度为代价，应找到安全和速度的均衡点。

公共资源交易是围绕市场主体的交易和行为，涉及各行各业，跨部门、跨地域，如果采用区块链技术，需要对接成千上万的系统，所以公共资源交易区块链技术应是开放的，支持足够多主流开发语言、针对不同行业业务基本功能SDK以及接口支持等，而不同区块链平台之间需要开放互联并引入跨链技术，比如采用侧链的混合技术等。

目前，各省的公共资源交易数据规范在数据项、格式、值域约束方面差异很大，虽然有国家的数据规范2.0作为交易数据交换传输的依据，但数据规范2.0是更侧重于从国家层面考虑宏观的交易情况，从全国抽取了各地关键的业务流程，难以对标到各地的具体交易业务。对于区块链共享应用而言，缺乏统一的数据标准，兼容性难以支撑各地不同的应用要求。而在监管方面，区块链技术应用于公共资源交易领域，对现有法律法规和监管框架也是新的挑战，需展探索研究适合、有效的规范框架，取得权威部门的支持，形成上下一致的监管政策。

合理应用区块链技术能够解决交易数据的确权、溯源问题，推动数据质量提升，但是不能解决源头人工录入的数据准确性问题。本书的结合级联式数据汇聚的区块链技术在交易数据整合共享的应用模式，是基于信任体系构建的联盟链，综合考虑区块链技术的优势特征和高资源消耗的缺陷，以及交易数据整合共享的难点，提出的相对平衡的方案，但与国家级联盟在数据整合共享层面的应用，还有待于后期跟踪并检验效果。

第十一章　公共资源交易数据的共享应用

主体关联信息、成交业绩信息在公共资源交易业务中的流动和合理使用，能够简化招投标流程，提升交易效率。本章从交易业务应用出发，突出关联信息资源的整合共享并服务于交易业务，设计公共资源交易主体与成交业绩查询的整体架构与主要功能，总结创新点与应用成效。

第一节　公共资源交易市场主体关联范围

《中共中央　国务院关于加快建设全国统一大市场的意见》提出，营造稳定公平透明可预期的营商环境是全国统一大市场建设进程中的关键一环，也是主要目标之一。充分发挥市场在资源配置中的决定性作用，是社会主义市场经济的基本要求，也是营商环境建设的首要目标。市场主体在市场三要素中居于主导地位，是市场经济的主要参与者。聚焦市场主体关切，激发市场主体发展活力，是优化营商环境、提升服务效能的有效措施。

公共资源交易市场主体包括在公共资源交易市场从事交易活动的组织和个人。交易市场主体类型以企业为主，据统计超过138万家企业参与过交易活动，另有超过55万家的事业单位、机关、社团等组织一并活跃在交易市场。随着区域市场一体化的推进和全国统一大市场的提出，跨地域交易行为越来越多，而省外交易信息的获取渠道较少，各省交易机构对省外主体的投标信息、资质和成交业绩证明难以评判；同时，市场主体也因获取省外交易信息不及时，影响到参与省外投标的积极性。全国公共资源交易市场主体基本信息和成交业绩面向社会公开，可很大程度解决上述问题。本章从交易业务应用出发设计，充分考虑了关联信息资源的整合共享并服务于业务，为政务信息资源从业务角度促进整合共享提供一些参考。

公共资源交易市场主体交易行为通过交易流程不同阶段留痕的数据体现。按照招标、投标、评标、中标的交易过程，将不同交易角色的市场主体分类，可以分为招标人、交易机构、投标人、中标人。在以往的交易流程中，招标人、投标人等基本信息、交易信息等均由交易机构人工录入，错误较多质量较差；同时，投标业绩由投标人自行提供，评标专家难以判断真伪。

组织机构类型中的企业，在交易中占比高影响大，其企业基本信息在市场监管总局均有备案登记，并且在政务信息共享平台上提供共享接口；部分有资质的企业在主管部门也有备案登记的企业资质信息。这些权威部门的登记信息若用于公共资源交易的招投标中，可提供权威依据，简化交易流程，提升招标、投标、投标效率。

公共资源交易较成熟的领域有工程建设招投标、政府采购、土地使用权和矿业权出让、国有产权（实物）交易、国有产权（股权）交易，其中工程建设招投标和政府采购是政府支出的主要途径，两领域的成交主体数量约占总主体量的81%，成交项目数量约占总项目量的83%。根据公共资源交易分类类目，工程建设招投标领域的交易项目包括房屋建筑、市政、公路、铁路、民航、水运、水利、能源、邮电通信、桥梁、城市轨道、信息网络、工业制造等；政府采购领域的交易项目包括货物类、工程类、服务类。由分类知，建筑类企业在两领域的交易活动中有绝对高占比，所以主体关联信息应包括住建部备案登记建筑类企业资质信息、市场监管总局的企业基本信息、信用中国的企业信用信息，以及最主要的分交易领域主体成交记录信息。

第二节　主体及成交业绩查询服务

主体及成交业绩查询服务主要实现从地方交易平台和有关方获取的公共资源交易数据和主体数据的整合归集，对社会提供以市场主体为查询对象的工程建设项目招投标、政府采购、土地使用权和矿业权出让、国有产权交易的统一的成交记录查询服务，以及主体自身的基本信息、资质信息、信用信息的一站式关联查询。

一、与外部、内部关联关系

服务主要与地方交易平台、国家级平台、部委数据接口、信用中国数据接口发生外部关联关系，实时获取数据并完成治理加工，如图11-1所示：

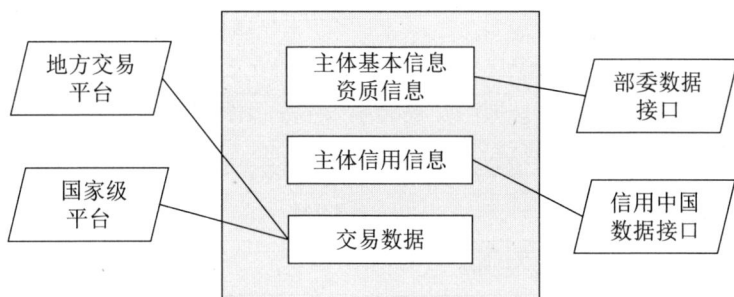

图11-1　外部关联关系图

交易成交业绩离不开内部的数据采集子系统对地方交易平台、部委接口的原始数据归集，经数据治理层的一系列处理和加工，提供可供查询可分析的数据到数据服务子系统、接口服务子系统，内部关联关系见图11-2。

二、系统整体架构设计

主体与成交业绩查询服务的系统整体架构分为数据来源层、交换层、数据治理层、应用层，如图11-3所示。

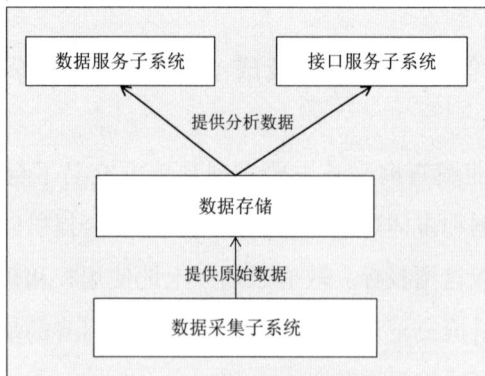

图11-2　内部关联关系图

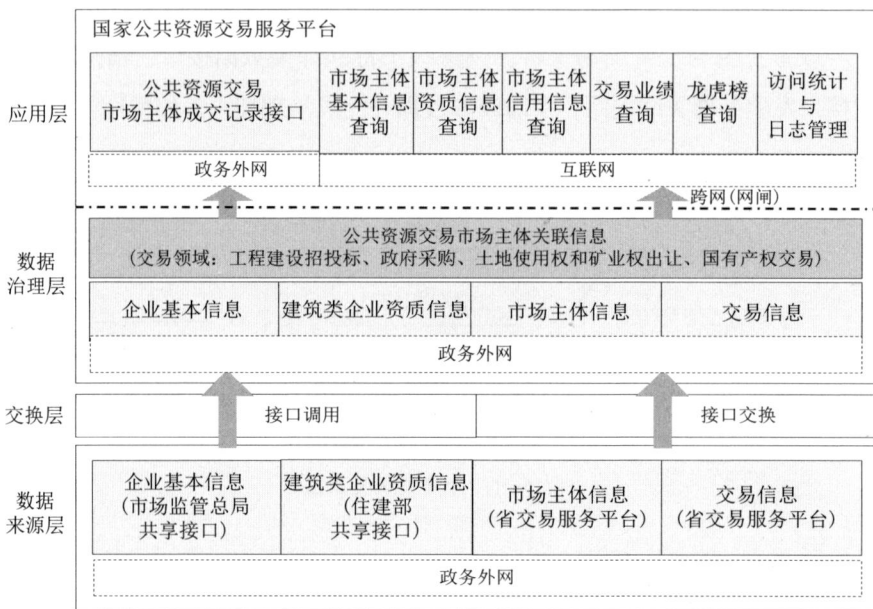

图11-3　系统整体架构图

数据来源层包括公共资源交易市场主体信息和交易信息（31省和新疆生产建设兵团交易平台），以及全国政务信息共享平台上的企业基本信息（市场监管总局接口）、建筑类企业资质信息（住建部接口）。其中，公共资源交易市场主体信息和交易信息由省交易服务平台经统一的API和Webservice接口交换至国家公共资源交易服务平台，各省有统一的可视化

DXP交换页面查看国家侧的自动反馈；全国政务信息共享平台上的接口交换，是以公共资源交易主体的统一社会信用代码作为输入条件，根据查询需求实时调用接口的主体相关基本信息、资质信息，并补全到国家公共资源交易服务平台对应数据表中。

在数据治理层，对交易信息中的交易额进行大额数值的核验和异常处理后，以市场主体统一社会信用代码为唯一主键关联四大板块所有中标/成交结果表的查询相关字段，实时获取各表数据，形成公共资源交易市场主体关联信息表，用于支持综合查询服务，避免大量查询时不同表相互关联的时间效率影响。应用层分为互联网和政务外网两部分，部署在互联网的应用利用治理后的关联信息面向社会提供查询服务，嵌入全国公共资源交易平台的"数据服务栏目"（http://data.ggzy.gov.cn）面向社会公众公开；同时，在政务外网部署了公共资源交易市场主体成交记录接口，面向政务系统用户提供接口调用服务。

三、主要功能设计

主体及成交业绩查询服务的主要功能设计见图11-4所示，由一级功能、二级功能、三级功能组成，上一级功能可往下钻，业务查询逐级细化，这些主要功能部署在互联网，面向社会所有人员开放。

主要功能依赖于底层的系统后台对市场主体的归集、对成交项目的归集，以及多数据库数据同步服务的实现，查询业务流程比较简单，如图11-5所示，从使用人员输入关键字开始，判断为单词组，则直接形成匹配条件，如果有匹配结果，返回结果列表，使用人员即得到主体基本信息、资质信息、信用信息、成交记录等；结果正常则查询流程结束，否则使用人员提交反馈信息后结束查询流程。如果初始关键字判断为非单词组，则组合多个检索条件进行匹配并返回结果列表。

从支撑交易业务查询的角度，数据流动示意图如11-6所示。数据从基础库或共享库按日定时从政务外网向互联网查询业务的本地数据库同步，通过数据完整性校验并存储，若未通过校验则返回重新同步；数据服务的

一级功能	二级功能	三级功能
主体信息一站式查询	主体基本信息查询	
	主体资质信息查询	
	主体信用信息查询	
	主体交易信息查询	
主体交易业绩查询	主体成交总量查询	交易领域查询
		交易量查询
		交易额查询
	主体分领域成交总量查询	分领域交易量查询
		分领域交易额查询
	主体成交项目信息查询	成交项目概要信息查询
		成交项目中标公示查询
交易龙虎榜	分领域分年TOP100主体排名	
访问统计与日志管理	访问量统计	任意时间段用户量统计
		任意时间段页面访问量统计
	日志管理	

图11-4 主要功能设计图

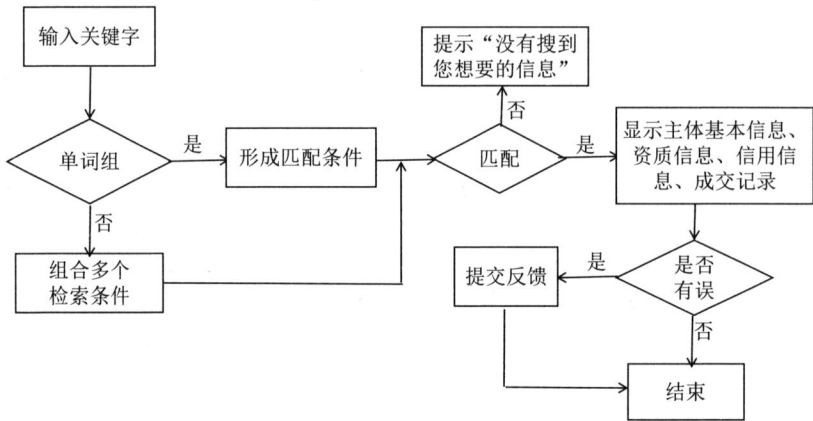

图11-5 查询业务流程图

各类查询功能均使用本地数据库中的数据进行查询。当使用人员发起数据查询指令时，数据存储提供符合查询条件的结果数据，在查询界面进行展示。

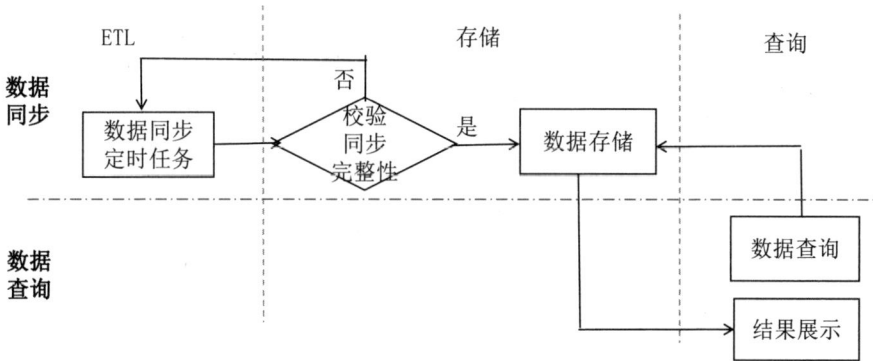

图11-6 查询业务的数据流示意图

四、主体信息一站式查询

主体及成交业绩查询服务提供市场主体基本信息、资质信息、信用信息、交易信息的一站式查询，输入主体名称或统一社会信用代码即可支持模糊查询、精准查询。交易信息的主体范围为公共资源交易市场主体；主体基本信息、资质信息、信用信息的主体范围并不局限于公共资源交易市场主体，覆盖了国内所有企业、事业单位、政府机关、社会组织。其中市场主体登记信息，包含统一社会信用代码、法定代表人、注册资金、经费来源、住所、业务范围等基本信息；资质信息包含了住建部核准的建筑类资格资质企业；信用信息与信用中国网站一致，采用了对接信用记录数量接口、详细内容跳转信用中国网站的方式。一站式查询功能关系如图11-7所示。

市场主体归集通报当前四大板块已归集的市场主体总量，以及当天新增的市场主体数量。由于涉及多个公共资源交易领域，在不同交易中，同一个主体可能是交易双方的任一方，因此需要对所归集的交易主体进行去重处理。若原始数据中提供了交易主体的名称及统一社会信用代码，可通过统一社会信用代码进行去重；若交易主体信息出现缺失，需要根据其他交易的基本信息进行关联提取，对交易主体信息进行补充。

成交项目归集通报当前四大板块已归集的交易项目总量，以及当天新增的成交项目数量。同样需要对全国不同省份的公共资源交易项目中存在

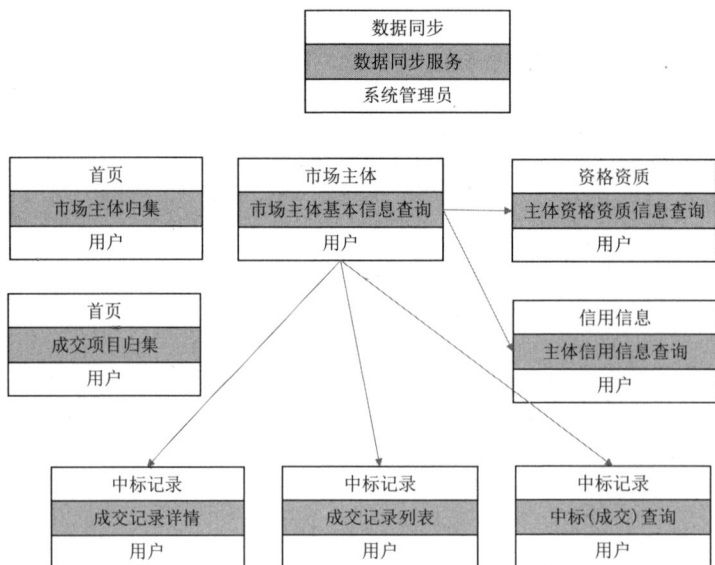

图11-7 一站式查询功能关系图

的重复项目进行去重处理，去重主要步骤如下：

（1）各地方交易平台对于同一个项目的唯一标识存在差异，需要对项目成交表的关键信息进行关联，如招标项目编号、标段包编号、统一交易标识码等关键字段；

（2）对于项目的项目名称、交易所在行政区域、中标人、中标金额的重合度进行去重；

（3）对于无法关联的项目根据公示的中标公示表的公示标题及交易的行政区域代码对关键字段进行相似度匹配。

中标/成交业绩查询针对全国公共资源交易市场主体的成交信息，治理后统一对外提供服务，包括主体成交总量（交易量、交易额）情况，及该主体作为中标/成交人在工程建设招投标、政府采购、土地使用权出让、矿业权出让、国有产权交易领域参与的成交项目情况，如招标方、项目名称、中标日期、中标金额，支持下钻至成交项目中标公示，支持原文链接到该中标公示首次发布的地址。用户输入主体名称或其统一社会信用代码开始检索时，系统对用户输入的内容进行自动识别，对符合检索条件的主体信息通过列表形式展示；如果输入内容非统一社会信用代码，系统根据输入框中的内容检索数据库中作为中标/成交方的主体名称进行模糊匹配。为了提高检索效率，市场主体信息以一个单独库表存储主体名称及统一社会信用代码，根据以下统一社会信用代码编码规则进行匹配。

（1）第1位：登记管理部门代码，5表示民政部门。

（2）第2位：机构类别代码。

（3）第3～8位：登记管理机关行政区划码，参照GB/T 2260中华人民共和国行政区划代码标准（登记机关所在地的行政区划）。

（4）第9～17位：主体标识码（组织机构代码），其中第17位为主体标识码（组织机构代码）的校验码。第17位校验码算法规则按照国标GB 11714—1997《全国组织机构代码编制规则》计算。

（5）第18位：统一社会信用代码的校验码。第18位校验码算法规则按照国标GB 32100-2015《法人及其他组织统一社会信用代码编制规则》计算。

系统后台可统计任意时间段内的UV、PV情况，支持总值、均值及导出，方便对比，也支持每个页面的访问统计、主体访问情况的统计等。同时，日志记录了用户访问的时间点、操作细节，支持按时间搜索和关键字的搜索等。通过UV、PV时间维度的统计值，可分析用户在某时间段内关注领域、关注热点等行为。

第三节　数据共享接口服务

除了互联网的查询服务，针对地方交易部门在政务外网有批量使用主体交易信息的需求，在政务外网部署公共资源交易市场主体成交记录接口服务，无条件向地方交易部门开放。接口以主体名称或统一社会信用代码为输入条件，提供市场主体在五大交易领域的成交记录信息，同时设计了分用户动态调用策略、日调用量监测、分时间段调用量统计等功能，并及时汇总地方使用接口数据的业务场景。市场主体成交记录接口对接的具体流程由接口申请方发起，申请client_id和secret_key，系统校验通过后，根据具体请求条件返回相关数据。

　　市场主体成交记录接口将从地方交易平台和部委汇集的交易数据，先在政务外网做去重处理（去重后通过网闸同步至互联网，支持主体及成交业绩服务），再对外提供服务。接口提供基于主体名称、统一社会信用代码的精确查询服务，其中主体名称和统一社会信用代码至少输入一项，交易领域为必填项，返回企业记名的相关交易信息，如果查询结果为多条，则返回多条结果。接口设计为POST方式，通过政务外网的URL样式如http://59.xxx.xxx.xx:xxxx/ openAPI/achivement提供，URL参数如表11-1所示。

表11-1　URL参数

名称	描述
entname	主体名称
uniscid	统一社会信用代码
year	查询年份，格式：YYYY
tos	必填，交易领域 "00"：全部领域 "01"：工程建设 "02"：政府采购 "03"：土地 "04"：矿业 "0501"：国有产权-实物 "0502"：国有产权-股权
page	必填，查询页码，从数字1开始编号
pageSize	必填，每页条数，最大值50
access_token	必填，通过gettoken获取

　　地方交易部门调用接口时，提交数据资源信息如表11-2，其中gettoken由国家级平台管理。

表11-2　调用接口的数据资源

名称	数据类型	描述
entname	字符串	企业名称
uniscid	字符串	统一社会信用代码
access_token	字符串	必填，通过gettoken获取

提交数据举例：

{

    "entname":"xxxxxxxxx公司",

    "uniscid":"UXxxxxxx9",

    "access_token":"xxxxxxxxx"

}

返回数据参数如表11-3所示，其中因土地使用权和矿业权出让均在当地交易，项目所在地和成交地域一致，行政区域代码明确清晰，故从接口返回；但其他交易领域因涉及跨省交易，项目所在地和成交地域不一定相同，若此处提供代码易发生混淆，故不提供。

表11-3　接口返回数据

entname	主体名称					
uniscid	统一社会信用代码					
tos	交易领域代码					
	"01" 工程 建设	"02" 政府 采购	"03" 土地使用 权出让	"04" 矿业权 出让	"0501" 国有产权 -实物	"0502" 国有产权 -股权
project_name	项目名称					
tender_org_name	招标人	采购人	无	无	转让方	转让方
area_code	无	无	行政区划 代码	行政区划 代码	无	无
url	原文链接地址					

create_time	公告日期					
bid_price	单位：元					
	中标金额	成交金额	成交价格	成交价格	成交金额	成交金额
id	公告标识（定长32位）					
total	总条数					
page	当前页数					
pageSize	每页条数					

第四节 创新点设计

公共资源交易主体成交业绩查询服务和数据共享接口服务，有四个创新点设计。

一是设计了可回溯的多源异构数据整合与共享并实时同步，实现了全国市场主体基本信息、建筑类资质信息、信用信息、交易信息的一站汇聚，两部委两平台多来源数据整合（市场监管总局、住建部、信用中国、国家公共资源交易服务平台），31省和新疆生产建设兵团交易部门多流向共享应用，可回溯源头、可统计流向，提升数据跨省流动的价值。

二是设计了四大交易领域成交信息的一键核查，涵盖了全国市场主体在工程建设招投标、政府采购、土地使用权和矿业权出让、国有产权交易领域所有成交信息，促进交易公开透明，提供评标业绩依据，提升招投标业务效率。交易业绩龙虎榜激励市场主体积极参与，一并提供了大额交易监管窗口。

三是设计了结合业务需求的安全策略，如互联网的反爬策略，根据正常交易业务查询时间，设计为控制5分钟内访问量不得超过100次；当天访问量不得超过3000次（每日0点起算）。否则将进入实时IP黑名单。IP黑名单每分钟更新一次，每天超过3000次进入黑名单的IP当天不允许继续访问。

四是从功能角度提供了交易龙虎榜功能，分年度分领域（工程建设招投标、政府采购、土地使用权出让、矿业权出让、国有产权交易领域），按照中标或成交次数进行了交易主体前100的排名，并且提供对每个TOP主体的成交项目概要，支持每笔成交信息的下钻，直到成交详细信息。当年的TOP主体排序根据当年主体成交项目数量的增加而动态变化，方便分交易对中标/成交的TOP企业重点关注。

第五节　系统应用成效

公共资源交易主体与成交业绩查询服务整合了2019年以来全国公共资源交易重点领域，包括工程建设项目招投标、政府采购、土地使用权和矿业权出让、国有产权交易领域的超过600万个成交项目和100万家市场主体信息，为社会公众和政务部门提供综合查询服务。据统计，2023年互联网日访问量最高近1000万次。系统上线当年2021年的月度日均访问量如图11-8所示，近两年增速更加明显。

政务外网的数据接口服务上线当年即2021年支撑政务部门调用超100万次，涉及部委用户3个、国家级平台用户1个、地方用户41个（含省级和地市级），2023年6月地方用户已超60个，增加50%以上。其中全国信用信息公共服务平台将成交记录信息用于"信易贷"业务，2022年实际支持邮储银行的中小企业融资信用评价近万次；南京、云南等地已将接口调用结果用于日常招投标业务，真正简化了投标企业的业绩证明材料提交，产生了一定的社会效益和经济效益。

公共资源交易市场是社会主义市场体系中的重要组成部分，市场主体是最积极最活跃的因素。主体关联信息、成交业绩信息在公共资源交易业务中的流动和合理使用，促进了交易业务的公开透明，简化招投标流程，提升交易效率，推进投标材料无纸化的发展。本文的设计充分利用信息资源整合服务于交易业务应用，以主体组织的统一社会信用代码或名称作为

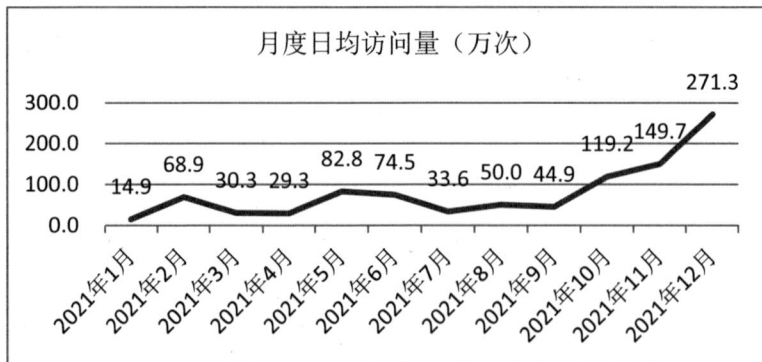

月度日均访问量（万次）

图11-8 2021年月度日均访问量趋势图

输入条件，系统简单易用并产生了一定的社会价值；而鉴于主体中自然人数量少且身份证信息敏感，从安全考虑不宜作为查询对象，期待后续有合适的方法将自然人信息与业绩纳入使用范围。

第六节 其他高频数据需求

为了落实中央提出的利企便民、优化营商环境的要求，地方交易平台积极获取国家层面提供的各类权威数据，以实现交易活动中部分材料的提供由"多次多项"到"零提供"的转变，省去市场主体自主填报相应材料的繁琐程序，解决公共资源交易活动中市场主体反复填报资料、信息真伪难辨、监管查证困难等问题。除市场主体成交记录查询接口外，以下数据均为所需的高频数据。

1. 公共信用信息

"信用中国"网站归集公示的公共信用信息是各地公共资源交易平台使用需求较为迫切的信息。公共资源交易领域对于公共信用信息的共享需求主要包括两类，一是信用信息核验及数量接口，可查询市场主体是否存在行政处罚、严重失信主体名单、经营异常名录、诚实守信等各类信用信息以及对应信息条数；二是"信用中国"网站公共信用报告查询接口，可提供市场主体的带防伪水印及可验证的信用报告电子版。目前全国公共信用中心采用省级信用网站代理向地方单位提供相关服务，即省级信用网站代理"信用中国"的数据接口服务，负责接口封装、申请审核、服务对接、服务维护等。地方公共资源交易平台可以通过省内信用体系获取信用相关数据。

为发挥信用和公共资源交易两个平台数据优势，更好地服务市场主体，全国公共资源交易平台网站和信用中国网站的数据接口做了对接工作，对接方式为"信用中国"提供主体信用记录数量接口，全国公共资源交易平台网站"数据服务"栏目集成信用记录数量接口，在查询市场主体交易记录时，可同步显示该主体在"信用中国"的信用记录数量，如需查询详细信用信息，可一键跳转到"信用中国"信用详情页面。

2．建筑施工企业安全生产许可等多种证书

市场主体在制作投标文件时，经常需要调用建筑施工企业安全生产许可证（住建部颁发）、职称证书（高级工程师、工程师、高级经济师、经济师等）、建筑类备案人员相关信息（住建部颁发）、企业缴纳税收凭证（国家税务局）、计算机软件著作权登记证书（国家版权局）作为标书组成部分，目前普遍采用的方式是市场主体自己填报。如果从国家层面能向地方交易平台开放以上证书信息，就可避免市场主体重复提交数据，同时打击市场主体伪造信息制作标书的行为，使市场主体在制作标书时直接获取可靠的权威数据，提升市场主体的获得感。

目前以上信息并不在《国务院部门数据共享责任清单》范围内，数据资源方并未对外开放相关资源，地方交易平台暂时无法获取。

3．已共享数据的扩充项

全国政务信息共享平台开放了住建部的全国建筑市场监管公共服务数据库的企业信息接口、人员信息接口并提供服务，但是前期对接的数据项仍不能满足地方交易业务的需要。公共资源交易活动还需要上述企业信息接口增加资质行业、资质专业、资质专业子项、资质等级等分类字段；人员信息接口增加所属行业、注册等级ID、注册年份、注册印章状态等字段。此类需求需数据资源方在原来开放接口的基础上扩充字段。

全国政务信息共享平台具有一些地方交易平台需求的信息资源，如"国资委_中央企业及所属单位基本信息查询（共享）接口""编办_事业单位及党群机关-查询接口""人社部_专业技术人员职业资格证书查询-新""发展改革委_双公示及黑名单查询接口""税务总局_商事制度税务征收信息查询接口""住建部_政务服务证照目录信息（库表）"，地方交易平台可尝试直接向对应部委进行资源申请。

其中，"编办_事业单位及党群机关-查询接口"在全国政务信息共享平台的数据更新周期为每月，不能满足地方交易平台对数据的时效性要求，需数据资源方调整数据更新周期为每日。"发展改革委_双公示及黑名单查询接口"部分满足地方需求，无严重违法失信名单数据，重大税收违法案件当事人名单信息中缺少原因和移出日期字段。"税务总局_商事制度税务征收信息查询接口"仅面向中央部门提供服务，需数据资源方对地方开放服务。

第十二章　公共资源交易的移动办公思考

移动政务是打造"服务型政府"的一种有力手段。在向"服务型政府"转变的过程中，移动政务发挥两方面的作用，一是为社会提供服务，使面向社会的流程申请和信息公开移动起来，是释放数据要素价值、打造监管型政务的重要驱动力；二是为政府机构提供服务，使政府内部办公或政务处理流程移动起来，是提升政务效率、打造服务型政务的重要驱动力。但缺乏规划、重复建设和资源浪费是移动政务建设中难以解决的痛点。本章从规划和实施层面提出了一种数据、业务、运维资源共享的通用架构，对通用架构中移动化支撑的关键技术进行了解析和延伸。该通用架构可用于公共资源交易复杂业务的移动办公，也可推广用于所有移动政务系统。

第一节　移动政务服务主流模式

在推动政府工作由管理向服务转型的过程中，移动政务以其便捷、高效和用户基数大的特点发挥着积极的作用，基于移动端开展各项业务愈显重要。由于移动政务服务群体的复杂性，移动政务系统的使用应比PC端政务系统速度更快，更简洁直观、方便易用。然而移动政务系统的建设，一直存在投资、进度、安全、体验、运维等诸多要素痛点。在公共资源交易的国家政务工程建设中，也只利用微信开通了"全国公共资源交易"的服务号小程序，依赖于微信的使用，主要面向社会主体进行中标/成交项目的查询和关注信息的推送，不支持复杂交易业务的办理，还称不上独立的公共资源交易移动办公；对于全国公共资源交易平台来讲，除了信息查询需求，面向全国市场主体的招投标业务仍有大量较为复杂的移动办公需求待实现。

随着政府职能向服务型转变，推动政务信息共享和业务协同、聚焦民生、强化公共服务已是政府的重点工作。根据《2019移动政务服务发展报告》，"App+小程序"是移动政务服务主流模式。移动政务App主要针对较为复杂的服务功能，是移动政务的进一步延伸。

1. 为社会服务

为社会公众服务的App和小程序，以数据跑路、方便公众为主导思想，将原来仅在PC端展现的信息公开、行政审批等栏目内容在移动端展现。各地区各部门从民生角度切入，积极推进覆盖范围广、应用频率高的政务服务事项向移动端延伸，推动实现更多政务服务事项"掌上办""指尖办"。

2. 为政府服务

为政府服务的App和小程序，以降低工位环境依赖、提升工作效率为主导思想，主要是对PC端应用的移动化需求。此类需求具有一定的PC端建设和使用基础，如内控平台、OA系统、决策支持平台等，可使繁琐耗时的流程性事件及时处理，或利用碎片化时间及时了解业务进展。

第二节　传统架构与存在问题

因信息化建设初期整体规划不足，很多政府机构的移动端政务App或小程序在需求分析、立项采购、实施验收等过程节点中，采用与PC端业务系统完全分离的建设模式，从而导致同一机构不同平台的PC端政务应用和移动端政务应用各自为政，映射到架构设计上，如图12-1。

传统架构中，移动端项目在技术实现上完全不考虑PC端已有的业务数据和应用，从底层到顶层全部重新定制开发，即选择新的开发厂商同步一

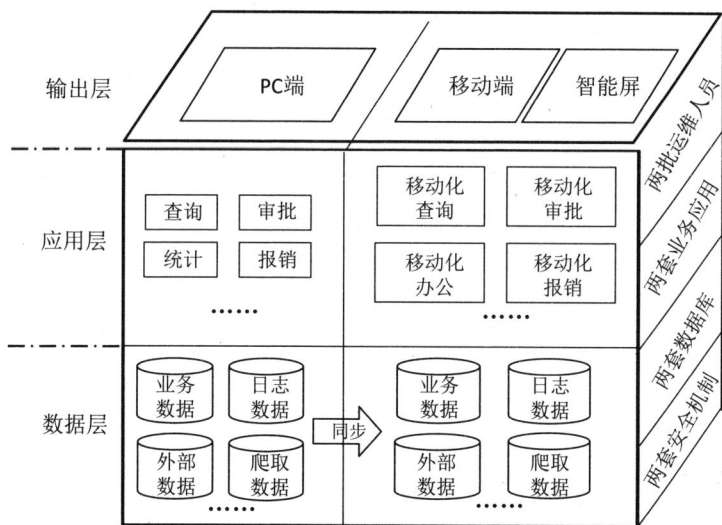

图12-1 移动化项目的传统架构

套与PC端内容相同的数据库，并重新开发一套与PC端应用无任何关联的移动端应用。两端采用不同安全机制，不同运维人员保障各自的数据库和业务应用正常运行。但移动端的数据实时性却受制于PC端数据库的更新变动，以及是否实时同步至移动端数据库。

在图12-1架构中，数据库层、应用层在一定程度上均存在软、硬件的重复投资、重复建设，而数据资源、运维资源也无法整合共享。因此，有必要设计一种通用架构，无关部门和厂商的不同，实现共享统一数据源、共享统一业务应用层、共享统一运维队伍，使已有资源最大化使用。

第三节　资源共用的解决方案

一、通用架构

图12-2是一种能够解决上述问题的通用架构，利用一套业务数据、一套业务应用、一批运维人员完成对PC端、移动端应用的支撑，实现资源的整合和充分利用。通用架构利用统一的数据中台、业务中台资源做业务应用的支撑，由输出支撑中台完成业务输出的移动化转换和适配，输出前台

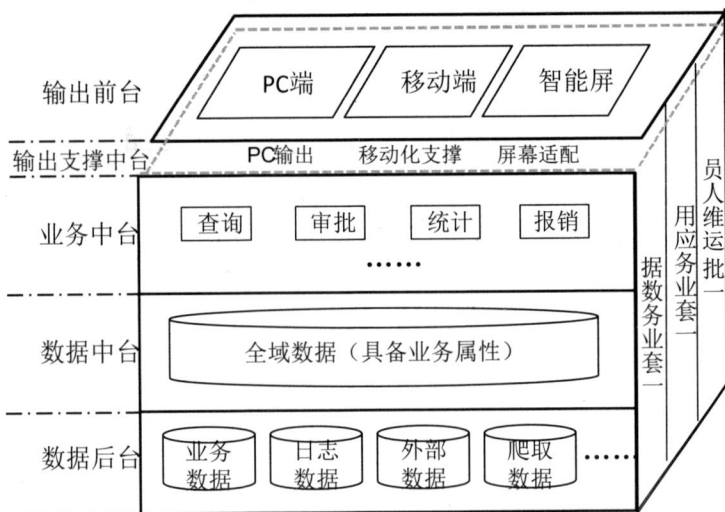

图12-2　移动化项目的通用架构

仅作为终端屏幕展现。

1. 数据后台与数据中台

数据后台与数据中台共同组成数据层。数据后台涵盖了PC端和移动端源头采集到的所有数据，支持所有项目数据的扩充与纳入；数据中台以业务为导向，遵循业务层面的标准和口径，进行数据集成、数据治理、业务标签、主题重组等，使数据具备明确的业务属性并达到技术层面的统一或相互关联，为业务中台提供统一的数据服务接口。对应到公共资源交易数据，数据后台即数据来源层或采集层，数据中台即对交易数据进行处理的数据治理层。

2. 业务中台

业务中台囊括了核心业务应用，支持业务的横向扩展，提供所有业务应用对外服务的统一接口，支持PC端直接展现。公共资源交易三大系统的业务即交易、交易服务、交易监管的主要业务功能实现都归在业务中台。

3. 输出支撑中台

输出支撑中台完成从业务接口到输出前台不同终端的支撑和适配。移动政务系统的特殊性均通过此输出支撑中台体现，如统一的移动政务系统门户入口、移动化的交互页面、移动化的界面布局、移动化的快速响应等。

4．输出前台

输出前台仅作为屏幕展现，充分发挥终端的视觉特殊性即可。

二、通用架构的关键技术难点

通用架构充分利用移动化支撑关键技术，基于并共用PC端已完成的应用开发，快速完成移动化转化，最大限度地共享已有资源，并保证移动办公的安全性和用户体验。

1．充分利用网页自动抓取技术+界面分层切割

对于PC端已上线运行的B/S结构业务系统，可使用Webparser等HTML分析工具针对WEB页面自动抓取，获得对应控件的功能和系统服务接口，实现已有B/S业务系统到标准REST接口的转换。以上操作不需要PC端业务系统的原厂商参与，仅需少量人工对WEB页面功能加以分析确定抓取内容即可实现。然后，结合业务含义和移动终端操作习惯完成对界面的分层切割与布局，即可实现该业务应用的移动化转化。界面分层切割尤其适用于PC端宽表展示时需左右拖拽的多列内容，以及内容多运行速度慢的情况，可在移动端切割为清晰便捷的分屏易读方式。

笔者利用网页自动抓取技术和界面分层切割，平均3天完成1个网页（业务流程）的移动化。以OA系统为例，传统模式App开发4～6个月的工作量，利用该模式不到1个月即可完成。

2．充分利用业务中台的服务接口+界面分层切割

对于非B/S结构的业务系统，可充分利用业务中台的服务接口。由人工完成移动端交互界面的设计与开发，调用业务中台与PC端相同的应用服务接口即可实现该应用的移动化，同样避免了业务应用的重新开发，无需原PC端厂商参与，达到了对软硬件资源的整合利用。

3．移动办公的安全保障

利用网页自动抓取技术和业务中台的服务接口，均可共用数据中台和

业务中台统一的数据层和业务层安全策略，需要重点关注移动输出支撑中台和移动终端的安全风险。对应策略可以从移动终端的业务运行环境、移动接入的信道传输，以及服务端的用户权限控制、移动内容加密等方面加强安全保障。

4．移动办公的用户体验

输出支撑中台应提供移动办公的一站式入口，实现不同用户权限体系的单点登录，覆盖全业务场景，将功能界面扁平化，增强用户交互体验，三步内完成功能操作，并可与个人应用无缝切换，为不同类型的服务群体提供积极、高效的用户体验。

三、通用架构的实际应用延伸

在实际应用中，由于信息化的发展规划、资金、能力、跨部门等因素，组建专门的数据中台、业务中台对于政务机构有一定难度，更多的是各部门按需对单个业务系统移动化。在单业务系统的数据层和应用层基础上，同样可以利用移动化支撑的关键技术实现资源的共享利用，达到与通用架构同等的移动化效果。

通用架构结合实际应用的延伸架构如图12-3。

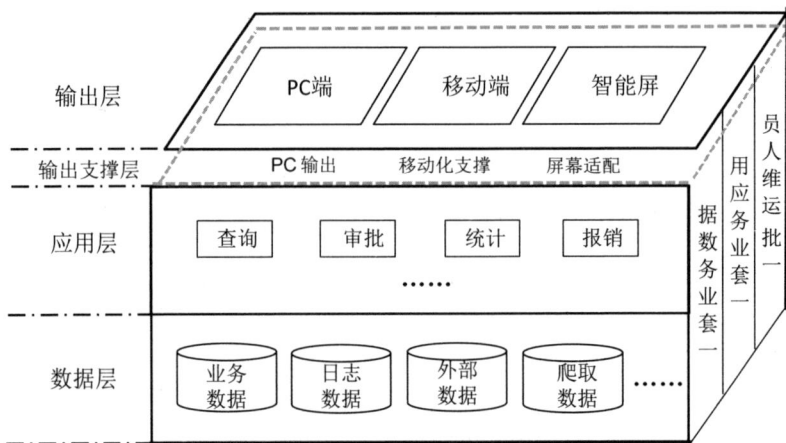

图12-3 移动化项目的延伸架构（单业务系统）

第四节　通用架构应用举例

我们以笔者实施的"X市移动政务"项目为例，PC端应用部署在该市的内部网络，要求将PC端的"投资项目监管系统""行政执法规范监控系统""发展规划成果信息库""邮件系统"四个业务系统中高频使用的功能模块通过一个App移动化，实现与PC端业务内容的同步实时更新展示，满足用户的关键操作无论在PC端还是移动端，均能互通返回或同时保存在两端系统，实现用户对两端后台系统的切换无感知，保证移动化内容的安全传输和快速，提高政务办公效率。

一、特点与难点分析

该项目的特点包括PC端业务系统批量移动化，工作量较大；用户均为部门内部人员，不向社会开放；四个PC端系统均有各自独立的用户权限体系，分别支撑不同的用户群体；所有PC端系统均部署在专网，业务层面涉及不宜泄漏的内部文件和内部信息；PC端系统已运行多年超出项目质保期，原厂商各异且无法配合现阶段移动化开发；政府投资项目监管系统数据量巨大，PC端页面加载缓慢。

结合项目重点要求，两端系统前台展示同步实时更新，以及两端后台内容互通且切换无感知，得出如果两端共用已有的PC端系统的数据库和应用，能够避免对各系统业务流程和代码的重新梳理，大幅降低开发工作量，同时加强安全策略满足专网要求和敏感内容限制。因此，适宜采用通用架构及其移动支撑关键技术完成该项工作。

移动化对接多套业务系统，需要实现多套用户权限在移动终端的统一，需要考虑专网接入的安全需求。因此，使用通用架构的自动抓取技术移动开发时，应对多套系统的PC端页面并行同步抓取以缩短工期。安全层面，应考虑VPN专用通道接入专网避免传输链路的风险；对多套用户体系进行代码关联，实现用户在移动端的单点登录，及应用和内容的授权访问；通过沙箱隔离移动终端的业务运行环境和个人环境，保障同一时间用户仅可访问环境之一（打电话除外）；对于各类形式的内部文件应实现防截屏和阅后即焚，避免终端留存。

第二，政府投资项目监管系统数据量巨大，PC端页面加载缓慢，系统反应迟钝，经常运行5分钟仍无结果，严重影响用户使用。因此，移动开发时应考虑后台启用内存数据库方式，对数据进行缓存处理，防止数据在移动终端落地的前提下，提高移动用户访问效率。

第三，项目查询结果30列30行为常态，如何合理展示。在转换为移动端时，通过界面分层切割，以关键查看项为查询条件作设置，进行分层关联和下钻，实现PC机的一条记录转换为移动端的多屏关联显示，而每一分屏均为相对独立业务含义的信息。

二、项目基本结构

经过特点和难点分析，结合通用架构，简化后项目的基本技术结构如图12-4所示。

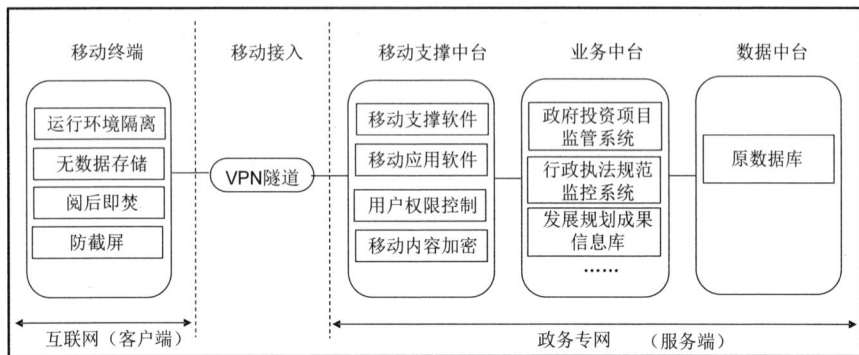

图12-4　基本技术结构图

App客户端部署在移动终端，互联网环境下双击启动，接入VPN专用安全通道即断开互联网。移动支撑中台、业务中台、数据中台均归入服务端，逻辑上移动支撑中台区域设置在业务中台外侧，起到应用前置的安全保护作用，使外部无法直接攻击业务中台。移动支撑中台区域部署移动支撑软件和移动应用软件，其中移动应用软件完成对用户权限的关联控制，以及对敏感内容的加密操作，同时完成对终端运行环境隔离、数据不落地、阅后即焚和防止截屏的控制。

三、关键技术应用

项目利用Webparser进行多套系统PC端页面自动抓取的优势明显，四个业务系统同步并行抓取，平均3~4天完成1个网页（业务流程）的移动化，缩短了工期。同时，界面分层切割的应用效果也可圈可点，如图12-5左侧的"政府投资项目监管"栏目，PC端组合查询结果为30列表格的项目监管内容，经界面分层切割后，在移动端默认或设置业务通用的查询条件，不同地市选择条件选用了地图，下钻一层即为地市监管项目数量的业务项统计值，再下钻可得到每个统计值的分项内容，继续下钻可至每个项目详细内容，每一次分屏都是用户关注的业务信息。

图12-5　界面分层切割示例图

移动化后，原PC端需运行5分钟及以上的页面，按业务层次做了界面分层切割，分屏均在1秒内出现结果，其他页面查询速度也提升10倍以上。该项目若采用传统架构开发App约10个月工作量，利用通用架构和关键技术2月内完成，运维的人力和物力成本节省50%。

第五节　公共资源交易移动化思考

通用架构、延伸架构及其移动化关键技术，除在政务单位的应用外，在某央企的专网OA系统、业务监控系统移动化实施中也得以验证，安全性方面符合国家标准GB/T35282-2017《信息安全技术　电子政务办公系统安全技术规范》的要求。在资金预算较少且PC端系统已稳定运行的情况下，充分复用已有的软、硬件和数据资源，结合项目移动化需求合理运用通用架构和关键技术，可在较短工期得到高质量的移动化效果，是一种值得推广的方案。

公共资源交易在全国各地超过1000多个交易平台，数据量大、实时性强，PC端电子交易系统业务流程比较复杂，而各地信息化水平差异明显，有些地方对承建厂商有一定的依赖性。在实际的交易业务中存在较多移动需求，例如移动端服务大厅作为网上服务大厅的功能延伸，面向市场主体，是公共资源交易"网上办"向"掌上办"提升的具体举措，将"网上服务大厅"功能移到手机端，招标人（代理机构）服务、投标人服务、专家服务、监管服务、信息全公开，增加用户认证、专家信息采集、电子营业执照应用、标讯信息查看、投标登记、项目环节审批、场地预约等功能，实现 PC 和手机双端同步办理，充分发挥手机端的优势。这些移动办公需求，如果采用传统架构从底层到应用全部新建一套，需要在投资申请、流程梳理、开发、数据实时同步、运维等都方面投入大量成本，效果也难以保障。若采用本章的通用架构和方法，以已有的PC端交易系统为基础，仅将有移动需求的业务环节抽出移动化，不需要PC交易系统承建厂商也可完成，是较为简单、实用且容易快速实现的。

第十三章 公共资源交易政务工程建设经验

经过多年探索实践，特别是"十三五"期间，各省公共资源交易市场持续快速发展，初步建立了公开透明的公共资源交易平台数字化综合服务体系，降低了政府管理和市场主体交易成本。在国家级政务工程方面，构建了以国家公共资源交易服务平台为枢纽的数据共享平台体系，促进公共资源交易信息共享，推动跨地域、跨层级的协同管理，为市场主体和社会公众提供更加便捷的交易服务，为行政监督提供更加高效的监测预警和更加科学的数据支撑。本章总结了笔者对公共资源交易政务工程的认识和经验。

第一节 公共资源交易政务工程

一、地方平台初步建立数字化综合服务体系

各省公共资源交易体制改革近10年来，坚持以全流程电子化为主线，坚持服务高效，推动平台利企便民，深化"放管服"改革，突出公共资源交易平台的公共服务职能定位，进一步精简办事流程，推行网上办理，推动公共资源交易从依托有形场所向以电子化平台为主转变，持续推进平台数字化转型，初步建立了覆盖全省、功能互补、公开透明的公共资源交易平台数字化综合服务体系，提升了公共资源配置效率、效益和公平性。但目前依然还存在省域内电子信息系统技术规范不统一、全流程电子化延伸不到位、各级平台信息化建设水平不平衡、相关领域之间数据汇聚共享不

畅通等短板和问题。

根据国办发〔2015〕63号文整合建立统一的公共资源交易平台要求,多省按照"集中统一、安全规范、集约节约"原则,推进省公共资源交易平台的建设,横向均覆盖当地交易业务(少数交易领域因涉及跨行业部门和机构改革原因未整合),在四大板块的竞争性配置基础上扩大公共资源竞争性配置种类,林权、排污权、用能权、农村产权、特许经营权等其他类公共资源不断进场交易,配置效率不断提高;纵向覆盖省市县三级管理部门和全省公共资源交易中心,基本都形成了省内的一网(省公共资源交易网站)、三系统(交易系统、服务系统、监管系统)五库(交易信息库、市场主体信息库、专家信息库、信用信息库、监管信息库)的体系,完成等保三级验证、数据灾备和应急备份,多数与中国招投标公共服务平台、省内信用系统、投资在线审批系统、省国库支付系统等进行了对接,奠定了公共资源交易省内发展基础,也在探索具有各省特色的公共资源平台整合共享道路。省内交易政务工程的建设有云平台和非云平台两种模式。

一般云平台模式由省级集中建设并运维,省、市、县均作为云平台使用方,全省所有交易数据集中存储在省政务云平台上,地市或县交易中心不再存储本地交易数据。这种模式对于响应国家层面要求做任务调整时,只需集中人员对省云平台进行调整,具有极大优势,如使用云平台的江西省仅用一个月就完成适用于数据规范2.0数据的系统调整,而非云平台的省市县很多放宽至6个月也未完成。当然,云平台提供统一的应用,对于市县交易中心的特殊需求也有不灵活、不适应之处,如有的省平台统一的文件下载功能不全面,市县交易中心的政府采购非招标采购文件无法在系统上传下载。同时市县在工作中提出的一些想法,因没有修改权限无法落实,如远程异地评标和不见面开标等工作都需要省里统一部署。省云平台向国家级平台推送数据时,先通过抽取服务将省交易平台数据抽取至省公共服务平台,再调用数据推送接口服务,将交易数据推送至国家侧前置机,服务间隔10分钟左右,保证所有数据当日及时推送上报给国家平台。

非云平台模式在需要做统一任务调整时，需要省市县全部做系统调整，费时费力成本较高，但是优点是灵活，可以定制所需。各省的交易数据均只能反映出实现电子化交易的情况，不进入交易系统的数据无法知晓，部分代理机构交易的数据也未进入交易平台。

为了能够顺利完成项目进场登记、交易场地安排、公告文件发布、专家抽取申请、开标记录、评标记录、成交公示发布、中标通知书发放、保证金管理、交易费用管理，并提供交易主体管理、CA 互认共享、专家抽取、交易见证、档案管理、大数据服务、一网通办、培训服务等公共服务，各省交易中心一般都建设了电子服务系统、电子交易系统、门户网站、交易主体共享平台、CA互认共享平台、专家库、电子档案系统、大数据平台、网上开评标系统、阳光招标采购平台、电子监管系统、远程异地评标调度系统、远程异地评标专家抽取系统、监控系统、网上服务大厅等应用。

各地的电子交易系统有交易中心建设的、也有市场主体建设运营的，市场化的交易系统需要多头对接各地的电子服务系统，目前国家暂时没有发布对接技术标准，省际间甚至省内系统对接和数据交换方式、内容、时限都不相同，导致省级平台汇聚的公共资源交易数据质量有待高，与数据高效利用的实际需求还有一定差距。数据交换共享时，由省内各级交易中心的电子服务系统按照数据规范2.0推送数据，再由省中心电子服务系统推送给国家级平台。

在数据方面，交易系统中的招标文件有最完整和准确的项目数据，但是有的省在项目进场登记时，招标人（代理机构）在电子服务系统中再录入一次项目数据，有的地方开标和评标数据是电子交易系统中完成开评标工作后，由代理机构事后在电子服务系统中录入，两张皮的操作会导致数据一致性和准确性较差，也导致有的交易中心无法实现电子化统计数据，至今还采用人工统计。所以，现在多地实行了或正在开展结构化的交易流程信息直接导入电子服务系统，替代人工重复录入和统计数据的方式。

对于市场主体而言，参与公共资源交易时需要面对多个服务系统和交易系统，系统入口、系统功能、用户界面、操作方式、交易流程、数据标准各不相同，电子交易系统软件互不兼容，投标人和代理机构都要安装多个不同的编标软件，部分交易系统还要使用加密狗之类的硬件设施，专家也要学习使用多个评标系统，导致交易主体负担沉重，同时也容易发生电子交易系统垄断性运营行为，背离了国家政策推动电子交易系统市场化建设运营的初衷，也不利于推进电子交易系统的科技创新和市场化竞争发展。为此，多个省建设了面向市场主体的网上服务大厅，提供全省统一的交易系统对接服务，为市场主体提供优化主体注册、统一项目入场、统一信息发布、统一文件下载、统一文件递交、统一专家抽取、统一合同管理、统一档案调阅等。交易主体和专家通过网上服务大厅可无感知的进入电子交易系统进行投标开标和评标操作。

在全国交易市场规范化建设探索和交易平台整合统一等发展阶段，信息化程度较好的省推进速度更快，比如浙江2005年就基本实现了公共资源统一进场交易，2020年底整合为省级公共资源交易平台9家、市级平台11个、县级平台1个，省公共资源交易服务平台与全省各交易平台、投资项目审批、信用信息等平台实现对接，并整合接入省政务服务网，用能权交易领域统一平台建设走在全国前列；制定了一系列具有浙江特色的公共资源交易制度规则，形成制度体系，其中宁波市出台《宁波市公共资源交易管理条例》，成为全国首个地方立法赋权实行工程建设项目招投标集中监管和其他公共资源交易领域共同监管相结合模式的副省级城市。

公共资源交易是新时代中国特色社会主义的重要展示之窗，要激发创造性张力，以数字化改革撬动各领域各方面改革。"十四五"时期，建立在网络化、数字化、智能化三位一体基础上的公共资源交易平台是新的公共资源交易治理模式。

二、国家级平台开放面向地方的数据服务

2019年12月国家公共资源交易服务平台一期工程完成竣工验收，截至2023年已形成稳定的运行机制，主要完成了一网、两门户、五库、多应用和数据服务。

一网是构建了国家公共资源交易信息共享网络，初步形成公共资源交易平台互通共享体系，实现纵向联通全国31个省（区、市）及新疆生产建设兵团省级服务平台，整合接入全国600多个交易服务机构；横向对接财政部、自然资源部、国资委、商务部、国家税务总局等8个部门。数据归集的交易领域覆盖工程建设项目招投标、政府采购、土地使用权和矿业权出让、国有产权交易四大板块，基本实现四大板块公共资源交易全覆盖，并与18个省级平台分别开展了碳排放权、药品、二类疫苗、排污权、林权等新增交易领域试点对接。

门户提供统一的对外访问入口和信息发布平台，将各个业务子系统有机的黏合在一起，是核心应用对外的服务窗口。全国公共资源交易平台互联网门户http://www.ggzy.gov.cn/，无需注册，面向市场主体和社会公众提供工程建设项目招投标、政府采购、土地使用权和矿业权出让、国有产权交易领域的信息公开服务；政务外网门户http://ggzy.cegn.cn，面向交易相关政务部门和监管部门更多的信息公开、决策支持服务和提供监管通道。截至2023年7月，全国公共资源交易平台互联网门户年度访问量超10亿次，累计发布交易信息总量超过6000万条，主要是各大板块交易的公告/公示信息，其中政府采购领域公告公示数量约占50%，工程建设项目招投标领域公告公示数量超过30%，周访问量约4000万次。一般地，政务外网门户发布的交易信息数量远远大于互联网，除了交易首尾的公告/公示，还有过程信息，同时面向所有省级平台提供浏览查询、质量监管、评价考核等服务或管理，纳入9个业务领域交易数据的基本展示、查询和统计。地方交易平台上传的交易数据有误时，需要数据提供方在政务外网按规定进行调整，正确数据自动同步到后续所有环节，直至跨网到互联网正确展示。目前针对地方交易平台的数据质量考核频率为月，每月初完成31省和新疆生产建设兵团的前月数据考核。

五库是建设过程中的交易信息基础库、主体信息库、专家信息库、信用信息库、监管信息库共五个信息资源库，共计收集3亿余条数据，为应用提供数据支撑。但是在实际建设中，以上五库涉及存储、交换传输、共享、应用等，分别在多个环节建立了前置库、缓存库、基础库、共享库等，进行数据存储或分发服务。其中，前置库用于地方和部门数据在国家侧的传输落地，方便传输报错的核查；缓存库是对地方数据是否符合规范格式的校验，通过校验的数据才能进入基础库；基础库是一个数据大而全的库，将通过校验的地方数据和相关主管部门的数据原封不动地保存；共享库是为了给应用系统提供数据，或者对外共享使用设置的。由于数据汇聚是在政务外网，所以互联网门户的数据展示需要从政务外网进行网闸的跨网任务完成。不同环节的数据库都有其职能所在，相互之间的实时同步非常重要。

为了促进公共资源交易市场的公开透明和有序竞争，更好地服务市场主体，拓展全国公共资源交易平台作为数据共享枢纽面向社会和政务部门的公共服务功能，推动"信息公开"向"数据服务"升级，促使数据流动起来，国家级平台面向社会开放了数据服务功能，充分发挥全国公共资源交易数据的服务作用，力图便捷市场主体网上注册、简化业绩证明材料、缩短交易办理时间，提高公共资源交易平台利企民办事效率，包括"数据服务栏目"和"数据接口服务"两种形式。数据服务栏目部署在互联网门户，以搜索查询+逐级下钻方式，用户可以直接网站查询，或者栏目入口跳转集成使用。数据接口服务是在政务外网封装数据接口，与数据服务栏目数据源一致，地方交易平台可以申请并集成有需求的接口到自有系统中使用，利用接口数据辅助投标人减少提交投标主体纸质证明材料、业绩证明材料等工作，避免投标人到现场，简化投标流程、降低投标成本，也可以给评标专家评审投标人业绩提供依据；另一方面，地方交易平台本地主体库一般只有本地市场主体的信息，利用接口信息可以对参与投标的外省市场主体相关信息进行补全操作，实现跨层级、跨地域的主体信息共享和业务协同。两种形式的数据服务，数据来源于地方31省（自治区、直辖市）、新疆生产建设兵团和各交易领域的主管部门。

除了对政务部门的接口调用共享外，还有与部委的库表交换数据共享。国家公共资源交易服务平台通过库表交换方式汇聚财政部的政府采购数据、自然资源部的土地使用权出让和矿业权出让数据，以及国资委的国有产权交易（实物资产类）和国有产权交易（股权类）数据、商务部的机电产品国际招投标数据，共同在政务外网进行信息公开展示；同时以库表交换方式实时向住建部提供工程建设项目招投标6张关键表交易数据，辅助支持建筑类项目的成交信息监管；向国家税务总局实时提供四大板块22张表关键交易数据，辅助支持中标项目的税源监控工作；向中纪委实时提供国家公共资源交易服务平台汇聚的所有交易数据，辅助支持成交项目的追踪办案。

第二节　管理过程与经验

公共资源交易政务工程的建设管理与其他政务工程基本一致，但是对于国家政策和交易业务的理解要求更高，主要管理内容包括，对建设任务在实施计划、需求调研、详细设计、开发、测试、安装、集成、数据加载、试运行、验收、交付使用等工程实施各环节进行日常的项目进度、质量、投资等管理；处理与项目建设有关的问题。为了实施规范化、流程化的工程管理，需明确参与各方职责、范围，规范各参建单位的接口，重视沟通管理、例会管理、任务管理、进度管理、质量管理及文件管理等关键管理过程。通过实施沟通、例会、任务、进度、质量及文件等管理过程，做好工程建设管理工作，保障工程建设进度和质量。

政务工程建设管理的原则如下：

a. 明确管理职责，不越位不缺位。

b. 以合同为依据，明确建设任务。

c. 注重里程碑，保障进度和质量。

d. 坚持沟通，保障多方认识一致和信息畅通。

1. 沟通管理

沟通管理是通过会议、文件以及其他不同形式的活动，与监理单位、承建单位、地方交易平台、参与部门等建立良好的沟通环境。了解各方意图，掌握项目进展，协商相关事务，协调各方关系，及时发现并处理问题，确保工程建设持续稳定高效地进行。沟通管理主要包括会议沟通、文件沟通和其他形式的沟通。会议沟通涵盖的内容包括定期例会、专题会议、工作协调会议等；文件沟通主要包括工程参建各方之间的往来文件，如联络文件、请示与批复、工作计划、会议纪要等等；其他形式的沟通包括汇报、谈话等。

其中，定期例会是一个重要的管理手段，通常是每周一次，建设单位、承建商、监理都应参加，一般为建设单位、监理单位及承建单位的领导、技术负责人及其他有关人员。会议通报上周进展并总结提出问题，几方统一思想，确定问题解决方案，同时制定本周工作进展和计划。会上承建单位项目负责人（或指定的代表）应对比计划介绍本期主要任务的完成情况，说明未完成任务的原因和要采取的措施；监理单位代表报告监理活动和对承建单位的监理意见；会议各方代表就项目的进展情况，需要处理的问题和承建单位下周的工作计划进行讨论和协商。项目例会交流和讨论的议题和结果应形成项目例会纪要。例会纪要应包括建设单位对项目进展情况的意见或建议，和相关方需要处理的问题和要求等。会后会议纪要经业主单位审核后，发送给参会各方存档备案。

专题会议是项目的建设单位、承建单位、总集成单位、监理单位和其他有关单位就所共同关心的问题，得到最有效的面对面的沟通。通过会议，传送和讨论与工程有关的重要问题。参与项目的任何一方都可以根据工作需要发起召开会议，但应事先报请对方认可，会议召集方负责下发会议通知和编制分发《会议纪要》。

工作协调会是管理方、地方交易中心、参建部门等对总集成单位、子项集成商以及其他承建单位，或总集成单位对子项集成商以及其他承建单位进行工作配合上的协调会。例如，对业务模式、工作实施环境的确认，对接口、技术思路和范围确定的配合等而召开的工作会议。会议由建设单位或其委托的单位（可以是监理单位、集成单位等）召集、主持。

建设单位、承建单位、总集成单位和监理单位，通过书面文件沟通是项目进行日常联络的主要方式。文件沟通是发送和接收在项目的各个阶段产生的、需要和有关单位或个人沟通的各个类型的文件或问题陈述。书面文件沟通的请求－应答机制基本分为两种类型："要求－提交－审核－回复"的工作流程和"建议－提交－审核－回复"的工作流程。书面文件一般由管理方项目负责人签署发，对于发到承建单位或监理单位的文件中提出的要求，如果对方可以在3日内完成，则要求以《专题报告》形式反馈给建设单位，否则，提交报告并指明完成期限；应在《发文签收记录》中记录发文信息；建设单位收到承建单位或监理单位的文件提出的问题，应当按照对方希望的期限内给予答复。如果不能按时答复，要以文件的方式解释并说明答复的日期。

联络文件用于各个参与单位之间一般的信息沟通，通常使用Email或纸制文件（包括传真文件）的格式。发送方要认真填写表格中的各项内容，接受方在收到文件后，应当填写"接收人签字/日期"并及时以传真的方式将签字后的联络文件回传到原发送方。如为Email，应有明确的回信。

例会制度由建设单位、监理单位及承建单位定期参加（如周例会、月例会等）。通过例会沟通思想、交流项目实施的具体工作情况、提出需要处理的问题，及时处理问题，明确项目任务完成情况，布置下步工作计划和任务。

如果存在需要建设单位决策的问题，承建单位要在3日内通过正式的文件，包括，周报、月报、《专题报告》或其他正式的文件，将和解决问题有关的信息报告给建设单位和监理单位，供建设单位决策使用；建设单位将根据报告涉及问题的影响和重要性尽快以正式文件回复承建单位、监理单位和其他有关单位；如果存在需要承建单位解决的问题，承建单位要按照"问题处理规程"，在规定的期限内，落实解决会议中发现的问题和解决方案；在规定的期限内解决问题后，承建单位等通过正式的文件，包括，周报、月报、《专题报告》等向建设单位和监理单位报告问题的处理情况，否则以《专题报告》的形式说明原因和修订的计划。

2. **任务管理**

任务管理的范围为国家公共资源交易服务平台所签合同中规定的建设任务。任务管理采用分级管理方法。即将任务分成三级，分级报审和备案。

一级：数据库、应用系统发生重大变动，或单项任务变动量超过了30%，需要调整经费。

二级：功能模块删减，无经费调整。

三级：其他更小的变动。

关于任务调整的流程，对于三级的任务变动，由建设单位和承建商协商解决，并汇总定期报项目办组；对于二级或一级的任务变动，由建设单位和承建商、监理联合向项目办公室报批，只有经过项目办同意后，方可进行任务调整。

3. **进度管理**

依据承建单位提供、监理和建设单位认可的工程详细进度计划和各阶段任务分解结构，在监理单位对进度控制基础上，检查各阶段进度执行情况、控制变更和其他事项对进度造成的影响，实现各分任务进度与总体进度的协调一致，保障工程按计划推进。

进度管理原则是依托监理，主动发现，及时解决，全面协调，按期推进。工程阶段从开工令开始，设为详细设计阶段、开发与集成阶段、初验、试运行阶段、终验、质保阶段。

进度管理如下：

a. 听取项目办公室在工程进度管理方面的意见、要求，了解监理单位对进度控制的具体方法、措施并给出建议。

b. 根据各分项任务情况，分析工程各阶段建设内容的重点、难点，对各分项工程详细进度计划和任务分解结构进行审核。

c. 召开、参加各类相关会议，听取监理单位、承建商对工程进度情况的报告，检查进度执行，关注由于质量、范围等因素对工程进度造成的影响，敦促、提醒进度的调整，提出对工程进度的意见、要求。

d. 处理影响工程进度的重大事项、变更等。

e. 根据各承建商提出的工程间协作计划，协调有关方面，为分项任务之间的协作按进度推进创造条件。

f. 整体把握进度计划，从进度角度联系总集成、安全建设保证同总体进度的协调一致。

4．质量管理

根据工程标准及分项合同中提出的质量要求，在工程建设各个阶段，实施对承建单位所有质量保证活动的监督及检查工作。重点依据工程建设里程碑所应达到的质量要求，对工程建设阶段成果进行质量检查、确认、决策并及时采取质量控制措施，为工程验收提供依据，确保工程建设与服务质量满足业主单位的应用需求。

质量管理范围在工程建设单位的质量计划方面，要确认工程承建单位在项目实施过程中达到项目质量标准的主要技术及组织保障，以及必要时可采取的纠正措施；对于工程承建单位的质量保证体系方面，要检查工程承建单位的质量保证体系的建立情况，包括：承建单位投入到项目的人员情况、设备情况、应用环境、质量检测机制和手段，组织机构及管理制度等；在工程建设单位的质量保证活动方面，要确保承建单位质量保证体系的执行与完善；系统设计、软件开发、系统集成、项目验收阶段完成的成果交付物的质量保证。

对于质量控制方法，在工程建设过程中采用如下方法进行质量控制。

（1）关于文档审核

依据建设单位的用户需求和招标方案进行审核，审核范围如下：

a. 承建单位的总体技术方案；

b. 承建单位的系统集成方案；

c. 承建单位有关应用软件开发的重要过程文档；

d. 工程验收方案；

e. 承建单位的培训方案和计划。

（2）测试

目标：验证系统是否满足业务需求。

范围：监督承建单位的测试计划、测试方案、测试实施及测试结果。

方法：资料审查、现场测试。

（3）抽查

a. 到货验收的抽查；

b. 实施过程的抽查。

在工程建设的各个阶段，实施建设单位、监理单位及承建单位三方协同的质量管理工作。在设计阶段质量管理任务如下：

a. 检查承建单位的质量计划，在此基础上实施质量监督管理；

b. 监督承建单位建立和完善质量保证体系；

c. 协助监理单位监督承建单位完善质量管理制度，包括现场会议制度、质量检验、质量统计报表制度和质量事故报告及处理制度；

d. 审查承建单位提交的总体设计方案；

e. 审查承建单位对关键部分的测试方案；

f. 熟悉项目设计、实施及开发过程、根据有关设计规范、实施验收及软件工程验收规范，制定质量要求标准。

在建设阶段的质量管理任务如下：

a. 在工程周例会上听取参会各方对工程各种信息，包括：进度、成本、质量等方面提供的一般情况，评估主要工作成果的质量状况，分析质量问题的原因；

b. 对开发、实施资料与设备进行检查；

c. 根据承建单位的报告、监理的意见以及对工程实施活动的了解和检查对承建单位的工程实施质量做出判断和评估；

d. 阅读监理单位报告，结合承建单位的工作报告了解和评估工程的各项状况，包括进度、产品质量、风险和主要问题等，并及时处理问题；

e. 审核承建单位提交的测试报告和监理意见，并对工程质量做出评估；

f. 对项目阶段性实施结果进行质量控制，组织项目测试或评审，检查和评价该工作成果是否在技术和质量方面满足预期的使用要求。

在验收阶段的质量管理任务如下：

a. 在初验阶段，建设单位会同监理、集成单位及各分项工程承建单位对初验结果进行评审，对系统的质量状况做出评价。

b. 在终验阶段，建设单位组织专家，并会同监理、集成单位及各分项工程承建单位、组成评审组，对系统的运行和质量状况做出评价。

质量控制措施方面，一在工程设计、开发、验收、试运行过程中，与监理单位共同实施对承建单位质量保证活动的监督及检查工作；二是在工程建设的主要环节，有必要时组织召开专家评审会，对阶段成果比如详细设计方案等进行检查、确认、决策并及时采取相关措施。

5．文件管理

凡是在工程活动中形成的能反映项目办主要职能活动的文件材料，以及与项目实施有关的资料均属于档案的收集范围，具体包括以下方面：

a. 领导的有关指示；

b. 重要的会议材料；

c. 请示与领导的批复；

d. 对外的正式发文以及与有关单位来往的文件；

e. 反映工作组主要职能活动的工作计划、总结、报告、会议纪要、简报、照片、录音等；

f. 与工程有关单位签订的合同、协议书等材料复印件；

g. 所有的初步设计最终稿件、招投标文件及承建商的工作思路、各种记录文档和技术文档；

h. 专家的建议、评估报告以及技术问题的往来函电。

i. 其他应当归档的材料。

收集方法如下：

a. 领导的指示、批复等资料原件收到后直接入档；

b. 组内会议的纪要由秘书整理会后两天入档，例会的纪要、简报等由监理提供会后三天入档；

c. 技术资料、总结等由承建商技术人员提供于例会或阶段总结后三天内入档。

关于档案整理时应遵循文件的自然形成规律，保持文件之间的历史联系。一般文件归档1份，重要的和经常使用的文件归档2份或3份。

（1）组合立卷

根据文件的分类，按照分时间、分问题、分责任等方法立卷，组合立卷时，以问题为主，兼顾其他特征，基本做法如下：

a. 法规性文件，如制度、规定、合同、协议等一般按单一问题组合。同一问题的请示与批复、转发件与原件，组合在一起。

b. 会议文件按月度—问题组合。

c. 工作计划、总结等文件，一般可按月度—责任者方式组合。

d. 技术资料可按工作阶段—承建方方式组合。

e. 特殊性文件材料，可根据具体情况进行组合。

（2）卷内文件排列

卷内文件排列时，密不可分的文件依序排列在一起，批复在前，请示在后；正件在前，附件在后；印件在前，定稿在后；结论性材料在前，依据性材料在后。其他文件按文件的重要程度或形成时间先后排列。

（3）案卷填写

每个案卷须填写"卷内目录""备考表""案卷标题"。借用档案时，需点清卷（件）数，在档案借阅登记簿上逐项登记。

6．初验把控

初验工作分为准备、测试和验收三个环节。

（1）准备

a. 承建商完成开发环境和模拟环境下的自测，完成《测试大纲》、《测试数据》、《测试用例》及《自测记录及结果报告》。

b. 当承建商认为系统达到向真实环境下安装部署条件时，须向集成商申请上线测试，完成应用系统或数据库的安装和调试。

c. 承建商上线部署调试后，完成历史数据的整理加载等工作，达到合同规定的相关要求。

（2）测试

a. 承建商在真实环境下将系统调试稳定后，向监理申请初验测试，提交《初验测试申请》，并同时提交《系统测试方案》《承诺书》《用户使用手册》等相关文档资料。其中，《初验测试申请》需包括对系统测试、用户试用测试、安全测试的申请，监理审查后，报建设单位；《承诺书》须承诺在试运行期间及时解决初验中甲方、监理、集成商等提出的问题，及时有效解决试运行期间出现的新问题。

b. 进行监理、运维单位、建设单位和承建商在场的系统测试，并形成在场人员签字的《系统测试报告》，监理给出过程记录。

c. 进行接口测试，形成由接口双方承建商、监理、集成商等多方签字的《接口测试报告》；共享数据库进行入库数据量测试，形成由承建商、监理、集成商、建设单位单位等多方签字的《入库数据量检测报告》。

d. 集成商对数据交换、应用关系进行技术把关，并出具《技术认可证明》。

e. 系统测试后，进行最终用户试用测试和安全测试。

最终用户试用测试前，承建商须向用户单位提供初步培训服务；最终用户试用测试后，形成《用户试用测试报告》及《用户满意度调查表》。

（3）验收

a. 测试结束后，承建商向监理申请初验，提交《初验申请》，并同时提交《接口测试报告》《入库数据量检测报告》《技术认可证明》《系统测试报告》《用户试用测试报告》《用户满意度调查表》《安全测试报告》和合同规定的初验相关文档资料。

b. 监理依据承建商提交的文件审核初验准备工作情况，并出具《监理审核意见》。

c. 如监理审查合格，则建设单位提交《监理审核意见》（附带初验申请等）；如监理审查不合格，承建商须根据《监理审核意见》整改。

d. 建设单位审核确认后，组织初步验收专家小组。

e. 召开初步验收会：专家小组审查所有初验材料，合同及其附件、详细设计文档、用户使用手册、系统安装手册、系统培训手册、系统维护手册等；听取单项承建商工作报告；专家组听取监理报告；听取测试报告（含系统测试报告、用户试用测试报告、安全测试报告）；系统演示；专家现场质询；专家组讨论并形成《初验报告》，如果初验结果为"基本合格"，承建商应该指定时间内修正专家验收组提出的问题，如果初验结果为"不合格"，将要求该承建商在指定时间内整改，提供补充材料，重新进行验收。如果仍然不能通过验收则进入合同违约处理。

7. **试运行重点**

试运行期间应督促承建商稳定队伍，落实到人，及时解决出现的问题，切实保障各系统的安全、正常运行，不断完善系统功能，完成试运行期间的工作任务。

（1）保障系统稳定运行。由集成商负责从总体上保证试运行环境的正常，建立应用层面的日常巡检、值班、联络及安全保障机制，及时发现、协调并解决应用集成环境中出现的问题。承建商具体负责各自承建系统试运行保障工作，每周进行巡检，及时提供技术支持及服务，解决试运行期间出现的问题，保证系统各项功能的正常使用，及时同各有关方面进行沟通。

（2）做好系统修改与完善工作。各承建商一方面要根据初验阶段各有关方面提出的意见进行修改，另一方面还应根据试运行期间出现的问题、用户的需求情况，及时修改、完善系统并进行更新部署。若具有接口关系，接口双方应在集成商、监理单位指导下，共同制定接口实际检验方案，切实检验接口运行效果。

（3）继续进行信息整理、加载工作。承建商应继续根据合同要求做好历史信息整理、加载，以及从相关系统中抽取数据的工作，同时做好信息安全保障工作。

（4）完成合同规定的培训工作。各承建商须同建设单位、运维单位就各工程的培训时间、地点、课程、形式等内容进行协商，提出培训计划，在试运行期间完成合同规定的培训工作。

（5）加强与运维单位的沟通和协作。加强同运行维护单位的交流、沟通，配合运维单位熟悉系统各项功能，掌握系统维护方法，建立运维机制。

（6）做好试运行记录工作。做好试运行期间定期巡检、问题发现及解决、技术支持、软件修改等工作，并按照监理单位给出的模板做好试运行记录，如有重大事件或较大变动须及时上报建设单位。

8．终验把控

终验工作分为准备和验收两步。

（1）准备

试运行期满，承建商完成合同规定的全部交付物，完成历史数据的整理加载等工作，系统运行稳定，培训任务全部完成；运维单位对试运行期间的运行情况以及技术文档内容的完备性，从运维角度审核把关，并出具《试运行阶段运维单位报告》；用户单位对单项在试运行期间的系统应用效果、服务情况和数据质量情况审核把关，并出具《试运行阶段用户报告》。

（2）验收

终验准备工作完成后，承建商向监理申请终验，提交《终验申请》《试运行阶段运维单位报告》《试运行阶段用户报告》《应用效果报告》《试运行记录》《试运行期间系统完善纪录》《服务和技术支持纪录》和合同规定的终验相关文档资料。监理依据承建商提交的文件审核终验准备工作情况，并出具《监理审核意见》；如监理审查不合格，单项承建商须根据《监理审核意见》整改。建设单位审核确认，组织终验专家组，召开终验会。专家组讨论并形成《终验报告》，如果终验结果为"合格"，可进入质保期；如果终验结果为"基本合格"，承建商应该指定时间内修正专家验收组提出的问题；如果终验结果为"不合格"，将要求该承建商在指定时间内整改，重新进行验收。如果仍然不能通过验收则进入合同违约处理。

9. 公共资源交易大数据的复杂性

本质上所有的数据都是有关"人"的记录，对它的分析和归纳反映的都是人的层面上的一种互动。公共资源交易大数据其实是市场主体在不同时间不同地点的行为记录，这些记录所蕴含的社会意义是我们使用公共资源交易大数据时真正需要了解和掌握的内容。

公共资源交易大数据的复杂性不仅在于数据样本巨量，更在于其多源异构、多实体和多空间之间的交互动态性，大数据的价值只有在被规范成为可供分析的形式之后才能最大程度地被挖掘出来。实际上可供规范分析的数据只是少数，许多数据都停留在"碎片化"阶段而难以被真正分析。对碎片化的数据进行清理，形成格式合适的结构，是大数据能够得到充分利用的根本所在。这就要求我们在数据清理技术、存储结构上进行优化，另外，在数据采集环节也要尽可能地做到规范，否则就很难获得对交易业务的系统认知。

数据治理的意义是推动数据在业务层面的关联整合，为应用提供服务，单纯的为治理而进行的数据治理是不合适的，所以数据治理要结合公共资源交易业务问题和需要，依据业务问题对数据进行分类和管理，将业务问题映射到分类分级才更容易看到每种数据的特征。这些特征可帮助我们了解数据，怎么样将数据处理成合适的格式。

第三节　政务工程效益分析

从国家级公共资源交易政务工程的角度，自2017年国家公共资源交易服务平台上线试运行，交易领域就纳入了工程建设项目招投标、政府采购、土地使用权和矿业权出让、国有产权交易四大业务板块的交易数据。2018年又增加了林权、碳排放、排污权、药品采购、二类疫苗采购五个交易领域的试点数据。在交易数据对外发布、共享服务层面，覆盖了31省和新疆生产建设兵团公共资源交易平台的地方用户，并为多个部委提供交易数据辅助正常履职监管。国家级政务工程效益主要包括以下方面。

1. **建成全国交易平台联通共享体系，初步实现数据一网汇聚**

依托国家电子政务外网和数据交换平台，建成全国公共资源交易数据汇聚枢纽，为交易数据的集中分析和共享服务打下了基础，累计汇集31个省级平台、新疆生产建设兵团及中央级范围数据3亿多条。根据前3年数据估算，全国每年进入国家级平台的公共资源交易中标/成交项目数约100万个，以四大板块为主的交易数据汇聚体系已建立。

2. **打造便民服务窗口，促进信息一网尽览**

立足公共服务，打造互联网网站、微信服务号两个便民服务窗口，致力于提升交易的透明度，促进企业充分竞争，激发和释放市场活力，日均更新公告公示超过1万条，日访问量突破1000万次，累计访问量超过70亿次。微信服务号"全国公共资源交易"为用户提供信息推送服务，为市场主体提供便捷、高效、精准的查询订阅服务。

3. **开展数据共享共用，推动业务一网通办**

充分发挥数据枢纽作用，通过数据共享共用推动业务一网通办，力争简化地方交易平台的企业注册、投标报名等环节，减少企业主体投标成本、核验负担、跑腿次数和办理时间；为部委如生态环境部、水利部等，以及全国信用信息共享平台等国家级平台提供跨部门的业务协同，实时支持不同行业对中标成交项目的业务应用。

4. **对接监督管理部门，助力交易一网统管**

积极对接行政监管部门，畅通监管通道，向中纪委、国家税务总局、住建部、国家铁路局等提供交易数据，助力重大项目评估、税源监控、交易市场治理等。同时，开展各种研究，如行业交易情况、主体跨区域流程情况等全国公共资源交易市场态势分析，投标保证金保函应用等交易业务发展状况分析，投中标频率、合同估算价与中标金额偏离度分析等招投标异常分析，力争服务于综合监管和行业监管。

5. **支持流程再造优化**

向地方提供全国市场主体、交易信息的接口共享服务，数据更新频率为实时，地方交易平台可以实时获取全国范围内主体信息，一是改善了地方交易平台无法通过本省主体库获取省外主体的流程；二是简化了地方交易平台的招投标流程，如南京市交易中心直接将接口数据用于标书制作、项目登记等功能，避免了市场主体自己录入环节。

6．应用系统共性业务功能复用度

数据对接为项目的共性业务功能，国家级平台与不同地域（地方31省、兵团交易平台）的多个交易领域数据对接过程均100%复用了该功能。同时，该功能只需增加拟纳入交易领域的库表设置，即可复用至其他交易领域。

"十四五"期间，在激发各类市场主体活力，优化营商环境的大环境下，公共资源交易政务工程还需从以下几方面加强。一是找准新坐标，按照"十四五"规划纲要要求，持续深化公共资源平台整合共享；在树立大数据思维，准确把握数字经济发展方向的基础上，加快推行交易数字化转型，在"十四五"时期，全面实现公共资源交易平台从依托有形场所向以电子化平台为主转变。二是激活新要素，深度挖掘公共资源交易数据资源的商用、民用、政用价值，积极稳妥开放数据资源，让各类市场主体和广大人民群众享有更多数字红利。三是打造新生态，深入打造公共资源交易全国一张网，构建全国一体化的公共资源交易平台体系，深化交易、投资、信用三大平台互联共享，以应用为导向，催生更多交易服务新领域、新模式。四是应用新技术，加快推进人工智能、云计算、物联网、区块链等信息技术在公共资源交易场景的应用，不断拓展公共资源交易平台功能，使线上交易、线上服务、线上监管加快成为公共资源交易平台整合共享的改革支点，筑牢平台整合共享的基础支撑。五是建立新机制，以区域一体化合作为牵引，支持跨区域、跨行业共享交易资源。深入推进公共资源交易标准化、法治化建设，为公共资源交易大数据智能化发展提供良好的制度保障。

第十四章　公共资源交易大数据与营商环境

作为要素市场的重要组成部分，公共资源交易高质量发展可以壮大市场规模、创造更多市场需求，对于优化营商环境意义重大。为营造更加公平开放的公共资源交易市场，实现公共资源要素自由流动和充分竞争，国家推动公共资源交易区域一体化试点，打造跨区域综合公共资源交易平台，在建立信息深度共享、市场充分开放、竞争公平有序的公共资源交易市场方面进行了探索和突破。本章以京津冀协同发展为背景，通过公共资源交易大数据研究市场主体在京津冀主要交易领域的流动，分析京津冀公共资源交易市场的特点，提出评估指标，为公共资源交易区域一体化成效评估提供参考。同时，对于统一开放的公共资源交易市场体系提出了建设重点。

第一节　京津冀公共资源交易区域市场一体化评估研究

"十四五"时期京津冀在更高质量协同发展的同时，也面临着一系列挑战。在加快京津冀协同发展和深化公共资源交易市场化改革的大背景下，推动京津冀公共资源交易合作共赢，建立协同发展长效机制是深化改革的重要任务。本节在对京津冀公共资源交易协同发展成效评估的基础上，分析现存问题，提出促进区域间公共资源交易协同发展的政策建议。

2019年以来，我国"放管服"改革不断深化，优化营商环境取得显著成效。公共资源交易作为具有中国特色的制度创新，未来在推动我国营商环境优化的过程中将发挥越来越重要的作用。在京津冀协同发展国家战略和深化公共资源交易市场化改革相结合的背景下，京津冀公共资源交易步入新轨道。探索三地公共资源交易合作共赢，建立起合作发展的长效机制，发挥城市群在国家发展、区域发展中的作用，推动京津冀公共资源交易区域一体化发展是全面深化改革的重要任务。同时，伴随着公共资源交易迈向全流程电子化和全流程数字化，京津冀公共资源交易协同发展也将成为地区间均衡发展的重要组成部分。展望未来几年，强化应用需求导向，推动数据和资本要素在京津冀区域间流动，鼓励合作共赢、提升主体企业感知是优化京津冀营商环境的重要环节。

一、京津冀公共资源交易一体化发展成效

1. 交易市场开放有序，呈现出相互融合的竞争状态

统一、开放、竞争、有序的公共资源交易市场体系，可以充分发挥市场在公共资源配置中的决定性作用，切实提高资源配置质量和效率。区域交易协同发展最直接的体现是交易市场一体化，即政府投资和市场主体在区域间跨省流动。京津冀公共资源的政府资金支出和异地流动情况，通过工程建设招投标、政府采购两个交易领域反映，通过对全国公共资源交易平台网站的数据进行统计，区域间跨省主体交易额占比见表14-1。

表14-1　区域间跨省主体交易额占比

交易领域	年份	北京市项目 （津冀主体 交易额占比）	天津市项目 （京冀主体 交易额占比）	河北省项目 （京津主体 交易额占比）
工程建设 招投标	2021	7.41%	19.30%	8.61%
	2020	4.91%	18.46%	22.41%
政府采购	2021	1.03%	16.92%	20.03%
	2020	1.15%	21.41%	10.50%

区域范围内，京津冀项目资源共享，政府投资和市场主体在区域间跨省流动显著。工程建设招投标领域，2021年北京市项目和天津市项目的跨

省主体交易额呈现出稳中有升状态，河北省项目的京津主体交易额占比下降明显；政府采购领域，2021年呈现出相反状态，河北省项目的京津主体交易额占比由10.50%提升至20.03%，其中北京市主体交易额占19.10%，天津市主体交易额占0.93%。上述表明十四五开局之年，在河北省交易市场，京津冀区域跨省主体的竞争交易领域由工程建设招投标调整为政府采购，也反映出2021年京津冀协同发展中资本要素的分配在政府采购领域明显增多。

2．市场主体认同区域营商环境，积极拓展跨省交易

市场主体是公共资源交易的主要参与者，良好的区域营商环境使市场主体获得感显著提升，更加积极参与跨省交易竞争活动，进一步提升区域营商环境，形成相互促进、迭代上升的市场形势。市场主体跨省的项目实施，促进技术优势在区域范围内互补，并推动技术创新在区域范围内应用。京津冀区域间跨省交易的主体企业数量见表14-2。

表14-2　区域间跨省交易的主体数量

交易领域	年份	津冀交易的北京企业	京冀交易的天津企业	京津交易的河北企业
工程建设招投标	2021	896（津94、冀802）	227（京42、冀185）	117（京76、津41）
	2020	807（津116、冀691）	171（京29、冀142）	145（京85、津60）
政府采购	2021	2780（津325、冀2465）	534（京135、冀399）	299（京234、津65）
	2020	2878（津352、冀2526）	506（京144、冀362）	305（京243、津62）

区域范围内，北京企业的交易市场竞争力最强，跨省中标行为也最活跃；河北企业的交易市场竞争力最弱，跨省中标行为最少，但河北交易市场面向异地主体更加开放。2020年和2021年，北京企业跨省中标河北省项目最多，工程建设招投标领域为跨省到天津中标的5.9倍和8.5倍，政府采购领域均保持在跨省到天津中标的7倍；天津企业在京冀交易市场明显倾向于中标河北省项目，而河北省企业对于天津交易市场态度相对冷淡。

3．交易资金在区域间市场化流动，呈现三角形态

资金要素在区域间充分流动是区域一体化发展的有力保障。近几年，京津冀公共资源交易的项目资金流动均呈三角形态，北京市吸纳区域间资金的能力最强，河北省在区域间输出资金的力度最大。2021年京津冀交易资金在区域间的详细流动情况见图14-1，其中最大流向河北省的项目资金流向北京时，工程建设招投标与政府采购的比例为1∶1.2；次大流向北京市的项目资金流向天津市时，工程建设招投标与政府采购的比例为98.3∶1。

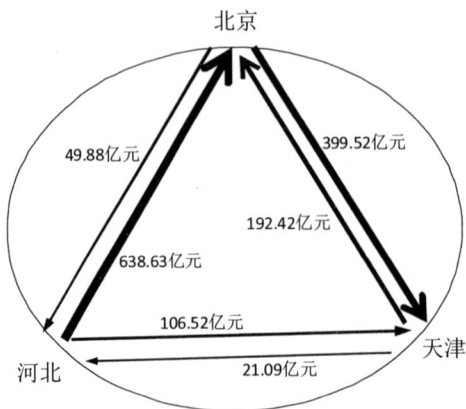

图14-1 2021年交易资金区域间三角流动图

4. 交易全流程电子化全面推进，降低交易成本

京津冀紧跟国家政策导向，从依托公共资源交易有形场所向电子化平台转变，全面推进交易全流程电子化，"文件电子化、远程上传提交、不见面开标、过程全留痕、档案电子化"的全流程电子交易模式正在逐步实现中，远程异地评标应用已常态化。北京市已实现水利、交通、勘察设计等领域必须依法招标项目的全过程电子化交易服务，以上领域每年约3000个招标项目测算，减少市场主体购买标书、现场投标、预约开评标场地、专家抽取等事项共计75000余次，降低投标的主体企业购买文件、打印封装纸质标书的费用近1亿元。

5. 主体与成交信息区域间流动，简化跨省交易流程

全国公共资源交易平台面向地方无条件共享了全国市场主体成交记录信息和企业资质信息等，京津冀交易平台可实时获取跨省市场主体的相关信息，并应用到招投标过程中的主体信息注册、业绩审核等环节，简化招

投标流程提升评标效率，解决以前无法判断跨省投标主体信息准确性的难题；同时主体企业避免了重复提交材料、重复登记等繁琐事项，少跑路、好办事，手续环节减半，企业获得感提升。

二、京津冀公共资源交易一体化发展存在的问题

1．龙头城市对区域发展带动不足，区域整体竞争优势缺失

在京津冀交易市场，北京市主体多数交易活动仍然集中在北京，本地成交行为活跃。在工程建设招投标和政府采购领域，近两年北京市本地成交的主体数量占总主体数量的比例均在70%以上，本地主体交易量占总交易量的比例保持在80%以上。尤其在政府采购领域，本地主体交易额占比连年高达90%以上，近乎垄断。上述现象推测北京市项目在政府采购或工程招投标过程中，存有本地主体中标的条件要求或者对异地主体入围的较高条件限制，也说明作为龙头城市，北京市对于异地主体的开放程度不足，对京津冀整体交易经济的发展带动不足。

区域范围内，作为异地的津冀、京冀、京津中标主体数量，对应占京、津、冀在全国范围异地主体的1/5~1/3，与其他占比较高的省份如江苏省、上海市等所属的经济较发达区域相比，并没有区域整体优势的显现，也没有形成区域整体的竞争优势，空间布局的条块分割仍比较严重。

2．津冀大量资金流向北京，区域间营商环境差异较大

由图14-1知，津冀大量项目资金流向北京。在工程建设招投标领域，2021年河北省流向北京的项目资金，占当年该省该领域总交易资金的6.8%，同比明显降低（2020年19.72%）；2021年天津市流向北京的项目资金，占比16.86%，同比基本稳定（2020年15.77%）。在政府采购领域，2021年河北省流向北京的项目资金，占当年该省该领域总交易资金的19.10%，同比增幅较大（2020年9.64%），值得跟踪关注；天津市流向北京的项目资金，占比16.24%，同比有所减少（2020年20.10%）。以上数据表明，在京津冀交易市场相互融合的状态下，津冀大量资金流向北京的情况已有所改善但依然存在，区域间营商环境依然有较大差异。

3．各省交易收支长期不均衡，不利于区域经济健康发展

对外支出资金与对外收入资金的差额反映对外交易收支情况。区域范围内，三省工程建设招投标和政府采购的对外交易总收支严重不均衡（2021年京津冀该差额分别为-381亿元、-292亿元、+674亿元，2020年为-715亿元、+46亿元、+668亿元）。长期大量的逆差或顺差反映出省际间交易经济发展的不均衡，将加深京津冀的贫富两极分化，不利于区域交易健康协同地发展。但是，从2020年到2021年，北京市对外交易逆差明显下降为53.4%，而天津市由顺差转为逆差，这些得益于京津冀协同发展政策所发挥的作用。与京津不同，连续两年河北省都呈现出区域交易经济的绝对顺差，出超严重，对外依存度过高。

4．隐性壁垒仍然存在，现有数据难以支撑应用和监管

由于技术、利益和地方保护等原因，京津冀交易市场依然存在CA证书不能跨省互联互通的难题，较大地影响了主体企业的跨省积极性，甚至省内也难以跨交易平台统一使用，身份认证、签名盖章、加密解密等交易流程有诸多不便。企业需购买不同交易机构的不同CA证书并持续缴纳年费，否则无法参与相关投标活动。同时，全流程电子化的数据虽纳入了招标、投标、评标过程和各类主体信息，但是对于年度计划、合同等数据采集不够，难以支撑业务层面交易全过程的应用和监管。在加快建设统一全国大市场的背景下，消除京津冀隐性壁垒、提升全流程数据质量迫在眉睫。

三、展望与相关政策建议

1．强化应用需求推动数据需求导向，推动京津冀技术与信息互认

对公共资源交易数据进行统计、分析、挖掘等应用，是研究交易市场化资源配置、国家相关政策执行情况和决策支持的必要方式，加强顶层从交易应用需求对数据采集、数据共享需求的导向，以应用成效考核数据共享和采集质量，解决核心数据共享难点的同时倒逼数据源头提升质量，进一步推动数据要素在区域间流动并加强交易场景中的使用，形成良性循

环。遵循公共资源交易区域协同发展趋势，区域范围推广运用大数据、云计算等技术，推进京津冀评审专家、数字证书、信用信息等共享互认，形成京津冀交易从产生到监管的闭环，逐步建立京津冀交易一体化的监管机制，让区域间公共资源交易过程在阳光下运行。

2. 完善京津冀区域协调体系，鼓励区域主体合作共赢

完善京津冀区域协调体系，建立区域间公共资源交易的统一规章制度，打破省市制度壁垒，鼓励区域经济主体的合作共赢，发挥龙头城市带动资本、技术和信息要素在区域间流动的效应，为区域交易协同发展提供良好的政策环境和发展条件，比如建立京津冀区域交易平台、京津冀地区融资平台等，逐步提升区域整体竞争力。

3. 研究京津冀区域交易的优惠政策，提升主体感知

持续优化营商环境，刺激市场主体活力，深度提升市场主体参与区域交易的积极性和认同感。研究在依法依规前提下，实行对经济相对落后或弱势的河北省、天津市主体跨省交易的优惠和鼓励政策，如减免投标保证金和履约保证金，进一步推动资本、主体、技术要素在区域间流动。

第二节　京津冀公共资源交易关联指标与模型的构建研究

在加快京津冀协同发展和深化公共资源交易市场化改革的大背景下，推动京津冀区域公共资源交易协同发展有重要意义，实用的评价指标体系有助于及时判断协同成效并反映政策执行情况。本节结合公共资源交易特点，以市场主体在区域异地间的公共资源交易行为为基础，设计PPDQM模型划分市场主体群，构建京津冀区域交易关联指标和模型。

一、研究背景回顾

京津冀协同发展是国家三大发展战略之一。在加快京津冀协同发展和深化公共资源交易市场化改革的大背景下，推动三地公共资源交易合作共赢，探索建立起合作发展的长效机制，发挥城市群在国家发展、区域发展

中的作用，推动京津冀公共资源交易区域一体化发展是全面深化改革的重要任务。如何客观评价京津冀公共资源交易协同发展的效果，为资源配置提供参考，是需要迫切思考的问题。

2018年4月，国家发展改革委办公厅发布关于进一步做好公共资源交易平台整合共享工作的通知（发改办法规〔2018〕417号文），要求强化资源共享，加快推进公共资源交易全流程电子化，提高数据信息汇集共享质量。鉴于公共资源交易资源共享和全流程电子化趋势，学者们对公共资源交易中大数据分析的作用进行了研究，认为以电子交易公共服务系统上沉淀的历史性海量数据为基础，利用大数据思维，可强化并改进公共资源交易招标、投标和评标的监管服务；京津冀公共资源交易协同发展应注意着力推进三地在专家资源、信息资源、电子化交易、诚信体系建设方面的合作共享等。学者们总体肯定信息化技术在公共资源交易过程中发挥作用、京津冀交易合作共赢等，但现有文献并没有京津冀区域交易协同发展评价的指标研究，也没有宏观层面对区域间市场主体成交行为的关联价值研究。

二、京津冀区域交易影响群体和行为筛选

中国的公共资源交易市场，是世界上最大的政府采购市场。市场主体是公共资源交易活动的组织者和参与者，包括招标/出让人、投标/竞买人、中标/受让人、代理机构等，也是优化营商环境的服务对象。区域范围内，市场主体的跨省异地交易行为结合本地交易行为，可反映区域交易协同发展状况。公共资源的政府资金支出和异地流动情况，通过工程建设招投标、政府采购两个交易领域反映。

设计PPDQM模型市场主体分群法，筛选出全国市场主体中对京津冀区域交易经济高影响的群体。PPDQM模型5要素分别为：交易主体所属省份（Province）、交易项目所属省份（Province）、交易项目所属领域（Domain）、市场主体交易量（Quantity）、市场主体交易额（Money），见表14-3，高影响主体和较高影响主体的交易额、交易量可

反映出区域主体的异地成交行为、本地成交行为，定义为京津冀交易关联主体。

表14-3 京津冀交易影响群体筛选表

市场主体群体类型	P（主体省份）	P（项目省份）	D（项目领域）	Q（主体交易量）	M（主体交易额）
高影响主体	京	津、冀	工程建设招投标、政府采购	有	有
高影响主体	津	京、冀	工程建设招投标、政府采购	有	有
高影响主体	冀	京、津	工程建设招投标、政府采购	有	有
较高影响主体	京	京	工程建设招投标、政府采购	有	有
较高影响主体	津	津	工程建设招投标、政府采购	有	有
较高影响主体	冀	冀	工程建设招投标、政府采购	有	有
低影响主体	不限	其他省	不限	不限	不限

三、区域间交易关联指标构建

在京津冀交易关联主体范围内，将区域间某省的异地中标主体交易数据组成占比、流量差、流量和（支出）、流量和（汇入）共12个指标，分为四组，从区域间异地中标主体的竞争力强度、省份间交易的优先程度、交易吸纳异地服务的程度（支出资金力度）、交易服务输出的程度（汇入资金力度）方面，表示该区域的交易关联程度。

1. 交易竞争力指标

包含交易深度、交易频度、交易力度三个指标，即某交易领域某时间段，某省异地（本地）中标主体相对交易的全部中标主体数量占比、全部交易量占比、全部交易额占比。这组占比指标表示异地（本地）中标主体在某省的交易竞争力强度，反映出异地（本地）省份对该省的交易贡献度，是区域间交易关联的基础指标。交易深度、频度、力度越大，说明异地（本地）中标主体在某省的竞争力越强。

交易深度=异地（本地）中标主体数量/全部中标主体数量×100%

交易频度=异地（本地）中标主体交易量/全部交易量×100%

交易力度=异地（本地）中标主体交易额/全部交易额×100%

2．交易优先度指标

包含交易深差、交易频差、交易力差三个指标，即某交易领域某时间段，某省项目的异地两省中标主体数量、交易量、交易额的流量差额。这组流量差额指标表示区域内某省与异地省份交易关系的优先程度，以及与异地省份的经济交往强度。如交易深差>0或交易频差>0，说明该省与省1的关系优先程度高于省2；交易力差>0，说明该省与省1的经济交往强度高于省2。

交易深差=异地中标主体数量省1－异地中标主体数量省2

交易频差=异地中标主体交易量省1－异地中标主体交易量省2

交易力差=异地中标主体交易额省1－异地中标主体交易额省2

3．交易服务吸纳指标

包含交易深和、交易频和、交易力和三个指标，即某交易领域某时间段，某省项目的异地中标主体数量、交易量、交易额的流量计和。这组流量和（支出）指标表示某省吸纳异地技术服务的程度、对外输出资金的力度，同时也反映出该省自给自足的独立程度。交易深和、频和、力和越大，该省交易服务吸纳程度越高，独立自足程度就越弱。

交易深和=异地中标主体数量省1+异地中标主体数量省2

交易频和=异地中标主体交易量省1+异地中标主体交易量省2

交易力和=异地中标主体交易额省1+异地中标主体交易额省2

4．交易服务输出指标

包含交易深汇、交易频汇、交易力汇，即某交易领域某时间段，区域内某省主体在异地项目中的中标数量、交易量、交易额的流量计和。这组流量计和（汇入）指标表示某省开拓区域间跨省市场的能力程度，反映该省技术实力强弱的程度、省内汇入异地项目资金的力度。交易深汇、频汇、力汇越大，该省输出服务越多，汇入异地的项目资金也就越多。

交易深汇=本地主体中标异地项目数量省1+本地主体中标异地项目数量省2

交易频汇=本地主体中标异地项目交易量省1+本地主体中标异地项目交易量省2

交易力汇=本地主体中标异地项目交易额省1+本地主体中标异地项目交易额省2

5. 区域间交易关联模型

（1）区域间交易经济关联模型

区域间异地主体的跨省交易额反映了政府投资在区域内异地的流动情况。在区域省份组成的二维空间内，把某段时间交易资金在区域内异地之间的流向、数值、同比趋势，用线条直观描绘出异地之间的交易资金关联关系，即构成区域间交易经济关联模型，见图14-2。其中，箭头指示京津冀项目交易额的跨省资金流向，指示线的粗细程度表示交易额大小，实线表示当年交易额同比去年上升，虚线则表示下降。模型可以清晰的表示出京津冀交易投资在区域间的流动状态、不同流向差异，以及流动趋势。

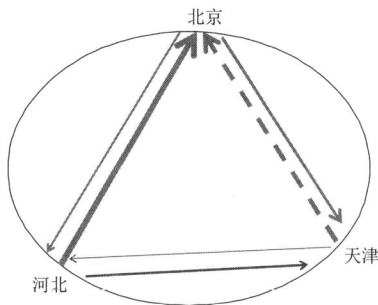

图14-2　京津冀交易经济关联模型

（2）区域间交易收支均衡模型

交易均衡关系构成现代社会经济的基本模块，各模块的交易总和构成了全社会交易总额。同样，区域间基本模块的交易总和构成了区域交易总额。由于交易自发形成，区域间交易收支存在不平衡状态，某省的对外支出资金与对外收入资金的差额反映对外交易收支，见表14-4所示。

表14-4　京津冀区域交易收支表（工程建设招投标+政府采购）

省份	年份	资金向异地两省支出（亿元）	资金从异地两省收入（亿元）	对外交易收支（逆顺差）
北京				
天津				
河北				

将连续2年或更长时间的对外交易收支通过表14-4形式表示出来，可分析京津冀各省该段时间对外交易收支的变动情况，长期的顺差或逆差均不利于经济的均衡和资源的配置。用二维直角坐标可以直观看出对外交易收支均衡状况，见图14-3所示。

图14-3中，平衡线表示对外交易支出与收入相等；平衡线与纵坐标（收入）之间的任意收支点代表逆差，即某段时间内某省对外交易支出低于收入，收支点距离平衡线越远说明逆差越大，支出低于收入越不均衡；平衡线与横坐标（支出）之间的任意收支点代表顺差，即某段时间内某省对外交易支出大于收入，收支点距离平衡线越远说明顺差越大，支出大于收入越不均衡。

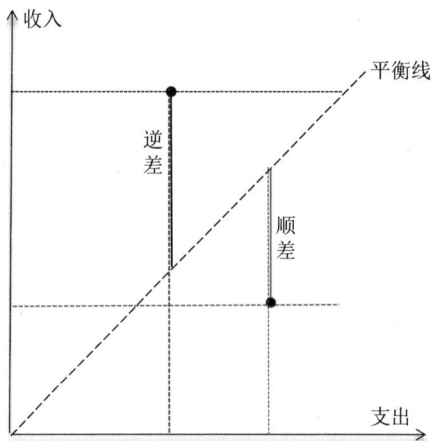

图14-3　对外交易收支均衡图

四、指标与模型验证

按照交易影响群体和行为筛选方法，以全国公共资源交易平台的数据为基础，用打标签技术筛选出高影响和较高影响主体，构成京津冀交易关联主体，将近几年的相关数据代入指标与模型并分析。

1．指标代入分析

由交易竞争力指标可得，区域范围内主体和项目资金跨省流动，京津冀交易市场呈现出融合状态；北京主体竞争力最强，河北主体竞争力最弱，但区域整体竞争优势不足。在工程建设招投标和政府采购领域，近两年北京本地主体交易深度均在70%以上，本地主体交易频度保持在80%以上；尤其政府采购领域，本地主体交易力度连年高达90%以上。上述现象推测北京市项目在政府采购或工程招投标过程中，有本地主体中标要求或对异地主体入围的较高条件，对于异地主体的开放程度不足。区域范围内作为异地的津冀、京冀、京津中标主体数量，对应占京、津、冀在全国范围异地主体1/5～1/3，与占比较高的江苏、上海市等所属经济较发达区域相比，没有形成区域整体的竞争优势。

由交易优先度指标可得，区域范围内，北京对河北交易优先程度较高，与天津交往强度较大；河北对北京交易优先及交往程度远超天津，呈现出同比上涨趋势。北京项目的津冀中标主体，天津与河北的交易深差<0、频差<0、力差>0（2020年深差-56、力差93.89，2019年深差-55、力差43.99），反映出天津主体参与北京交易市场的热情低于河北省，但表现出的市场竞争力高于河北省。河北项目的京津中标主体，北京与天津的交易深差、频差、力差均>0（2020年深差549、力差427.32，2019年深差345、力差126.80），表明北京主体中标河北交易行为非常活跃，看好河北交易市场的发展，但天津主体对于参与河北省项目的意愿偏低。

由交易服务吸纳指标可得，区域范围内，河北省吸纳异地技术的程度最高，对外输出资金力度最大；北京吸纳异地技术的程度最低，对外输出资金力度最小。河北项目的京津主体交易深和、频和、力和均为最大（2020年深和833、频和1713、力和597.47，2019年深和541、频和846、力和190.54），北京项目的津冀主体相关指标值最小（2020年深和114、频和186、力和185.23，2019年深和119、频和199、力和111），北京独立自足能力最强，河北最弱。纵向同比发现，在区域间河北吸纳异地服务的程度有增长趋势，2020年相比2019年，交易深和增长1.54倍，频和增长2.02倍，力和增长3.14倍，对外输出资金相应增长。

由交易服务输出指标可得，区域范围内，北京主体开拓异地交易市场能力最强，从津冀项目汇入资金的力度最大；天津居中，河北最弱。北京从津冀项目市场的交易深汇、频汇、力汇最大（2020年深汇807、频汇1594、力汇694.53，2019年深汇577、频汇916、力汇346.73），河北从京津项目市场的相关指标值最小。北京汇入周边市场资金的力度是天津的3.09倍、河北的8.32倍，市场主体服务输出强劲，技术优势遥遥领先；河北主体输出服务能力最弱，技术势力有待提升。纵向环比数据得出，京津冀交易服务输出均呈现出增长趋势，力汇增长1.22~2倍。

2. 模型代入分析

由京津冀交易经济关联模型可得，京津冀交易投资呈三角形在区域间流动，津冀大量资金流向北京。在工程建设招投标领域，2021年河北流向北京的项目资金，占当年该省该领域总交易资金的6.8%，同比2020年19.72%明显降低；2021年天津流向北京的项目资金，占比16.86%，同比2020年15.77%基本稳定。在政府采购领域，2021年河北流向北京的项目资金，占当年该省该领域总交易资金的19.10%，同比2020年9.64%增幅较大，值得重点跟踪关注；天津流向北京的项目资金，占比16.24%，同比2020年20.10%有所减少。以上表明，在京津冀交易市场相互融合的状态下，津冀大量资金流向北京的情况已有所改善但依然存在，区域间营商环境依然有较大差异。交易投资的异地三角流动，反映出十三五期间京津冀协同发展政策对打破地域限制提供了支持，促进了区域交易市场整合。

由京津冀交易收支均衡模型可得，区域范围内，三省工程建设招投标和政府采购的对外交易总收支严重不均衡（参考14.1.2，2021年京津冀对外支出资金与对外收入资金的差额分别为-381亿元、-292亿元、+674亿元，2020年为-715亿元、+46亿元、+668亿元）。长期大量的逆差或顺差反映出省际间交易经济发展的不均衡，不利于区域交易健康协同地发展。从2020年到2021年，随着京津冀协同发展政策的推进，北京市对外交易逆差明显下降，天津市由顺差转为逆差，但河北省依然出超严重，呈现出区域交易经济的绝对顺差。

伴随着公共资源交易迈向全流程电子化和全流程数字化，京津冀公共资源交易的协同发展也将成为京津冀地区间均衡发展的重要组成部分。本节提出的区域交易关联指标与模型，基于主体要素和资本要素在区域间的流动事实，为京津冀公共资源交易协同发展成效评价提供一种思路。经过近三年数据的验证，与国家相关政策和交易形势一致，希望能够为十四五期间京津冀公共资源交易协调体系的完善提供参考。

第四节　建设统一开放的市场体系

公共资源是公有、公用的自然与社会资源。推动公共资源阳光交易，着力提高公共资源配置效益、效率和公平性，是构建更加完善的要素市场化配置体制机制的重要内容，是建设高标准市场体系的重要领域，对完善社会主义市场经济体制，构建以国内大循环为主体、国内国际双循环相互促进的新发展格局具有重要意义。

一、公共资源交易现代市场体系

我国公共资源交易领域正处于深化平台整合共享、加快形成统一市场、提高要素市场化配置水平的战略机遇期，距离实现高质量发展、高水平现代化还存在一定差距，如市场化配置程度不够高；地方保护和行业垄断现象不同程度存在，市场统一开放性有待进一步提高；公共服务供给不够充分，全流程电子化交易尚未全面实现，市场主体交易成本有待进一步降低；制度规则尚未全面统一，营商环境需要进一步优化，亟待进一步深化改革、创新机制、优化服务、强化监管。目前，地方公共资源交易市场虽有市场主体的自由跨省流动，但交易发生和完成仍主要以省内或当地的项目所在地为主要范围。

鉴于上述，在尊重市场规律的基础上，公共资源交易市场化要坚持交易领域的应进必进、交易数据的应进必进，找准市场功能和政府行为的最佳结合点，形成市场作用和政府作用的有机统一和相互促进；同时应充分考虑行业特点和地区差异，加快消除地区、行业壁垒，积极有序推进以营商环境优化为重点的公共资源交易统一市场建设。从大数据的应用成效提升层面反向追溯源头，应加快推进交易全流程电子化，整合公共资源交易信息、主体信息、专家信息等资源，以数字化、标准化推动市场一体化，推进部门协同监管、信用监管。在市场开放层面，应坚持公共资源交易的公平竞争、公开透明、效益效率，向着实行全领域、全方位、全生命周期信息公开的方向努力，各类交易行为要通过交易数据动态留痕并可追溯，充分发挥市场主体、行业组织、社会公众、新闻媒体外部监督作用，优化市场环境，促进公平竞争，充分激发市场主体活力，建设公开透明的公共资源交易现代市场体系。

随着公共资源交易服务平台和公共资源交易平台的整合改造，各地方省级公共资源交易一张网初步建立，推动公共资源交易市场的统一开放更进一步。十四五期间，公共资源交易市场化程度大幅提升，各地应以省公共资源交易服务平台为枢纽，兼顾地区、行业差异，实现地区、行业交易平台纵横贯通，信息资源充分共享，制度规则和技术标准的高度统一；公共资源交易的数字化改革将促进跨部门、多层级、全业务流程重构，交易、服务、监管的电子化、智慧化、协同化水平持续提升，公共资源电子化交易率大幅提升，并向着交易进场零门槛、交易过程零次跑、交易环节零障碍、交易服务零距离、专家抽取零泄密、交易文件零成本，基本实现全流程电子化的目标迈进，公共资源交易整体智治得以体现，法治化营商环境日益健全，形成具有"重要窗口"展示地位的公共资源交易治理现代化新模式。

统一开放的市场体系要求公共资源交易监管体系更加健全，交易规则制度体系、体制机制不断完善，公共资源交易公正性持续提升。全过程在线实时监管，以协同监管、信用监管和智慧监管为基础的新型监管机制逐步建立，形成统一规范、权责明确、公正高效、法治保障的市场监管和执法体系。公共资源交易信息依法公开完整率、准确率、及时率逐步逼近100%，营商环境持续优化，制度性交易成本明显降低，交易效率显著提高，资源配置更加有效，公共资源交易领域的营商环境指数稳步提升。

二、公共资源交易重点领域发展

重点领域首先是四大板块。在工程建设项目招投标领域，提升改造工程建设项目招投标交易平台，要推进招标文件示范文本的编制和应用，提高招投标全流程电子化率，推进工程建设项目招投标统一市场的建设。在政府采购领域，要构建以优质优价采购结果和用户反馈为导向，采购主体职责清晰、交易规则科学高效、监管机制健全、政策功能完备、法律制度完善、技术支撑先进，与高水平推进省域治理现代化相适应的现代政府采购制度。在土地使用权出让、矿业权出让领域，打造高标准的城乡统一土地市场，全面推进矿业权竞争性公开出让，持续推进土地使用权出让和矿业权出让交易全流程标准化、电子化、市场化。在国有产权交易领域，推进各省产权交易机构的整合，推进国有产权交易等国有资源交易全流程电子化在线监管。

在其他交易领域，如农村集体产权交易，应规范各省农村产权交易行为，推进城乡要素自由流动、平等交换，制定完善省级农村产权流转交易管理办法、交易规则、服务收费规定等，研究推进省农村产权流转交易服务平台建设，营造公开透明、自主交易、公平竞争的市场秩序。林权交易要完善林权交易规则，细化林权交易种类，健全林权交易平台建设，规范交易行为，推进林权公共资源进入交易平台实行公开竞争性交易。排污权交易应实现省内排污权交易统一化管理，开展涉水、涉气排污权跨区域交易试点。用能权交易要以用能权交易为基础，结合省内电力现货交易试点、天然气交易、绿色电力交易等，探索建立多元能源要素市场交易综合试点。

三、推动统一开放市场体系建设

在加快提升公共服务水平方面，建设完善电子保险保函业务系统，探索公共资源交易信用信息与融资、贷款、保险等金融服务联动，促进中小企业健康发展；推进采购代理机构和专家业务转型，提升政府采购专业化服务水准；着力完善交易系统，以系统智能代替传统人工，实现产权交易全程"零见面""零跑动""零干预"；探索与中介机构合作提供产权界定、价格评估、流转交易等综合服务；积极应用人脸识别、移动CA等新技术，探索推进掌上交易服务。

在扩大市场化配置范围方面，坚持应进必进，将适合以市场化方式配置的公共资源逐步纳入目录管理，稳步扩大公共资源交易市场规模和交易种类，推进目录内的碳排放权交易、海域使用权转让、行政罚没资产处置等纳入公共资源交易平台体系实现市场化配置。

在统一交易规则方面，省内可按照公共资源交易类别，建立和完善纵向贯通省市县的公共资源交易规则制度体系，内容涵盖交易组织、交易流程、交易行为、交易价格形成机制、标准（示范）文本、专家管理、投诉举报处理等，分类实现公共资源交易省内一套制度，保障交易依法、公正、公平、公开。

在营造公平竞争市场环境方面，严格落实公共资源交易领域公平竞争审查制度，建立健全行政规范性文件动态管理制度，强化公平竞争审查的刚性约束。尊重和保护市场主体平等地位，杜绝不合理限制条款，打破地方和行业保护，消除隐形壁垒，进一步放宽市场准入，营造各类所有制企业一视同仁、公平竞争的公正市场环境。

在区域市场一体化方面，全方位探索区域公共资源交易合作，推动形成区域公共资源交易市场一体化发展工作机制，推进市场主体、评审专家、数字证书、交易信息、信用信息等在区域内的资源共享互认，推动区域共同市场建设。长三角地区、川渝地区公共资源交易一体化已达成技术标准、数据规范、服务标准的三统一，以及交易采购信息、主体信息、专家信息和信用信息的四共享；东北三省和内蒙古自治区于2023年3月签署了一体化框架合作协议，开展了多次远程异地评标合作，实现了优质专家资源跨区充分共享，有效防止专家易被围猎的成效。

第四节　提高交易信息化水平和服务能力

一、提高交易信息化水平

统一开放的市场体系，要以数字化改革为总抓手，引领公共资源交易领域全方位改革，提高交易信息化水平，提升公共服务能力，全面提升公共资源交易、服务、监管的数字化水平，加快"数字赋能"，加强互联网、云计算、大数据、人工智能等新一代信息技术在公共资源交易领域的应用，提升综合运行效率，提升公共资源交易整体治理能力。提高公共资源交易信息化水平应从以下四方面加强：

1．推进全流程电子化交易

全国各地要全力推进公共资源全流程电子化交易，补齐"交易、服务、监督、归档、履约"流程中的环节缺项，分领域建立和完善电子化交易系统，建设"不见面"开标、远程异地评标等系统应用，从相对成熟的工程建设项目招投标、政府采购、国有产权交易等领域的全流程电子化交易执行。探索推动电子营业执照在公共资源交易领域的应用，全面推广应用统一交易标识码、项目代码、信用代码，实现"一码交易、一码管理"。

2．加强数字化基础设施建设

适应数字化改革要求，健全完善各省的公共资源交易系统、服务系统、监管系统等电子平台；加快建立公共资源交易的国家市场主体信息库、各省市场主体信息库，实现一次注册、全省共享，以及跨省共享；整合地域和各省专家资源，建立完善地域或各省统一的评标评审专家库，实现统一建设、分类管理、共同使用。同时，建立完善统一的交易信息发布平台、CA签章互认平台、统计数据体系和交易大数据库，促进公共资源交易数据资源有效利用，加快推动各地各部门间数据共享交换。

3．健全完善数据标准规范

深入推进公共资源交易标准化建设，加强标准在国家层面的修订和应用时效，完善统一数据规范，细化数据颗粒度，构建形成紧跟交易业务的国家标准，和具有各地特色、科学有效的地方公共资源交易平台数据标准体系，重点围绕工程建设项目招投标、政府采购、土地使用权和矿业权出让、国有产权交易领域，优化电子化交易规则、流程、招标（采购）文件范本、技术标准和数据规范，推进标准化评标室建设，制定电子评标室标准，建立评标场所共享机制。

4．加强信息安全防护

全面构建公共资源交易安全防护体系，不断完善安全技术和安全管理保障措施，严格落实交易平台系统检测认证和信息系统安全等级保护，建立身份认证、访问控制、运维审计、应急响应、异地容灾等机制，实现事前规划预防、事中实时监测、事后追踪溯源，增强关键信息基础设施、重要信息系统和数据资源安全防护能力。

二、加快提升交易服务能力

以服务标准化为核心，加快形成以各省公共资源交易服务平台为枢纽，各级、各类交易平台为支撑的公共资源交易服务体系，全面提升公共资源交易服务水平。

1．提升完善国家级和省级公共资源交易服务平台

提升国家级公共资源交易总门户，完善交易信息的一网公开和共享使用，开放主体信息登记与比对服务，为公共资源交易统一市场提供基础，为各类市场主体和社会公众获取信息提供便利，接受市场主体、社会公众和新闻媒体监督；完善省级公共资源交易门户，为各级各类公共资源交易提供主体注册、交易登录、信息发布、评标评审专家信息管理等交易基础

服务，逐步实现"主体一网登记、交易一网入口、信息一网公开"；整合共享公共资源交易全领域数据，促进数据资源有效利用，为全省各级各类公共资源交易平台和行政监督平台提供有力支撑。

2．建立统一的省级服务标准体系

推进公共资源交易服务标准化，向服务最优的省份看齐，推动制定全国统一的省级公共资源交易服务标准，优化办理流程、量化服务指标、完善功能标识，保障各类交易服务活动规范、高效、廉洁运行，优化公共资源交易场所、信息、档案、专家抽取等服务，切实降低市场交易成本，提升市场主体的获得感。

3．创新综合服务方式

探索创新公共资源交易金融服务，推动金融机构为市场主体提供低成本、高效率、多渠道、全链条的金融服务，助推解决中小企业融资难、融资贵问题，服务实体经济发展。提升公共资源交易数据资源价值，在政府决策、公共服务、市场监管等方面为各部门、各行业提供数据服务，为培育数字经济新产业、新业态和新模式提供数据资源支持。

4．加大信息公开力度

进一步明确公共资源交易信息公开责任主体，重点公开涉及行政审批的批准结果信息、公共资源项目基本信息、配置（交易）过程信息、中标（成交）信息和合同订立、合同履约等信息，以及行政监督、违法失信行为记录等信息，及时评估公共资源交易信息公开的全面性、实时性和准确性。积极鼓励和正确引导交易主体披露交易活动信息，切实保护市场主体和社会公众的合法权益。

5．修订完善信息公开标准

紧跟国家政策和要求，修订公共资源信息公开标准目录，明确信息公开的内容、依据、时限、主体、对象、方式、渠道和载体，进一步细化优化住房保障、政府采购、矿业权出让、国有土地使用权出让、国有产权交易、工程建设项目招投标等重点领域的信息公开标准，推动公共资源交易全领域、全过程信息公开。

6．健全信息公开体系

围绕国家公共资源交易服务平台、省级公共资源交易服务平台、各级各类交易平台、政务服务网构建全方位、多层次、立体化的信息公开体系，公共资源交易信息必须依法在上述平台集中公开；推动公共资源交易监管部门权力清单和责任清单并向社会公开；省级公共资源交易服务平台应具备分类集中公开和分项目全流程公开，无缝对接国家公共资源交易服务平台以及各行业部门管理平台，实现数据互联共享和信息多网融合，提高信息公开效能。

7．构建整体监管体系

立足"整体"、依法监管，进一步理顺交易监管体制，完善综合监管和行业监管相结合、信用监管与智慧监管相融通的立体式监管机制；充分运用人工智能等数字技术精准监管，加快公共资源交易领域整体智治。根据公共资源交易特点，科学划分不同层级执法权限，合理确定综合监管职责。加强行业监管部门和综合监管部门的协调配合，推动跨行业、跨区域执法协作，畅通横向协同渠道，增强纵向联动合力。加快建立市场信息共享和验证互认机制。探索工程建设项目等全生命周期多部门协同监管机制，推进交易市场与履约现场"两场联动"等协同监管模式。提升信息化监管能力，加快从线下监管向线上监管方式转变，加强公共资源交易活动在线监测、在线监管。推进市场主体、中介机构和交易过程信息全面记录、实时交互，达到交易信息来源可溯、去向可查、监督留痕、责任可究。

8．加快公共资源交易领域信用体系建设

加快构建公共资源交易领域信用体系，分领域建立和完善统一的信用记录和评价制度，涵盖公共资源交易、合同履约全过程，将市场主体信用信息和信用评价结果作为实施监管的重要依据；可探索建立市场主体准入前信用承诺制度，将信用承诺纳入市场主体信用记录；加强信用信息归集、互认、共享，依法依规开展守信联合激励和失信联合惩戒，强化信用约束，规范市场行为。

第五节　提升公共资源交易数据服务能力

公共资源交易本身涉及公共利益、公共秩序、公共安全等公共性问题，也承担公共政策实施功能，比如中小微企业扶持等，同时可驱动市场化的交易行为公共资源交易数据作为新的生产要素，已初步发挥了促进信息公开、服务市场主体等成效。按照"十四五"规划纲要和中共中央　国务院《关于构建更加完善的要素市场化配置体制机制的意见》，公共资源交易数据资源价值和数据服务能力急需挖掘并提升。

一、公共资源交易数据的服务体系

目前较成熟的公共资源交易领域有工程建设招投标、政府采购、土地使用权和矿业权出让、国有产权交易，通过交易数据驱动交易流程。与交易流程电子化对应，公共资源交易数据主要包括招标/出让公告、投标报价记录、评标记录、成交公示、成交结果、合同信息。从数据服务能力角度，归为交易过程数据、市场主体数据两大类。交易过程数据反映交易过程和成交情况，是大数据展示、统计、分析的基础，其数据质量直接关系分析结果。市场主体是公共资源交易参与者，反映招标人、投标人、中标人、交易机构情况，通过登记类型、注册资金、控股等属性，可分析公共资源交易市场主体结构，研判市场活跃情况和交易环境。

公共资源交易服务体系由国家、省、市三级构成，见图14-4。

国家公共资源交易服务平台为国家级服务平台，纵向联通省级电子服务系统，汇聚地方公共资源交易数据，横向对接中国招投标公共服务平台、财政部、自然资源部、国资委、商务部等交易领域主管部门，汇聚央企招投标数据、中央预算单位政采数据、中央企业国有产权交易数据、机电设备国际招投标数据。省级电子服务系统横向对接省级交易服务系统，纵向联通市级电子服务系统。

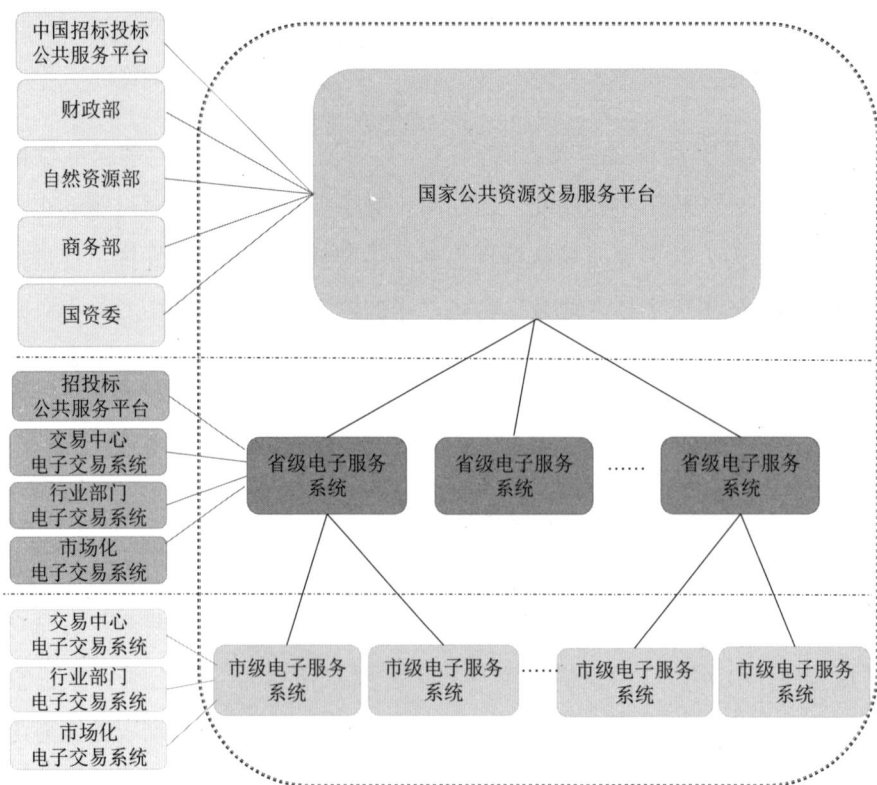

图14-4　全国公共资源交易服务体系构成图

二、公共资源交易数据服务成效体现

1. 实现交易信息一网公开，促进交易公开透明

目前已形成全国公共资源交易数据"一张网"。国家级服务平台汇集全国地方和中央10个公共资源交易领域的应进必进交易信息超3亿条并按日递增，是范围最广、信息最全的便民服务窗口，为市场主体、社会公众提供公共资源交易信息的"一网览尽"，服务中标市场主体40多万家，每年发布招标和中标交易信息约3000万条，年度访问量超8亿次，促进了交易过程和交易信息的公开透明。

2. 推动交易业务一网通办，优化交易营商环境

基于国家级平台数据通促进全国交易业务通。2020年7月，国家级服

务平台面向政务部门提供了全国市场主体信息、建筑类企业资质信息、主体交易成交记录信息的共享服务，解决了地方长期以来无法获取并判断省外投标企业信息准确性和成交业绩的难题，支撑了地方标书制作过程中企业信息录入、评标过程中企业信息和业绩核实的环节，开启主体信息"零提供"的公共资源数据服务新局面。目前，已有60多个地方交易机构实时调用信息，在企业注册、投标报名等环节减少检索成本、核验负担、跑腿次数和办理时间，例如南京市已通过"零提供"有力推动了"减环节""减材料""减成本"，实现传统"多次多项提供"到"零提供"的根本性转变，优化了交易营商环境。

3. 助力交易违规一网统管，规范市场秩序

公共资源交易数据跨部门运用支持多行业履职。地方除用于招投标异常、围串标分析、投标保证金保函等分析外，也逐步运用于智慧监管，如贵州结合信用信息进行联合惩戒。多个中央部门共享了不同交易领域的招标项目、投标记录、成交信息，助力重大项目评估、税源监控、交易市场治理等综合监管、行业监管事项，如住建部将工程建设招投标领域的项目、投标人、处罚信息与住建项目匹配，用以监管建筑类项目的投标人违法违规情况；部分银行也已将主体成交信息实际运用到中小企业的融资信用评价过程中。

4. 推动交易数据要素流通，开启数字化交易服务

作为生产要素，交易数据已经通过数据接口、数据库表、查询检索等多种方式面向不同群体开放，加快推进人工智能、云计算、物联网、区块链等信息技术在公共资源交易场景的应用，如海南、深圳已率先实现了BIM招投标创新应用，利用BIM三维立体模式从技术、造价、管理多维度优选施工单位、协助评委准确理解投标方案、帮助施工方更好领会设计意图。

三、公共资源交易数据服务的现存问题

1. 数据标准多头并行，降低数据跨部门通用性

公共资源交易主管部门与交易服务部门收集数据用途不同，数据标准

差异较大，例如自然资源部收集土地使用权出让、矿业权出让数据，主要用于审批发许可证，不要求同笔交易首尾与中间过程的关联；交易服务机构收集相关数据，主要用于公告公示、统计与关联分析、支撑监管等，要求同笔交易前后串联等。原始录入的交易数据使用主管部门提供的数据格式，甚至在多个交易领域还没有形成数据规范。交易机构的原始数据向多方提供时，需按照各方数据标准进行格式转换，经常出现金额小数点或单位转换错误，严重影响数据准确性。

2. 整合共享仍需加强，数据与应用融合价值体现不足

在数据整合共享层面，地方公共资源交易应用迫切需要的跨省投标主体信用信息、各种资质信息、主体股权信息等仍然难以获取，而相关信息对于简化流程、交易透明有重要作用。全国政务信息共享平台已挂载了国务院部门数据共享责任清单第一批、第二批目录资源，但主管部门对于核心资源的共享与开放程度还不能满足简化地方交易流程的需求。

3. 源头质量不尽如人意，数据确权和治理任重道远

原始交易数据人为录入造成的准确性问题颇多，如交易金额填成手机号码、行政区域代码填成邮政编码、项目编码填写随意等，严重影响对数据的统计或分析等应用。大量问题数据的源头追踪和修改费时费力，数据确权和治理工作困难重重。

4. 全流程电子化仍有差距，难以支撑交易全过程监管

目前工程建设招投标、政府采购的电子化流程数据相对稍好，依然不能监管交易的全流程环节；其他如土地和矿业权出让、国有产权交易、碳排放权出让、排污权出让等领域基本只能收集到交易首尾信息，离支撑投标、评标等交易过程监管的要求差距甚大。

四、提升公共资源交易数据服务能力思考

1. 充分发挥主管部门业务专长，统一数据联通的标准规范

交易数据体现的首先是国家公共服务政策的落实与交易业务的结合，其次才是信息化技术的应用。现有公共资源交易平台系统数据规范是由未

参与过任何交易过程或业务的技术部门，在从未见过源头数据格式的情况下起草编制和修订，对于业务层面的理解和交易分析需求的考虑不如交易主管部门专业。作为政策制定和各领域交易流程、信息公开约束的主管部门，若能结合各领域业务特征，提出该领域统一的数据采集与联通规范，资源使用方根据应用需求有选择获取数据，实现交易数据真正的互联互通，同时也将大幅降低全国1000多个地方交易平台向不同部门提交数据的格式转换工作。

2. 数据采集与数据共享同步，于应用中持续动态提升数据质量

交易数据的采集、应用、反馈、改进符合PDCA循环，数据的高质量才能产生应用的高价值。公共资源交易数据均是信息公开要求的数据，不涉及敏感信息，若将采集到的原始数据同步共享开放，同时继续推动主管部门权威的企业基本信息、资质信息、信用信息在交易过程中跨省应用，支持地方用于实际交易过程，使数据真正流动起来，由地方源头在业务使用中发现问题并解决问题，持续动态治理促进质量提升。

3. 强化国家级服务平台定位，挖掘交易数据深层的宏观经济含义

国办函〔2019〕41号明确提出"强化公共服务定位，积极开展交易大数据分析，为宏观经济决策、优化营商环境、规范交易市场提供参考和支撑"要求。国家级服务平台作为全国交易数据汇聚枢纽，为交易领域的国家政府投资及使用情况、宏观经济研究提供了数据要素基本条件，若在工程建设和运维的同时强化数据分析应用定位，可充分发挥在宏观层面的辅助决策应用。

4. 以全流程电子化促进全流程数字化，推进交易数字化转型

在激发市场主体活力、优化营商环境的大环境下，"十四五"规划纲要持续深化公共资源交易平台整合共享的要求落实到具体执行，应在把握数字经济发展方向的基础上，加快推行交易数字化转型，全面实现公共资源交易平台从依托有形场所向以电子化平台为主的转变。通过电子化平台实现交易的全流程电子化，以交易全流程电子化促进交易的全流程数字化，将交易大数据与行业产业的发展进一步融合。

5. 以释放交易数据要素价值为导向，提升数据要素的资源配置作用

以释放交易数据要素的价值为导向，推动交易数据要素价值的衡量、交换和分配。用数据说话、用数据管理、用数据创新，加快交易数据类型多、速度快、容量大、精度准、价值高等特性优势转化，以价值链引领产业链、创新链，激发各环节潜能，引导各类主体提升交易数据驱动的生产要素配置能力。

参考文献

［1］ 车品觉. 决战大数据[M]. 杭州：浙江人民出版社，2019.

［2］ 王丛虎. 公共资源交易管理[M]. 北京：经济科学出版社，2018.

［3］ 平庆忠. 交易平台经济学[M]. 北京：经济科学出版社，2019.

［4］ 国家统计局. 2020中国统计摘要[M]. 北京：中国统计出版社，2020.

［5］ 赵彦云. 宏观经济统计分析[M]. 北京：中国人民大学出版社，2016.

［6］ 毛林繁. 资源配置方式改革与创新[M]. 北京：经济科学出版社，
2018.

［7］ 国家发展改革委. 关于印发《公共资源交易领域基层政务公开标准指引》的通知. https://www. ndrc. gov. cn/xxgk/zcfb/tz/201907/t20190717_962484. html，2019.

［8］ 国家发展改革委. 关于印发《全国公共资源交易目录指引》的通知. https://www. ndrc. gov. cn/xwdt/tzgg/202001/t20200110_1235966.html，2019.

［9］ 国家发展改革委. 关于印发《公共资源交易平台服务标准（试行）》的通知. https://www. ndrc. gov. cn/ xxgk/zcfb/tz/201905/t20190506_962435. html , 2019.

［10］ 万静. 政府采购信息将全程公开透明[N]. 法制日报，2015-07-27.

［11］ 务实创新促改革 敢于担当打硬仗 推动公共资源交易市场化改革向纵深发展[J]. 招标采购管理，201(03):6-9.

［12］ 陈驰，马红霞，马书南，田雪，高亚楠，等. 信息技术　大数据　数据分

类指南 GB/T 38667-2020. 国家质量监督检验检疫总局，国家标准化管理委员会，中国标准出版社.

[13] 洪延青, 何延哲, 杨建军, 钱秀槟, 陈兴蜀, 等. 信息安全技术　个人信息安全规范 GB/T 35273-2020. 国家质量监督检验检疫总局，国家标准化管理委员会，中国标准出版社.

[14] 全国信息安全标准化技术委员会. 网络安全标准实践指南—网络数据分类分级指引 TC260-PG-20212A. http://www.tc260.org.cn/, 2021.

[15] 王丛虎. 重视公共资源交易营商环境评价指标的构建[N]. 中国政府采购报, 2019-10-01(03).

[16] 王丛虎, 王晓鹏, 余寅同. 公共资源交易改革与营商环境优化[J]. 经济体制改革, 2020(03):5-11.

[17] 张晓晓. 公共资源交易的大数据应用[J]. 工程经济, 2018. 28 (12): 74-76.

[18] 齐颖, 孙振国. 大数据下推进公共资源交易监管的思考[J]. 中国政府采购, 2018(07):69-72.

[19] 岳宗文. 政府采购知识介绍[J]. 认证技术, 2021(02):62-63.

[20] 王为人. 供应商管理案例选登[J]. 中国质量, 2016(09):29-34.

[21] 潘艳. 我国矿业权流转制度研究[D]. 南京:南京农业大学, 2011.

[22] 胡丹丹. 探矿权实务分析[D]. 哈尔滨:黑龙江大学. 2013.

[23] 吴兆丰. 网络竞价买卖与拍卖的比较分析[N]. 中国工商报, 2012-05-22.

[24] 文军. 大数据热中的冷思考[N]. 人民日报, 2016-10-20.

[25] 尹剑斌. 公共资源交易平台功能拓展策略[J]. 宏观经济管理, 2021(06):54-61.

[26] 张序. 促进大数据应用于公共服务. https://baijiahao.baidu.com/s?id=1664545620916160261 &wfr=spider&for=pc, 2020.

[27] 马晓白, 陈功, 张力. 建设全国统一大市场关键在优化营商环境. http://www.jjckb.cn/ 2022-04-28/c_1310577041.htm, 2022.

[28] 国家发展改革委地区司. 京津冀协同发展报告(2020年). https:// www. ndrc. gov. cn/fzggw/jgsj/dqs/sjdt/202105/t20210521_1280452. html?code=&state=123，2021.

[29] 付宏燕. 京津冀公共资源交易协同发展成效评估研究[J]. 中国物价, 2022(08):41-43.

[30] 付宏燕. 公共资源交易数据交换共享的设计与实现[J]. 计算机时代, 2022(11):46-51.

[31] 付宏燕. 公共资源交易平台数据规范的研制和应用[J]. 现代计算机, 2021, 27(29):36-40.

[32] 付宏燕. 移动政务系统痛点分析及解决方案[J]. 现代计算机, 2021, 27(23):95-99.

[33] 付宏燕. 公共资源交易数据仓库的构建[J]. 现代计算机, 2022, 28(5):46-51.

[34] 付宏燕. 区块链在公共资源交易数据整合共享中的应用研究[J]. 现代计算机, 2022, 28(12):86-89.

[35] 付宏燕. 公共资源交易主体与成交业绩查询系统的设计[J]. 现代计算机, 2022, 28(16):106-109.

[36] 付宏燕. 公共资源交易数据资源体系的构建研究[J]. 经济研究导刊, 2024(10).

[37] 付宏燕. 公共资源交易大数据流通共享的研究[J]. 现代计算机, 2023, 29(17):90-94.